Michael J. Roads
Im Reich des Pan

Michael J. Roads

# Im Reich des Pan

## Reisen ins Herz der Natur

Ein spirituelles Abenteuer

Aus dem Amerikanischen
von Annemarie Döring

Ansata

Die Originalausgabe erschien unter dem Titel
«Journey Into Nature. A Spiritual Adventure»
bei H. J. Kramer, Inc., P.O. Box 1082,
Tiburon, California 94920, USA.

Der Ansata Verlag ist ein Unternehmen der
Econ Ullstein List Verlag GmbH & Co. KG, München
5. Auflage 2000

Einbandgestaltung: Robert Wicki
ISBN 3-7787-7113-2

# Inhalt

*Für meine geliebte Treenie.*
*Wir sind nicht allein im Reigen der Feen.*

# An unsere Leser

Unsere Bücher sind ein Beitrag zu einer neu entstehenden Welt, in der es nicht mehr um Konkurrenzdenken, sondern um Zusammenarbeit geht, nicht mehr um Selbstzweifel, sondern um die Bejahung des menschlichen Geistes und um die Gewißheit, daß alle Menschen miteinander verbunden sind. Unser Ziel besteht darin, möglichst vielen Menschen eine Botschaft zu überbringen, die sie auf eine bessere Welt hoffen läßt.

Die Verleger dieses Buches

# Dank

Wie immer möchte ich an erster Stelle meiner Frau Treenie danken. Es ist nicht leicht, aufzuzählen, auf wie viele verschiedene Arten eine liebevolle Seelengefährtin ihren Mann unterstützen kann, wenn er mit einer schwierigen Aufgabe zu kämpfen hat, und das tut Treenie für mich – und zwar ständig. Sie ist einfach da – wenn ich sie brauche und auch, wenn ich sie nicht zu brauchen meine. Sie ist stets gegenwärtig und hilft mir bei allem!

Ich möchte auch Hal und Linda Kramer meinen aufrichtigen Dank aussprechen. Sie haben mir nicht nur geholfen, mit meinen literarischen Bemühungen die richtige Leserschaft zu erreichen, sondern sind auch zu einem Teil unseres Lebens geworden.

Das Leben läßt einem oft im richtigen Augenblick die richtigen Menschen über den Weg laufen. Greg Armstrong war der Katalysator, der meine metaphysische Realität in einen gedruckten Text umgewandelt hat. Ich dachte, die Zeit sei dafür noch nicht reif, doch er überzeugte mich vom Gegenteil. Ich danke dir von Herzen dafür, daß du den Geist aus der Flasche befreit hast, Greg!

Auch bei meiner Herausgeberin Suzanne Lipsett möchte ich

mich bedanken. Ich weiß, daß mein Manuskript nicht leicht zu bearbeiten war; doch sie hat sich der Herausforderung gestellt und sie hervorragend gemeistert. Wenn es mir gelungen ist, in diesem Buch alles, was ich sagen wollte, klar und verständlich zu übermitteln, hat Suzanne mir einen unschätzbaren Dienst geleistet.

Auch unsere vier Kinder verdienen meinen Dank. Sie alle haben in der Zeit ihres Heranwachsens wertvolle Eindrücke bei mir hinterlassen und tun es immer noch: der impulsive, hochintelligente Duncan, der stille, geheimnisvolle, zielbewußte Adrian, der sensible, abenteuerlustige, leicht verletzliche Russell und nicht zuletzt Tracy, die zweite Frau in meinem Leben – eine Knospe, die bald voll erblüht sein wird.

Einer der wichtigsten Bestandteile eines Buches ist der Schutzumschlag. Das inspirierte Kunstwerk auf dem Umschlag dieses Buches stammt von meinem guten Freund Kinsley Jarrett, der die Gabe besitzt, Wahrheiten zu erkennen. Mein Buch ist das Ergebnis einer inneren Reise – und auch Kinsley hat das gezeichnet, was ihm auf seiner inneren Reise offenbart wurde. Was für eine wunderbare Kombination! Vielen Dank, Kinsley.

Zu guter Letzt möchte ich Dan Millman (Autor des Buches *Der Pfad des friedvollen Kriegers*, Ansata Verlag 1986) danken. Ohne es zu wissen, hat er mir mit seinen Inspirationen dabei geholfen, das Tor zu öffnen.

# Einführung

Dieses Buch ist in sich abgeschlossen und doch ist es gleichzeitig die Fortsetzung meines letzten Buches *Mit der Natur reden**. Um eine tiefere Beziehung zur Natur zu bekommen, mußte ich zu einem Teil von ihr werden, statt mich mit der Rolle des Zuschauers zu begnügen. Das war nicht leicht. Ich wurde in eine metaphysische Realität hineingetrieben, auf die ich mich nicht ohne inneres Widerstreben einließ. Doch innerlich hatte ich mich längst an diese Realität gebunden – ich wußte es nur nicht! So sind wir Menschen nun einmal. Wenn wir auf diesen Planeten kommen, ist unser Schicksal bereits genau festgelegt; doch sobald wir menschliche Form annehmen, vergessen wir, worin unsere Bestimmung liegt. Dann treibt das Leben uns gegen unseren Willen auf unser Ziel zu, und wir wehren uns nach Kräften dagegen und tun alles, um unsere Mission zum Scheitern zu bringen.

Die Natur ist eine ungeheuer mächtige Kraft. Daher machte ich bei meinem Kampf eine erbärmliche Figur: Ich war wie eine Ameise, die in einem Ozean schwimmt. Nach und nach gab ich mich der Kraft, die mich trug, immer bereitwilliger hin

---

* 1988 im Ansata-Verlag erschienen.

und öffnete mich einer verborgenen Natur grenzenloser metaphysischer Ausmaße.

In diesem Buch erforsche ich die Verbindungen, die zwischen allem Leben bestehen. Ich habe gelernt, daß jede Trennung Lüge ist. Für mich bedeutet das, daß ich, der Autor dieses Buches, und Sie, der Leser, in unserem Bewußtsein miteinander verbunden sind, während Sie das Buch lesen. Wir haben kein voneinander getrenntes Bewußtsein, sondern sind lediglich Individuen. Die Reise der Selbsterkenntnis, auf die ich mich ganz unbeabsichtigt einließ, hat mir eine innere Dimension der Natur enthüllt – eine Dimension, die unter der Oberfläche unserer alltäglichen Realität liegt und für uns von unschätzbarem Wert ist, obwohl wir es seit langem gewohnt sind, ihre Existenz zu leugnen.

Dieses Buch soll der Funke sein, der das Licht unseres inneren Erwachens entzündet und die Lüge alter, längst überholter Ideen und Glaubensvorstellungen ans Tageslicht bringt. Zu erwachen bedeutet, uns des Sinns unserer Existenz bewußt zu werden.

*Michael J. Roads*
Queensland, Australien
April 1989

I

# Begegnung mit dem Mythos Pan

Wir blieben auf der niedrigen Holzbrücke stehen, und Treenie ließ meine Hand los. Die Brücke sah sehr primitiv aus, war aber so stabil gebaut, daß sie den Überschwemmungen, die sie in regelmäßigen Abständen überfluteten, standgehalten hatte. Die Seiten bestanden lediglich aus festgeschraubten Holzblökken. Sie gaben den Blick auf das Wasser frei, das unter unseren Füßen dahinfloß, und boten gleichzeitig einen bequemen Sitzplatz, von dem aus man die Schönheit des Flusses bewundern konnte.

«Sieh mal!»

Ich blickte in die Richtung, in die meine Frau zeigte. Das Wasser war kristallklar. Dort lag in einer Tiefe von ungefähr anderthalb Metern groß und deutlich hervortretend ein eiförmiger Stein.

«Merkwürdig», sagte ich. «Durch die Sonne und das klare Wasser sind auf allen Steinen im Flußbett Algen gewachsen ... nur auf diesem hier nicht.»

Gemeinsam betrachteten wir den Stein, den das fließende Wasser zu immer neuen Formen verzerrte. Es war ein herrlicher Tag mitten im Winter, und die Luft war frisch und kühl, selbst hier in unserem subtropischen Tal. Wir hatten einen

Spaziergang gemacht und lauschten den Liedern der Vögel, während wir mit raschen Schritten den Weg entlanggingen. Auf der anderen Seite des Weges wucherten Zitronen- und Guavenbäume und Wandelröschen. Die Blüten des Wandelröschens nickten in einem leichten Windhauch, als wir vorübergingen. Zwischen den gelben, rosa und roten Blüten flatterten Schmetterlinge hin und her, ohne sich an dem winterlichen Wetter zu stören, und das Liebeswerben der winzigen Staffelschwänze im Gesträuch deutete darauf hin, daß es bald Frühling werden würde.

«Vielleicht ist er für uns bestimmt», sagte Treenie leise und sah den Stein unverwandt an. Ich warf ihr einen skeptischen Seitenblick zu. «Du erwartest doch wohl nicht von mir, daß ich in dieses eiskalte Wasser springe? Und das wegen eines Steins?»

Treenie antwortete nicht, sondern lächelte nur. Sie kannte mich gut genug, um zu wissen, daß selbst eine Eisdecke mich nicht davon abhalten würde, ins Wasser zu gehen, wenn ich es wirklich wollte.

«Warum fragst du den Stein nicht einfach, ob er zu uns möchte?» schlug sie vor.

«Und warum tust du es nicht?» entgegnete ich.

«Du bist doch derjenige, der immer mit den Flüssen und den Felsen spricht. Jetzt hast du Gelegenheit, eine neue Freundschaft zu schließen», neckte sie mich. Ich schaute auf den Stein herab. Mich faszinierte nicht nur seine ungewöhnliche Form; ich spürte auch, daß von ihm eine Energie ausging. «Also gut, Stein», sagte ich. «Was hast du vor? Willst du mit zu mir nach Hause kommen?» Meine Stimme klang zwar etwas spöttisch; doch die Worte, die als Antwort durch mich hindurchströmten, klangen so eindringlich und überzeugend, daß ich sofort ernst wurde.

«Ich habe lange, lange gewartet, in vielen Flüssen und an vielen Orten. Ich gehöre niemandem, aber im Augenblick gehöre ich zu dir.»

Ich starrte den Stein überrascht an. Ich hatte zwar damit gerechnet, in meinem Inneren eine Antwort zu hören; doch diese Worte trafen mich völlig unvorbereitet. Treenie beobachtete mit resignierter Belustigung, wie ich meine Shorts auszog und etwas beklommen in den Fluß watete. Uuh! Das Wasser war wirklich kalt. Als ich bis zu den Hüften im Wasser stand, rumpelte ein Auto über die Brücke. Mehrere Gesichter starrten zu mir hinaus, als sei ich verrückt!

Ich wußte, daß ich einen Stein von der Größe eines Fußballs nicht aus dem Wasser holen konnte, ohne durch und durch naß zu werden; also tauchte ich kurzentschlossen unter und fischte nach der verschwommenen, verzerrten Form unter mir. Immer wieder griff ich nach dem Stein, aber er leistete mir Widerstand. Er war zu schwer! Zitternd vor Kälte kam ich wieder an die Oberfläche, holte tief Luft und überlegte mir eine andere Strategie. Diesmal umklammerte ich den Stein mit aller Kraft, nahm ihn in die Hände und kroch dann unter Wasser zum nächstgelegenen Ufer. Dankbar holte ich Luft, als mein Kopf wieder an die Wasseroberfläche emportauchte. Auf der Brücke ließ ich mich von der warmen Sonne trocknen und zog meine Kleider wieder an. Dann setzten wir unseren Heimweg fort – allerdings etwas langsamer als vorher, denn jetzt wiegte ich den schweren Stein in meinen Armen.

Während des nächsten Jahres schwieg der Stein die meiste Zeit. Ich erfuhr, daß er hin und wieder in unregelmäßigen Abständen in einen Eimer mit frischem Wasser getaucht werden wollte – danach verlangte er unmißverständlich. Doch abgesehen davon bot er uns nichts außer dem Rätsel seiner Existenz. Einmal, als er im Wassereimer lag und ein Strom kleiner Luftbläschen aus ihm aufstieg, fragte ich ihn, ob er einen Namen oder eine Aufgabe habe. Seine Antwort war alles andere als eindeutig:

«Ich bin ein Leitstein – dein Leitstein –, und meine Aufgabe bist du. Du hast mich für ein Ereignis wie dieses vorprogrammiert!»

Verwirrt runzelte ich die Stirn. «Was soll das heißen?» fragte ich. «Was für ein Ereignis? Was ist ein Leitstein überhaupt? Und wie konnte ich dich programmieren?»

«In der Knospe der Unschuld wartet die Blüte der Wahrheit.» Ich wartete auf weitere Erklärungen, aber das war alles! Ein Strom feiner Luftbläschen, die an der Wasseroberfläche schweigend zerplatzten – das war das letzte, was der Stein von sich gab.

Wie ich Rätsel hasse!

Ein paar Monate später waren Treenie und ich in Brisbane, wo ich ein Seminar zum Thema *Mit der Natur reden* abhielt. Es war alles gut organisiert, und der Seminarraum war mehr als groß genug für die vierzig Teilnehmer. Ich sprach über meine Liebe zur Natur und unsere Verbindung mit der Erde und erklärte meinen Zuhörern, was für ein Verlust es ist, wenn wir uns der Natur entfremden. Ich erläuterte ihnen mein Konzept vom Geist der Natur und zeigte ihnen, wie wir uns verwandeln können, indem wir eine Beziehung zur Natur aufbauen. Ich versuchte ihnen klarzumachen, daß wir keineswegs von der Natur isolierte Wesen, sondern eine schöpferische Intelligenz innerhalb der Natur sind und daß wir uns durch unsere Taten oder Untaten mit ihr verbinden oder von ihr trennen können. Alle Teilnehmer reagierten lebhaft und begeistert auf meine Botschaft.

Nach einem gemeinsamen Mittagessen begann die Nachmittagssitzung. Davor hatte ich ein wenig Angst, denn ich hatte kein festes Konzept dafür, sondern wollte mich an etwas heranwagen, was viele vielleicht als albernes Experiment empfinden würden. Vor ein paar Tagen hatte der Leitstein sein langes Schweigen gebrochen und mich aufgefordert, ihn zwölf Stunden lang in Wasser einzutauchen und dann zwölf Stunden lang in die pralle Sonne zu legen. Dadurch, so erklärte er, werde er sich mit Energie aufladen. Anschließend forderte er mich auf, ihn zu dem Seminar mitzunehmen, die Teilnehmer einen Kreis bilden zu lassen und ihn in die Mitte zu legen.

Ich hatte eine hufeisenförmige Sitzordnung arrangiert; ich saß an der Öffnung des Hufeisens. Meiner Intuition folgend, bat ich zunächst alle Teilnehmer, quer über den Halbkreis hinweg ihrem Gegenüber in die Augen zu blicken. Ich wußte selbst nicht, warum ich das vorschlug, aber der Impuls war so stark, daß ich ihm einfach nachgab. Durch den Blickkontakt wurden die Barrieren zwischen uns abgebaut, und uns überkam ein Gefühl des Nachgebens und Sich-fallen-Lassens. Nun waren wir schutzlos und verletzlich, und die Energie in dem Raum wurde ganz unerwartet immer intensiver, als jeder von uns seine schützende Privatsphäre aufgab.

Sobald die Energie einen Intensitätsgrad erreicht hatte, der für uns alle angenehm war, trat ich in die Mitte des Halbkreises, holte den Leitstein aus der Tasche und legte ihn auf den Fußboden, so daß ihn alle sehen konnten. Bis jetzt war er verborgen gewesen. Nun, da er ins Blickfeld rollte, richteten sich vierzig Augenpaare auf ihn.

Mit elektrischer Plötzlichkeit schnellte der Energiepegel in dem Seminarraum in die Höhe. Ich schlug vor, daß alle Teilnehmer sich auf den Stein konzentrieren und ihn einmal in einem ganz neuen Licht sehen sollten. «Betrachtet ihn nicht so sehr als Stein, sondern mehr als Energie», riet ich ihnen, «und laßt diese Energie in euer Sein eindringen.» Dann setzte ich mich nieder.

Was nun geschah, versetzte mich, um es gelinde auszudrükken, in Erstaunen. Die Energie in dem Zimmer war inzwischen so mächtig geworden, daß man sie geradezu mit dem Messer schneiden konnte. Ich beschloß, mich nicht in diesen Vorgang hineinziehen zu lassen, sondern einen Beobachterposten einzunehmen. Neugierig musterte ich den Leitstein. Ich war mir seiner Macht bewußt – und doch ahnungslos. Merkwürdig, dachte ich. Das kleine Loch am dickeren Ende des Steins ist mir noch nie aufgefallen. Ich umklammerte die Armlehnen meines Stuhls und beugte mich vor, um es genauer sehen zu können. Da erkannte ich deutlich ein winzig kleines Loch, das ungefähr die Größe eines Senfkorns hatte. Und dabei hatte ich den Stein schon so oft und so genau betrachtet, daß er sich mir in allen Details eingeprägt hatte! Ich hätte schwören können, daß das Loch vorher noch nicht da gewesen war.

Während ich den Stein unverwandt anblickte, kam alle Normalität plötzlich und abrupt zum Stillstand. Ohne jede Vorwarnung verweigerte mein Körper plötzlich seinen Dienst. Ich konnte keinen Finger mehr rühren. Meine Arme und Beine waren erstarrt, unbeweglich; ich konnte nicht einmal mehr mit den Augen zwinkern. Bei dieser schrecklichen Erkenntnis brach mir aus allen Poren der Schweiß aus; doch im gleichen Augenblick fühlte ich mich von meinem Körper fortgezogen, als sei ich eine Rauchwolke, und wurde in das winzig kleine Loch in dem Leitstein hineingesogen.

Mein Bewußtsein ist gespalten, wie ich es noch nie zuvor erlebt habe. Mein eigentliches Bewußtsein liegt in meiner psychischen Essenz, die jetzt in einem riesigen Gemach im Zentrum des Leitsteins menschliche Gestalt annimmt; und doch bin ich mir gleichzeitig auch meines hilflosen physischen Körpers in dem Seminarraum bewußt.

Als ich merke, daß ich mich in diesem riesigen Gemach befinde, beginne ich zu zittern. Der ganze Raum scheint von einer siedend heißen, erschreckend unpersönlichen puren Energie erfüllt zu sein. Sie wirkt wie Feuer; und doch nehme ich gleichzeitig glühende Hitze und eisige Kälte wahr. Energien unfaßbarer Dimensionen verschmelzen miteinander, während die erschütternde Macht dieser ungeheuren Dynamik in einem stummen Klangcrescendo dahintost und -wogt. Und überall um mich her hallt in allen Tonlagen unaufhörlich das Echo eines Wortes wieder: *Lauf, lauf, lauf, lauf, lauf, lauf, lauf . . .* Es wiederholt sich endlos, mit gehirnerschütternder Lautstärke. Ich stehe schwach, hilflos und wie gelähmt da, während die Worte dieser Energie durch mich hindurchschießen.

«Du stehst im Zentrum des Steines. Der Stein ist der Mikrokosmos des Makrokosmos. Du stehst im Zentrum des Universums.»

Ich habe Angst. Was um alles in der Welt habe ich hier zu suchen? Wie bin ich überhaupt hergekommen? Ich will wieder hinaus. Ich fühle nichts als den verzweifelten Wunsch, den markerschütternden Befehl zu befolgen, den ich von allen Seiten höre, und so schnell und so weit wie möglich fortzulaufen – aber mein physischer Körper ist wie erstarrt!

Mit zaghafter, beklommener Stimme frage ich: «Warum bin ich hier? Wie ist das passiert?» Aber ich bekomme keine Antwort. Ich hätte ebensogut «Fuchs, du hast die Gans gestohlen» singen können – es nützt mir nichts.

«Ich bin der Hüter des Tores.» Die Stimme erfüllt das ganze Gemach und hallt mit ungeheurer Macht in meinem Bewußtsein wider. Ich kann nur vier Worte hervorbringen: «Was für ein Tor?»

«Wenn du das Tor nicht finden kannst, dann hat es keinen Platz in deinem Bewußtsein.»

Ich habe mich noch nie so einsam, so preisgegeben und verletzlich gefühlt wie jetzt, da ich winzig klein in diesem riesigen Gemach stehe, von einer wogenden Macht umgeben und überwältigt, die mein Fassungsvermögen übersteigt.

Doch da wird mir plötzlich und ohne jede Vorwarnung bewußt, daß ich *nicht* allein bin! In einem Augenblick der Offenbarung erfahre ich, daß das Leben diesen Augenblick der Wahrheit genau vorausgeplant und vorbereitet hat. Einige Schlüsselpersonen, auf die es ankommt, haben beinahe gegen ihren Willen, einem unerklärlichen inneren Drang folgend, an meinem Seminar teilgenommen. Irgendwie stehe ich mit allen Menschen in diesem Seminarraum in Verbindung. Es steckt ein kosmischer Plan dahinter! Ich, der ich eine Situation geschaffen hatte, bei der die anderen beteiligt und ich nur Zuschauer sein sollte, bin nun in einem Maße darin verwickelt, das über meine kühnsten Träume hinausgeht. Ich weiß mit absoluter Sicherheit: Was auch immer ich hier für eine Aufgabe zu bewältigen habe –, wenn ich dabei versage, wird es lange, lange dauern, ehe sich mir wieder eine solche Gelegenheit bietet.

Ich fühle mich ermutigt, und zum erstenmal, seit ich das geheimnisvolle Gemach des Leitsteins betreten und darin menschliche Gestalt angenommen habe, versuche ich mich zu bewegen, vorwärtszugehen. Sofort beginnt die Energie – der Hüter des Tores – um mich her zu branden und zu tosen, entschlossen, meine Bemühungen zu durchkreuzen, während der dröhnende Befehl – *lauf, lauf, lauf* – gleichzeitig meine Willenskraft untergräbt. Ich kann dieses Gefühl nur mit einem Gang durch ein rasendes, weißes, aber hitzeloses Feuer vergleichen, bei dem man gleichzeitig unter Wasser gegen die Dichte und Macht eines tosenden Flusses ankämpfen muß. Jeder zitternde Schritt kostet mich ungeheure Willensstärke, und ich muß dabei alle Energiereserven meines physischen und meines metaphysischen Körpers aufbieten.

Mein Körper auf dem Stuhl des Seminarraums ist immer noch erstarrt, und meine Augen sind nach wie vor auf den Leitstein gerichtet. Auf meinen Wangen fließen Schweiß und Tränen ineinander. Ich habe ein Gefühl großer Verwirrung und völligen Unglaubens.

Es scheinen Ewigkeiten zu vergehen, während ich mich mit großer Anstrengung, als laste ein zentnerschweres Gewicht auf mir, weiter in das Gemach vorkämpfe – langsam und schwerfällig, Schritt für Schritt. Und während dieser ganzen schier endlosen Zeit tost und rast der Hüter des Tores und erfüllt alle Zeit und allen Raum.

Plötzlich sehe ich vor mir zwei gewaltige Türen. Sie füllen das ganze Gemach aus und sind so groß, daß ich gar nicht erkennen kann, wo sie oben und an den Seiten aufhören. Ich starre sie erschrocken an. Mein Mut sinkt. Solche Türen zu öffnen ist für einen Menschen unmöglich. Es gibt nicht einmal Klinken – nur zwei Türen von unvorstellbarer Größe und unschätzbarem Gewicht. Jetzt stehe ich schon ganz nah vor ihnen. Ich nehme all meine Kraft zusammen und kämpfe mich noch einen weiteren zögernden Schritt gegen die feindliche Macht der Energie vor, die mich umgibt.

Jetzt kann ich die Türen berühren.

Eine Welle der Kraft durchströmt mich; doch sofort hallt um mich herum mit grauenvoller Intensität jener mächtige, nachdrückliche, alle Willenskraft zunichte machende Befehl – *lauf, lauf, lauf* –, und wieder sinkt mein Mut. Ich versuche zu fliehen, aber mein Körper versagt mir weiterhin jeden Dienst. Er sitzt immer noch erstarrt auf dem Stuhl und hat die Augen auf den Leitstein gerichtet. Ich kann nicht davonlaufen.

Also nehme ich meine ganze Willenskraft zusammen und hebe langsam und mit großer Mühe die Arme, bis ich an der Stelle, an der die beiden Türen durch einen haarfeinen Spalt voneinander getrennt sind, auf jede Tür eine Hand legen kann.

Genau in diesem Augenblick breitet sich im Kopf meines erstarrten physischen Körpers explosionsartig ein dumpfer Schmerz aus. Ich empfinde diesen Schmerz als merkwürdige, pulsierende Intensität – es ist, als öffne und schließe meine Schädeldecke sich in einem fremdartigen Rhythmus.

Klein und schwach stehe ich vor den beiden mächtigen Türen, biete den Rest meiner Kraft und Willensstärke auf und bin bereit für einen letzten verzweifelten Versuch.

«Halt!»

Dieser Befehl ist ein solcher Ansturm purer Macht, daß alles andere davor verblaßt. Ich halte inne.

«Wer diese Tür öffnet, lädt eine ungeheure Verantwortung auf sich. Laß es bleiben, wenn du nicht bereit bist, diese Verantwortung zu akzeptieren.»

Mein schwächeres Ich versucht wieder davonzulaufen, doch ein stummes Wispern – *Bleib, verliere nicht den Mut* – hält mich zurück. Trotzig, ohne die geringste Ahnung, worauf ich mich da einlasse, schreie ich so laut wie möglich in die Stille einer geheimnisvollen Welt: «Ich kann... und ich will!» und drücke, so fest ich kann, gegen die Türen.

Sie leisten mir keinen Widerstand, sondern gehen so mühelos auf, als hätten sie das Gewicht von Spinnfäden, und ich stehe an der Schwelle zu einer anderen Welt. Sie ist mir vertraut und doch neu und andersartig.

Mich erwartet eine neue Erde, die schweigend ihre Kreise zieht. Ich habe eine Vision, die die Fähigkeiten meines normalen Sehvermögens weit übersteigt: Ich blicke in ein Tal, das mir bekannt vorkommt und dessen Dimensionen doch über die menschliche Erfahrung hinauszugehen scheinen. Unser dreidimensionales Leben ist in eine andere Dimension eingebettet, die alle Form und alle Materie erleuchtet. Die äußere Realität ist von einem inneren Strahlen durchdrungen. Ich staune diese schöne, wilde und doch friedliche Natur unverwandt an. Das Tal erfüllt den ganzen Raum jenseits des Tores, und in mir erwacht ein Gefühl der Erwartung.

Die Aufforderung ist eindeutig, klar wie Kristall.

Ich habe die Gelegenheit, in diese neue Realität einzutreten. Das ist die Erde eines anderen Zeitalters, auf der eine sensible, von Liebe erfüllte Menschheit wohnt. Ich stehe an der Schwelle, betrachte sie begeistert und weiß, daß ich den Schritt wagen muß.

Wieder durchströmen mich die Worte des Torhüters mit unvorstellbarer Macht.

«Wenn du über die Schwelle trittst, wird die ganze Kraft der Natur sich um die Achse deiner Existenz drehen. Kannst du diese ungeheure Verantwortung tragen?»

Hinter mir ertönt immer noch das Echo *«lauf, lauf, lauf»*, aber es ist jetzt nur noch ganz schwach zu hören und hat keine Macht mehr über mich. Ich sehe die Vision einer neuen Erde vor mir und höre meine Stimme klar, kräftig und bestimmt antworten: «Ja, ich kann diese Verantwortung akzeptieren und mit Weisheit tragen.»

Meine Gedanken flüstern mir allerdings etwas ganz anderes zu: Habe ich das wirklich gesagt? Worauf lasse ich mich eigentlich ein? Was geht hier vor? Hilfe!

«Denke daran! Die ganze Kraft der Natur. Wenn du sie nicht richtig einsetzt, wird sie dich zerstören.»

Mit diesen Worten schwindet aller Widerstand des Torhüters dahin.

Vor mir wartet eine neue Erde auf meine Schritte. Ich bin aufgeregt und erschöpft, entschlossen und ängstlich zugleich!

Ich versuche einen Schritt nach vorn zu gehen, aber es ist unmöglich vorwärtszukommen. Zwischen mir und dieser neuen Erde scheint sich eine merkwürdige, unsichtbare Membran zu befinden, die ich nicht durchdringen kann, so sehr ich mich auch bemühe. Sie leistet mir so mühelos Widerstand, als versuchte ich, durch unsichtbares Glas zu gehen. Sechsmal versuche ich mir einen Weg durch sie zu bahnen, aber es gelingt mir nicht. Ich versuche sogar, die unsichtbare Barriere mit Faustschlägen zu bearbeiten; aber das hat ungefähr die gleiche Wirkung, als wenn man mit den Fäusten gegen ein Kopfkissen trommelt.

Schließlich trete ich verwirrt und resigniert zurück. «All diese Mühe für nichts und wieder nichts», murmele ich. «Es ist wirklich lächerlich.»

«Oh, das würde ich nicht sagen. Ich hatte gar nicht damit gerechnet, daß du überhaupt so weit kommen würdest. Und ich erwarte auf keinen Fall von dir, daß du durch dieses Tor gehst.»

Erschrocken fahre ich herum. Die Person oder das Wesen, das mir gegenübersteht, lächelt mir ruhig zu. Ich trete hastig einen Schritt zurück - fort von der trügerischen Türschwelle und dem Neuankömmling.

«Um Gottes willen! Wer bist du denn?»

Zwei Augen, die mich völlig aus der Fassung bringen, blikken in die meinen. Ich kann ihrem unverwandten Blick nicht ausweichen, sondern starre erschrocken und fasziniert zugleich zurück. In diesen Augen ist kein Weiß zu sehen. Die Iris ist viel größer als bei einem menschlichen Auge, tiefgolden und mit kleinen Pünktchen intensiv funkelnden Lichts gesprenkelt. Die ruhige Intelligenz, die aus diesen Augen spricht, übertrifft alles, was ich in meinem bisherigen Leben gesehen habe. Während dieses Wesen mich mit seinem Blick im Bann hält, spüre ich seltsamerweise, wie meine Angst allmählich verfliegt. Wer immer er – oder es? – auch sein mag, jedenfalls geht von diesem Geschöpf keine Gewalt aus. Ich stoße einen Seufzer der Erleichterung aus.

«Du fragst, wer ich bin, und dabei weißt du es doch schon. Ich habe die Antwort in dir gesehen.»

Das Wesen ist um einiges größer als ich, und ich muß zu ihm aufblicken. «Ich . . . ich weiß es schon?»

Mein geheimnisvoller Gesprächspartner nickt geistesabwesend und blickt jetzt durch die Türöffnung. «Denk darüber nach. Laß dir ruhig Zeit.» Er lacht leise – wie über einen Witz, den offensichtlich nur er versteht. «Hier spielt die Zeit keine Rolle.»

Ich starre ihn an und fühle mich jetzt gar nicht mehr bedroht. Es steht außer Zweifel, daß es sich um ein menschliches oder zumindest menschenähnliches Wesen handelt: Er hat ganz normale Beine und trägt verwaschene grüne Jeans. Seine nackten Füße sind länger als bei anderen Menschen, und die Zehen laufen fast spitz zu. Unter seinem weiten, ebenfalls verwaschenen grünen Baumwoll-T-Shirt bezeugt ein außergewöhnlich wohlproportionierter Oberkörper ebenfalls seine menschliche Natur. Seine Haut hat die Farbe blaßgoldenen Honigs, was in unserer gemischtrassigen Gesellschaft ja auch nichts Ungewöhnliches ist; doch bei seinem Kopf und seinem Gesicht hört es mit der menschlichen Normalität auch schon auf: Er hat große, leicht schrägstehende Augen, orientalische

Gesichtszüge, sehr hohe, edle Backenknochen und eine schmale Nase, die in den Proportionen wunderbar zu seinem breiten Gesicht paßt. Seine Lippen sind deutlich umrissen und weder zu schmal noch zu voll. Am Kinn trägt er ein Büschel feiner, flaumiger Haare, die ziemlich spärlich sind und erkennen lassen, daß das Kinn sich unten zu einer leicht abgerundeten Spitze verjüngt.

Aus diesem Gesicht sprechen Sensibilität und Stärke zugleich. Es wirkt wild und doch sanft und freundlich, mild und doch gleichzeitig ungebändigt und freiheitsliebend. Doch das eigentlich Herausfordernde an dem Gesicht liegt oberhalb der Augen!

Seine Augenbrauen sind nicht mehr als ein dünner Strich, und direkt darüber sitzen kleine, spiralförmig gewundene, leicht nach außen gebogene Hörner. Sein Schädel ist eine kahle, goldene Kuppel. Ich habe den Eindruck, daß in dieser Kuppel Erfahrungen und Wissen wohnen, die weit über alles für einen Menschen Vorstellbare hinausreichen, und daß wir Menschen im Vergleich zu ihm nichts weiter sind als Kinder. Seine Stirn ist breiter und stärker gewölbt, als ich es je bei einem Menschen gesehen habe; doch jetzt lenken seine Ohren meine Aufmerksamkeit auf sich. Sie wirken weder tierisch noch menschlich. An der Stelle, an der sie in den Kopf übergehen, sind sie nicht größer als unsere, aber außen sind sie dafür dreimal so lang und verjüngen sich oben zu einer Spitze, die von dem gleichen flaumigen Haar bedeckt ist wie das Kinn.

Ein unglaubliches Gesicht. Von vollendeter Schönheit, vollkommen heiter und gelassen. Schon wenn ich den Anblick dieser Gesichtszüge in allen Details in mich aufnehme, erfüllt mich ein Gefühl des Friedens.

Und dann weiß ich es tatsächlich. Ich weiß jetzt genau, wer dieses Wesen ist.

«Pan!» stoße ich laut und atemlos hervor, und er lächelt, als unsere Blicke sich wieder treffen. «Aber wie... Warum...

Weshalb bin ich hier?» stammele ich und verstumme dann. Zu viele Fragen brennen mir auf den Lippen.

«Du hast doch wohl nicht geglaubt, daß du deine Beziehung zur Natur auf rein verbaler Ebene fortsetzen kannst?

Mit deinem Entschluß, in den Fluß des Lebens zu springen, hast du gewisse Mächte heraufbeschworen, die lange Zeit im verborgenen schlummerten.»

Wieder hält er mich mit seinem ruhigen Blick so in seinem Bann, daß ich ihm nicht ausweichen kann. Ich will es auch gar nicht. Ich würde mit Freuden in seinen Augen ertrinken, so bezwingend wirken sie.

«Denke daran, was für eine Erfahrung du gerade gemacht hast», fährt er fort. «Soeben bist du in eine Beziehung zur Natur eingeweiht worden, die auf einer ganz anderen Ebene abläuft als bisher, aber ich betone noch einmal, daß das erst der Anfang ist. Die letzte Hürde konntest du nicht überwinden. Wenn ich dich in die innere Welt der Natur einführe, wirst du feststellen, daß du dich auf einer Entdeckungsreise befindest. Du wirst nicht nur einen ganz neuen Sinn in der Natur erkennen; sie wird dir auch die Möglichkeit geben, dein eigenes Ich zu entdecken. Vielleicht findest du dein wahres Selbst. Erst dann kannst du ungefährdet durch dieses Tor gehen. Die Membran ist zu deinem Schutz da, denn das, was jenseits des Tores liegt, kann man erst zu einem ganz bestimmten Zeitpunkt erreichen. Wann dieser Zeitpunkt kommt, liegt bei *dir.* Das ist dein Weg und dein Schicksal.»

«Und was soll ich jetzt tun?»

«Öffne dich neuen Erfahrungen, und lasse dich bereitwillig auf sie ein. Du hast diesen Weg schon vor langer, langer Zeit beschritten. Um in eine neue Realität der Natur Eingang zu finden, mußt du die Natur zuerst einmal erleben – so, wie sie *ist,* und zwar nicht als Zuschauer, sondern als Beteiligter. Das Mineralien-, Pflanzen- und Tierreich ist ein Teil der menschlichen Existenz. Du mußt deine innere Verbindung mit diesen Reichen am eigenen Leib erfahren. Dann werden das Wissen und die Erfahrung, die jetzt noch tief in deiner Seele vergraben sind, in deine bewußte Realität emporsteigen.»

Er lächelt mich an. Sein Lächeln ist so mitfühlend und verständnisvoll, daß es mich ganz aus der Fassung bringt. «Ich werde dir helfen. Deshalb bin ich hier in deinem Leitstein.»

Ich fühle mich hoffnungslos unzulänglich. Im Vergleich zu Pan – ist er *wirklich* Pan? – komme ich mir unfähig und unbedeutend vor. Alles scheint meine Fähigkeiten zu übersteigen. Und ich verspüre plötzlich ein überwältigendes Gefühl der Erschöpfung.

Meine Ermüdung ist offensichtlich auch Pan aufgefallen. In seinen Augen flackert Besorgnis auf. «Geh jetzt», befiehlt er mir und schnippt mit zwei langen, spitz zulaufenden Fingern seiner kräftigen, schlanken Hand.

Als ich wieder zum Bewußtsein kam, lenkte ich sofort meine ganze Konzentration auf meinen physischen Körper. Ich konnte meine Glieder wieder bewegen und den Schweiß und die Tränen von meinem Gesicht abwischen. Nun begann ein großer emotionaler Kampf in meinem Inneren, denn ich wollte nichts weiter, als auf dem Boden zusammensinken und schluchzen.

An meiner Schädeldecke hämmerte und pulsierte es unaufhörlich. Ich fühlte mich sehr schwach. Vorsichtig blickte ich in die Runde und erwartete, daß alle Augen neugierig und fragend auf mich gerichtet sein würden; doch niemand hatte gemerkt, was geschehen war. Ich war erstaunt. Ich war doch eine Ewigkeit in dem Leitstein gewesen! Ein Blick auf meine Armbanduhr belehrte mich eines Besseren: Es waren kaum zwanzig Minuten vergangen. Ich legte eine zitternde Hand auf meinen Kopf und versuchte alles darin zusammenzuhalten. Da trafen sich meine Blicke mit denen Treenies. Der Ausdruck in ihren Augen verriet mir, daß sie wußte, daß etwas geschehen war, wenn ihr auch nicht ganz klar war, was.

Irgendwie – ich werde nie genau wissen, wie – überstand ich

die nächste Stunde. Ich hörte zu, während die Seminarteilnehmer über ihre Erfahrungen mit dem Leitstein sprachen. Einige von ihnen hatten gemerkt, daß ich ein ziemlich dramatisches, einschneidendes Erlebnis gehabt hatte. Höchstwahrscheinlich waren sie das entscheidende menschliche Element – das Bewußtsein – gewesen, das mich unterstützt hatte, als ich am nötigsten Hilfe brauchte. Ich erzählte ihnen nichts von meinem Erlebnis; dazu wäre ich nicht fähig gewesen. Ich befand mich in einem emotionalen Schockzustand. Später erfuhr ich, daß einer der Seminarteilnehmer, ein enger Freund von mir, das Seminar mit Kopfschmerzen verließ, die beinahe drei Wochen lang anhielten. Er schwor, nie wieder an einem meiner Seminare teilzunehmen!

Als die Zeit eine gewisse Distanz zwischen mir und meinem Erlebnis geschaffen hatte, muß ich zu meiner Schande gestehen, daß ich es nicht mehr so blindlings akzeptieren konnte wie anfangs. Welcher vernünftige Mensch glaubt schon an Pan? Nach allem, was ich in der Schule gelernt hatte, war er nichts weiter als der legendäre Gott der Natur, der den Oberkörper eines Menschen und die Beine und Füße eines Ziegenbocks besaß, und bis zu meinem jüngsten Erlebnis hatte ich nie Grund gehabt, diese Beschreibung anzuzweifeln. Doch der Pan, dem ich begegnet bin, ist weit mehr als nur ein Mensch und hat absolut nichts Tierisches an sich. Früher, wenn ich am Fluß saß und auf seine schweigende – und doch hörbare! – Botschaft lauschte, hatte ich oft vermutet, daß alle Dinge eine tiefere Bedeutung haben könnten, als es den Anschein hat. Aufgrund meiner engen Beziehung zur metaphysischen Natur mußte ich mich immer wieder von vielem lösen, was gemeinhin als normal betrachtet wird. Aber so etwas wie Pan hatte ich selbst in meinen kühnsten Träumen niemals erwartet. Und doch ergab es einen Sinn. Wenn die Natur mich tiefer in ihr mystisches Bewußtsein hineinführen wollte, wer konnte mir dann ein besserer Begleiter sein als Pan, der Gott dieses inneren Reichs? Das Problem bei dieser logischen Schlußfolgerung lag nur darin, daß Pan selbst nicht logisch war. Er war ein Affront, eine Herausforderung für mein bequemes Glaubenssystem, von dem ich annahm, daß es bereits bis an seine äußersten Grenzen strapaziert worden war. Das war mein Problem – die Vorstellung, Pan als Führer zu haben, war durchaus sinnvoll, und doch war sie gleichzeitig unsinnig!

Aus Neugier versuchte ich, Pan herbeizurufen, obwohl es mir schwerfiel, an ihn zu glauben. Wie sollte ich wieder eine Begegnung mit ihm herbeiführen? Wie konnte ich mich selbst finden und auf diese Weise die Membran durchdringen? Bis jetzt waren aus meiner Reise in die Natur nur Gespräche und eine ziemlich ungewöhnliche Beziehung zu einem Fluß erwachsen; aber Pan war offensichtlich ein Vorbote noch außergewöhnlicherer Erlebnisse. Sollte ich einfach nur warten, oder was konnte ich sonst tun?

Ich besprach den Vorfall ausführlich mit Treenie, und ihr fiel es gar nicht schwer, das alles zu glauben. Aber das half mir nicht aus meinem persönlichen Dilemma heraus. Und um die Lage noch komplizierter zu machen: Das kleine Loch am dikkeren Ende des Leitsteins war verschwunden. Ich untersuchte den Stein genau – das Loch existierte nicht. Wie konnte ich also hineingesaugt worden sein? Alles, was mir blieb, waren Fragen und Unmöglichkeiten!

Ein paar Monate später bekam ich einen Brief von einem Mann namens Kinsley Jarrett. Ich hatte als Reaktion auf mein kürzlich erschienenes Buch *Mit der Natur reden* einige Briefe erhalten, und darunter war auch der von Kinsley. Ein paar der in dem Buch beschriebenen Begebenheiten hatten ihn tief beeindruckt, und er wollte Treenie und mich kennenlernen. Der Stil seines Briefes gefiel mir, und deshalb war ich mit einem Treffen einverstanden. Zum Glück wohnten er und seine Frau Valma nur ein paar Stunden von uns entfernt.

Bald kamen die Jarretts, um uns zu besuchen. Es wurde eine jener Begegnungen mit völlig fremden Menschen, die eigentlich nur eine Erneuerung alter Freundschaften sind. Nachdem die erste Befangenheit von uns gewichen war, fragte Kinsley mich, ob ich seine Zeichnungen verschiedener Naturgeister sehen wolle. Er erzählte mir, er sei früher Werbegraphiker gewesen. Doch seine Behauptung, daß ihm die Naturgeister tatsächlich erschienen und sogar dageblieben seien, während er sie zeichnete, erfüllte mich mit Skepsis. Aber ich ließ es mir nicht anmerken, nahm die erste Zeichnung aus der Mappe – und betrachtete sie mit ehrfürchtiger Faszination. Jetzt zweifelte ich nicht mehr daran, daß Kinsley die Fähigkeit besaß, verborgene Wahrheiten zu erkennen. Die Energie und der Blick für das Detail, die seine Kunst auszeichneten, sprangen mir sofort ins Auge. In seinen Werken erwachte die Natur wirklich zum Leben, kraftvoll und sehr, sehr real.

Er legte noch ein paar Skizzen vor uns hin und holte dann nach kurzem Zögern eine weitere aus seiner Mappe. Mir lief es kalt den Rücken hinunter. Es war Pan! Kinsley hatte ihn mit einem rätselhaften Lächeln auf den Lippen gezeichnet. Ich schaute in die Augen des göttlichen Gesichts auf dem Papier und konnte meinen Blick nicht mehr abwenden. Vielleicht zehn Minuten lang hielt ich diese Skizze, die den Kopf und die Schultern Pans zeigte, in der Hand und nahm den Anblick begierig in mich auf. Er entsprach praktisch in allen Details dem Pan, der mir erschienen war. Kinsley erklärte mir, wie und wo er Pan begegnet war, aber ich hörte ihm kaum zu. All mein Unglaube in bezug auf das Erlebnis in dem Leitstein lag in Scherben zu meinen Füßen, und Pan lächelte mich von einem schlichten Blatt Papier herab spöttisch an.

Eine knappe Woche nach der Abreise von Kinsley und Valma erhielt ich per Post von Kinsley eine Papprolle, die ein Bild enthielt. Als ich es aufrollte, wußte ich, daß Pan wieder da war und mich verfolgte. Dem Bild lag eine kurze Notiz bei, in der Kinsley mir mitteilte, bei einem Spaziergang zu seinem Lieblingswinkel im Wald habe er Pan wieder dort gesehen, und Pan habe ihm vorgeschlagen, ihn für mich zu zeichnen.

Ich rahmte das Bild und hängte es über meinen Schreibtisch. Bald stellte ich fest, daß Pan mir stets unverwandt in die Augen blickte – an welcher Stelle des Zimmers ich mich auch befinden mochte.

Ich wartete auf weitere Ereignisse, aber es geschah nichts mehr – zumindest nicht das, was ich erwartete.

Eine frühere Freundin, Wendy, kam für ein paar Tage zu Besuch, und natürlich gab es viel zu erzählen und alte Erinnerungen aufzufrischen. Schließlich begann ich auf ihre Fragen hin einige Gesichtspunkte meiner Beziehung zur Natur zu erläutern und redete mich bei meinem Lieblingsthema immer mehr in Eifer. Mir fiel auf, daß sich Schrecken auf Wendys Gesicht malte, als sie mich ansah, aber ich achtete nicht darauf. Plötzlich saß sie kerzengerade da, und der Schrecken in ihrem Gesicht wich einem Ausdruck des Erstaunens. «Michael! Sei still! Deine Ohren!» Sie hielt verlegen inne, zwang sich dann aber weiterzusprechen. «Deine Ohren! Sie sind ganz lang geworden ..., und sie sehen so eigenartig aus.» Sie zeigte auf meine Ohren. «Während du sprachst, sind sie gewachsen. Sogar dein Gesicht hat sich verändert.»

Ich fuhr mit den Fingern über die Ohren. Für mich fühlten sie sich nicht anders an als sonst! Wendy sprang auf. Sie war ganz aufgelöst. «Ich muß hinausgehen», sagte sie. «Ich brauche einfach ein paar Minuten Ruhe.»

Treenie und ich sahen uns an. «Was ist?» fragte ich sie. «Siehst du meine merkwürdigen Ohren auch, oder bildet sie sich das nur ein?»

Noch ehe Treenie mir antworten konnte, war ich schon auf dem Weg zum nächsten Spiegel. Ich sah mir mein Spiegelbild genau an und drehte den Kopf von einer Seite zur anderen. Ein paar Sekunden lang setzte mein Herzschlag aus: Ich sah Pan und das spöttische Rätsel seines Lächelns, als unsere Blicke sich begegneten. Dann war er wieder fort, und ich sah im Spiegel mein eigenes Gesicht, in dem sich meine Verwirrung malte. Erschüttert, aber gleichzeitig befriedigt darüber, daß meine

Ohren die normale Form hatten, ging ich ins Zimmer zurück. Als Wendy wiederkam, erklärte sie mir, mein Gesicht hätte sich vor ihren Augen allmählich verändert. Offensichtlich war es keine physische Veränderung gewesen, sondern etwas, was meinen Gesichtszügen gewissermaßen aufgeprägt wurde.

Einige Zeit später entdeckte Wendy das Bildnis Pans über meinem Schreibtisch. «Das ist das Gesicht, das ist es!» rief sie aufgeregt.

Als sei es damit noch nicht genug, bemerkten in dieser Zeit auch andere Menschen ähnliche plötzliche Veränderungen an meiner körperlichen Erscheinung – und zwar noch fünfmal. Jedesmal erregten die Ohren oder Gesichtszüge Pans, die sich über mein eigenes Gesicht schoben, ihre Aufmerksamkeit.

Eines Tages, als ich einen Blick auf das Bildnis Pans warf, hörte ich deutlich seine stumme Frage.

«Ja», murmelte ich, «jetzt glaube ich an dich. Ich habe offenbar ja auch gar keine andere Wahl!»

## 2

# Fließen mit dem Wasser

Der Winter war vorüber. Die Sonne schien mit unverminderter Kraft auf den Fluß, und die frühmorgendlichen Schatten hatten sich ins Dickicht der Büsche und Sträucher zurückgezogen. Statt einfach in dem einladenden Fluß unterzutauchen, ließ ich mich sanft ins Wasser gleiten, denn ich wollte mich unbemerkt an ein paar Wasseragamen heranschleichen, von denen ich wußte, daß sie sich gern am Flußufer sonnten.

Ich ließ meine Blicke über die abgestorbenen, vom Wasser überfluteten Zweige vor mir wandern und wartete auf eine Bewegung, die mir den Umriß der Agame verraten würde. Plötzlich war es soweit. Ich nahm das leichte Pulsieren eines Halses wahr, und dann erkannte ich das ganze Reptil. Allmählich schwamm ich näher und bemühte mich, mit keiner Wimper zu zucken, um das Tier nicht aufzustören. Es machte mir gar keine Mühe, mich dem Reptil allmählich zu nähern, denn das Wasser trug mich. Schließlich war ich nur noch knappe zwei Meter von dem urtümlichen Geschöpf entfernt, aber ich wußte, daß es meine Gegenwart spürte. Fünf, vielleicht auch zehn Minuten lang verharrten wir beide regungslos.

Ein Schwarm kleiner gestreifter Fische begann den Schlamm, den ich in dem seichten Wasser aufgewühlt hatte, nach etwas Eßbarem zu durchsuchen. Dann fingen sie an, an den Haaren auf meiner Brust und meinen Beinen zu zupfen. In dem Versuch, ihre vermeintliche Beute loszureißen, zerrten sie immer heftiger an den Haaren. Sie kitzelten mich, und als ich mich ein wenig bewegte, breiteten sich warnende Kreise auf der Wasseroberfläche aus. Sofort sprang eine fünfzig Zentimeter lange Wasseragame von einem vor mir hängenden Zweig in das sichere Versteck des Schilfdickichts am Ufer. Ich hielt vor Überraschung den Atem an. Diese Agame war mir gar nicht aufgefallen, und doch war sie mir viel näher gewesen als die andere, auf die ich meinen Blick konzentriert hatte! Mit ihrer rauhen, runzeligen, in verschiedenen Grautönen schillernden Haut hatte sie sich so vollkommen an den Zweig angepaßt, daß sie sich gar nicht mehr von ihm unterschied. Doch kaum hatte ich sie entdeckt, war sie deutlich zu erkennen.

Aus dem Fluß ertönte die schweigende Botschaft: «Du siehst, und doch siehst du nicht.»

Das stimmte. Die Agame, die ich aufgescheucht hatte, war genau in meinem Blickfeld gewesen, und trotzdem hatte ich sie nicht gesehen. Mittlerweile schmerzte wegen meiner unnatürlichen Kopfhaltung mein Nacken, also beschloß ich, das Spiel zu beenden, indem ich langsam immer näher an die unbeweglich wie eine Statue dasitzende zweite Agame herankroch. Anderthalb Meter, ein Meter, ein halber Meter – es war nur eine Frage der Zeit, wann auch sie die Flucht ergreifen würde. Ein Sprung, und sie verschwand ebenfalls im dichten Gestrüpp am Ufer.

Auf meinem Gesicht breitete sich ein Lächeln kindlicher Befriedigung aus. Auf meine Art und zum geeigneten Zeitpunkt liebte ich es, ein Teil der Natur zu sein. Ich atmete tief ein, glitt unter Wasser und schwamm vorsichtig, um die Fische nicht aufzustören, in ein nahegelegenes tiefes, düsteres Loch im Flußbett. Ich wußte, daß dort ein großer Aal lebte, sicher und geborgen in seiner Unterwasserwelt, und sich für den unumstrittenen König seines Reiches hielt. Wahrscheinlich war er das auch! Er hielt sich unter einem unter Wasser liegenden Baumstumpf auf und ernährte sich von den unglücklichen jungen Flußbarschen, die das Pech hatten, in die Reichweite seiner dicht mit Zähnen besetzten, rasch zuschnappenden Kiefer zu kommen. Ich sah die verschwommene, massige, schlangenförmige Gestalt des Aals und streckte die Hand aus, um ihn zu streicheln, aber er hatte andere Pläne. Wie ein anderthalb Meter langer, dicker, seilartiger Schatten glitt er über meinen Körper. Seine samtweiche Haut fühlte sich kühl an, als sie an meinem Bauch entlangstrich.

Ich holte wieder Luft und tauchte noch einmal unter. Jetzt änderte ich meine Richtung und ließ mich einfach von der Strömung treiben. Mühelos glitt ich über den sonnenbeschienenen seichten Stellen des Flußbetts dahin, an denen Kies und vom Wasser geglättete Flußsteine aufblitzten. In meinen Körper und meinen Geist war Stille eingekehrt. Hier mußte ich wachsamer sein, denn wenn der schwerfällige Stachelrochen zusticht, ist das so, als ob einem ein glühend heißes Messer im Fleisch steckenbleibt. Plötzlich nahm ich vor mir im Wasser eine zuckende Bewegung wahr, streckte die Arme aus und hielt mich an einem besonders großen, bequemen Stein fest.

Acht dicke Barben fraßen den pelzigen, dunkelgrünen Algenbewuchs von den Steinen ab. Sie schienen keine Angst vor mir zu haben. Ihre geschmeidigen, silbergrauen Körper schlängelten sich hin und her und blitzten im Sonnenlicht. Diese Fische wagen sich nur selten in Flußmündungen oder ins Meer; die relative Sicherheit der Flüsse ist ihnen wahrscheinlich lieber. Sie waren wirklich wohlgenährt; sie hatten eine Länge von ungefähr dreißig Zentimetern und strotzten vor Gesundheit. Ich tauchte rasch an die Wasseroberfläche empor, atmete so tief wie möglich ein, ließ den Stein los, tauchte wieder unter und ließ mich zwischen den silbrig glitzernden Fischen dahintreiben. Sie gerieten nicht in Panik, fühlten sich nicht einmal gestört. Sie schwammen um mich herum, so nah, daß ich sie hätte greifen können, grasten gemächlich ihre Unterwasserweide ab und drehten und schlängelten sich dabei die ganze Zeit hin und her. Ich rief sie stumm an und bat sie, ihre Weisheit mit mir zu teilen; aber es kam keine Antwort.

Ich schwamm noch eine Weile flußabwärts, tauchte jetzt tiefer unter und kam nur hin und wieder an die Oberfläche, um Luft zu holen. Eine große Wasserschildkröte, die ich aufgescheucht hatte, schwamm hastig vor mir davon, und zum Scherz griff ich nach ihr. Verzweifelt strampelte sie mit den Füßen und versuchte vorwärtszukommen. Wieder tauchte ich rasch an die Wasseroberfläche empor und hielt meine Gefangene, die sich mit aller Kraft wehrte, vor mir in die Höhe. Die Schildkröte triefte vor Wasser, ihre Beine strampelten in der Luft weiter, und ihr Schlangenkopf bewegte sich ziellos vor und zurück. Vorsichtig berührte ich sie unter dem Maul, um die winzig kleinen, dünnen Barteln an ihrem Unterkiefer zu fühlen, und zu meinem großen Erstaunen biß sie mich! Ein paar Sekunden lang blieb sie an meinem Finger hängen und wußte gar nicht, daß sie auch auf diese Weise gefangen war. Dann tauchte ich meine Hand mitsamt der Schildkröte unter Wasser. Sofort ließ sie meinen Finger los und verschwand mit entschlossener, geradezu hektischer Eile in der Tiefe. Ich betrachtete meine Fingerspitze, an der die Abdrücke ihrer Zähne noch deutlich zu sehen waren. Ganz schön frech!

Mit ruhigen Bewegungen schwamm ich wieder flußaufwärts und glitt mühelos über den Felsbänken dahin. Zufrieden aalte ich mich in der Sonne und diesem wunderbaren, fließenden, lebendigen Wasser und dachte über meine Verbundenheit mit der Natur nach, die allmählich immer mehr wuchs. Als Kind war ich oft sehr zornig gewesen – aber es war kein Zorn, den die anderen Menschen bemerkten, sondern einer, der tief in meinem Inneren schwelte. Zehn Jahre lang war ich als ein unintellektueller, unwissenschaftlicher Junge, der die rechte Gehirnhälfte entwickelt hat, in einer sehr intellektuell und akademisch orientierten, auf die linke Gehirnhälfte spezialisierten Schule eingesperrt gewesen. Ich begriff nicht, warum ich ein solcher Außenseiter war, und wandte mich der Natur zu. An stillen, friedlichen Teichen und Orten wie Byrons Pool Woods fand ich Zuflucht; dort fühlte ich mich so akzeptiert, wie ich war. Mein Bündnis mit der Natur wurde stillschweigend geschlossen. Da ich allein war, hatte ich nichts zu sagen, also erlernte ich frühzeitig eine der seltensten Fähigkeiten – die Gabe des Zuhörens. Ich hörte aber nicht den anderen Menschen zu, sondern der Natur. Menschen erfüllten mich mit Mißtrauen. Wenigstens das hatte die Schule mich gelehrt.

Schließlich endete meine Schulausbildung, und ich begann auf dem Bauernhof meines Vaters mitzuarbeiten. In diesem Stadium meiner Entwicklung war meine Beziehung zur Natur bedroht, denn als angehender Landwirt mußte ich mir die Natur unterwerfen. Ich lernte, daß Landwirtschaft und Natur in unmittelbarem Gegensatz zueinander stehen. Also mußte ich mich ändern, und meine kindliche Naturverbundenheit wurde allmählich unterdrückt. Doch während all dieser Jahre blieb immer ein Funke davon in mir zurück, der nur auf einen geeigneten Zeitpunkt wartete, um mich wieder zu entflammen.

Mit Mitte Zwanzig war ich bereits mit Treenie verheiratet, hatte zwei Söhne und wanderte mit meiner Familie nach Australien aus. Wir ließen uns im Inselstaat Tasmanien nieder, und ich begann wieder mit der Landwirtschaft – ganz einfach, weil ich keine andere Ausbildung erhalten hatte und das Leben im Freien liebte. Im Lauf der nächsten elf Jahre entwickelte ich eine neue Beziehung zur Natur. Ich erfuhr, daß ein Bündnis zwischen Mensch und Natur durchaus möglich ist; aber die Sache hat auch einen Haken. Ein solches Bündnis kann man sich nicht einfach im Geist vorstellen; man muß es *erleben*. Solange es nur ein theoretisches Konzept ist, bleibt es reine Spekulation; man muß es verwirklichen, leben.

Jetzt gab es für Treenie und mich nur noch Arbeit, Arbeit, Arbeit. Ein Sechzehnstundentag war für uns völlig normal – wir standen um fünf Uhr morgens auf, um die Kühe zu melken und die Schweine und Kälber zu füttern, frühstückten um neun Uhr, hatten dann einen langen Arbeitstag vor uns, molken um vier Uhr nachmittags noch einmal die Kühe und waren dann mit der Arbeit fertig. Das war acht Jahre lang tagaus, tagein unser Tagesablauf. Meine Liebe zur Natur wurde unter der puren Notwendigkeit begraben, all diese Arbeit zu bewältigen.

Doch trotz der Alltagsroutine spielte sich unterschwellig etwas in mir ab: Ich begann mich allmählich der alles antreibenden, bewegenden Kraft der Natur hinzugeben. Mir wurde klar, daß ich die Farm aufgeben und mich den metaphysischen Bereichen der Natur öffnen mußte, um eine wahre Beziehung zu ihr entwickeln zu können. Die Natur offenbarte mir, daß es innerhalb des Augenblicks eine Bewegung gibt, die man erleben kann, als sei man auf den Herzschlag des Universums eingestimmt. In dieser Bewegung herrscht Schweigen, und in diesem Schweigen liegt Weisheit.

Während unserer zehn Jahre in Tasmanien veränderte sich mein Denken ganz entscheidend. Ich wurde einer der ersten biodynamischen Landwirte auf der Insel. Aber ich mußte noch viel mehr tun, um in die mystischen Reiche der Natur Eingang zu finden, und danach hatte ich eine ständige große Sehnsucht. Ich hatte das Gefühl, daß meine wahre Heimat im Herzen der Natur lag. Diese Sehnsucht, dieses tiefe innere Bedürfnis, brachte Treenie und mich – wir hatten inzwischen drei Söhne und eine Tochter – von der Landwirtschaft ab. Wir gaben die Farm auf und begannen in einem Kombiwagen mit Wohnanhänger und Ausstelldach durch Australien zu reisen.

Nach vielen Abenteuern riefen wir eine Kommune ins Leben und lebten mit noch ungefähr zwanzig anderen Leuten auf einem 14 000 Ar großen Grundstück, das den Namen «Homeland Foundation Community» erhielt. Dort mußte ich mich mit mir selbst auseinandersetzen – keine leichte Aufgabe! Ich lernte, daß ich anderen Menschen gegenüber leicht eine aggressive Haltung einnahm, daß hinter diesem Schutzschild aber immer noch die unverarbeiteten Ängste eines kleinen

Jungen verborgen waren. Wenn es während dieses vierjährigen Abenteuers einen Konflikt in der Kommune gab, steckte ich garantiert mittendrin. Ich fehlte bei keiner Auseinandersetzung.

Mir wurde klar, daß ich andere Menschen nicht mochte, weil ich mich selbst nicht akzeptieren konnte. Das war eine ziemlich schockierende Erfahrung für mich. Doch nun, da ich dieser Tatsache ins Auge sah, konnte ich an die Lösung des Problems herangehen. Die Qualen und psychischen Erschütterungen, die ich in dieser Zeit erlebte, als ich mit mir selbst zurechtzukommen versuchte, sind so intensiv, daß sie sich nur schwer in Worte fassen lassen. Als ich die Barrikade der Aggressivität, hinter der ich mich bisher verschanzt hatte, aufgab, begannen viele Menschen, meine neue Verletzlichkeit auszunutzen und mich zu kränken, wo sie nur konnten. Ich war eine gute Zielscheibe für sie, denn ich war eines der dominierendsten Mitglieder der Kommune gewesen, und jetzt war ich schutzlos. Ich weinte während dieses Entwicklungsprozesses mehr, als ich jemals zuvor oder danach in meinem Leben geweint habe. Endlich erlaubte ich dem kleinen Jungen in mir, seinen Tränen freien Lauf zu lassen. In meiner Seelenqual saß ich häufig am Fluß und schwor mir, daß ich die Kommune morgen verlassen würde. Doch irgendwie kam dieses Morgen nie. Allmählich und schmerzlich erfuhr ich, daß meine größten Stärken in Wirklichkeit Handicaps, Verteidigungsmechanismen waren, während in meiner Schutzlosigkeit der Keim einer bislang unerkannten Stärke lag. Das war keine aggressive Stärke, sondern eine Kraft, die eine Ganzheit in meinem Inneren offenbarte.

Wenn Treenie oder ich gewußt hätten, was für seelische Erschütterungen uns in dieser Gemeinschaft bevorstanden, hätten wir wahrscheinlich nie den Mut gehabt, in sie einzutreten, denn selbst Treenie ging nicht unversehrt aus diesem Abenteuer hervor. Auch sie mußte sich mit ihren persönlichen Problemen auseinandersetzen und litt sehr, als sie sich von alten

Denk- und Verhaltensmustern löste. Doch ebenso wie ich ließ sie sich nicht unterkriegen.

Als Treenie und ich die Homeland-Kommune verließen und uns ein paar Kilometer weiter im selben Tal niederließen, war ich soweit, daß ich mich selbst aufrichtig mochte. Mein inneres Wachstum als menschliches Wesen hing nun nicht mehr von meinen Beziehungen zu anderen Menschen ab. Wenn man soweit kommt, daß man ohne Konflikte in einer vierzig Menschen umfassenden Kommune leben kann, hat man zu einem gewissen Maß von Selbstvertrauen und Toleranz gefunden. Selbst meine Beziehung zu Treenie hatte einen neuen Sinn erhalten. Ehe wir in die Kommune eintraten, waren wir uns sehr nahe gewesen, wie zwei kräftige Weinreben, die ineinander verschränkt sind und sich gegenseitig Halt geben, doch das Leben in der Kommune hatte uns schmerzlich auseinandergerissen. Nachdem wir beide unsere Stärken und inneren Fähigkeiten entdeckt hatten, kamen wir wieder aufeinander zu, aber auf eine ganz neue Art. Wir waren jetzt zwei Individuen, die nebeneinanderstehen, zwei kräftige, voneinander gesonderte Bäume. Die Unterstützung, die wir einander boten, basierte jetzt auf einer neuen Ebene der Selbstachtung und Liebe, und in einer wunderbaren, magischen Synthese unserer Seelen erlebten wir eine ganz neue Art der Liebe. Wir verbündeten uns nun auf einer Ebene der Liebe und des gegenseitigen Akzeptierens, die wir in den ersten achtzehn Jahren unserer Ehe nicht erreicht hatten.

Nun, da ich am Fluß lebte, wuchs meine Verbundenheit mit der Natur wieder. Jetzt war die Natur für mich nicht mehr Zufluchtsort vor anderen Menschen; sie wurde wieder meine Lehrerin, und Treenie war meine Reisebegleiterin. Vor unserer Zeit in der Homeland-Gemeinschaft hatte sie mich nie auf meinen Reisen in die inneren Reiche der Natur begleitet, doch jetzt nahm sie daran teil, und auf unerklärliche Weise dienten meine Erfahrungen ihr als Trittsteine auf ihrem Weg. Wenn ich bei einem meiner Gespräche mit der Natur eine tiefgreifende neue Wahrheit entdeckte und sie Treenie mitzuteilen versuchte, hatte sie sie bereits erfahren, aber auf einer rein intuitiven Ebene.

Als ich an jenem herrlichen Frühlingstag im Fluß schwamm, wußte ich, daß die Reise in die Natur, nach der ich mich so gesehnt hatte, nun Wirklichkeit wurde. Jetzt mußte ich neue Ebenen der Offenheit und Aufgeschlossenheit entdecken, denn an die Existenz Pans zu glauben bedrohte sofort die gewohnten Bahnen meines Denkens. Pan hatte mir angekündigt, daß ich die inneren Reiche der Natur – das Pflanzen-, Mineralien- und Tierreich – erfahren würde, aber ich hatte das Gefühl, daß das nicht so einfach war, wie es sich anhörte. Obwohl ich einen Hang zur Mystik habe, wußte ich, daß mein ebenfalls ausgeprägter logischer Menschenverstand mir Schwierigkeiten bereiten würde. Wie konnte ich Pan als meinem Führer vertrauen, wenn ich hin und wieder immer noch an seiner Existenz zweifelte?

Eine leichte Brise war aufgekommen. Ich trieb immer noch auf dem Wasser dahin, allein mit meinen Gedanken, die ich den neugeborenen kleinen Wellen anvertraute. Träge blickte ich mich um – und erschauderte. Ganz in meiner Nähe saß Pan mit gekreuzten Beinen auf der Wasseroberfläche. «O Gott! Hast du mir einen Schrecken eingejagt!» rief ich.

Er lächelte und hielt meinen Blick mit seinen unglaublichen Augen fest. Ich wollte ihn fragen, wie er auf dem Wasser sitzen konnte; doch unter diesem Blick versiegten alle Worte.

«Jetzt wollen wir dich erst einmal ausdehnen. Löse dich von allen einengenden Glaubenssystemen und allem, was du bisher für normal gehalten hast. Laß dich einfach im Strom dessen dahintreiben, was ich dir zu bieten habe. Du allein entscheidest, wie deine Erlebnisse mit der Natur sich weiterentwickeln werden. Ich werde dir nicht verraten, was vor dir liegt, denn sonst würdest du innerlich Verteidigungsmauern gegen alles Ungewöhnliche aufbauen. Du würdest ganz unbewußt versuchen, die Wirkung abzumildern, die diese Erlebnisse auf dich haben werden. Dann könnten wir unser Ziel nicht erreichen.»

Er hielt inne, während ich seine Worte verarbeitete. Um ihn herum hatte sich eine intensive Spannung aufgebaut, die ich auch in meinem Inneren spürte und die Klarheit in meine Gedanken brachte, so daß ich seine Botschaft rasch begriff.

«Wenn wir wirklich eine innere Wandlung in dir bewirken wollen, muß ich die Waffen der Überrumpelung einsetzen, um deine natürlichen Abwehrmechanismen gegen alles Unbekannte zu überlisten.» Er lachte leise. «Diese Verteidigungsmechanismen sind bei den Menschen sehr ausgeprägt; deshalb gibt es so vieles, was sie noch nicht kennen. Es genügt nicht, wenn du dich nur ein bißchen veränderst; du mußt eine grundlegende Wandlung durchmachen. Ein Stück Metall, aus dem an einem Tag ein Teller und am nächsten eine Vase geschmiedet wird, wandelt sich nicht; es verändert nur seine Form. Aber wenn dieses Metall durch irgendeinen Entwicklungsprozeß zu Gold wird, dann hat es eine wahre Wandlung durchgemacht. Das ist dein inneres Ziel . . . dich zu verwandeln.»

«Und . . . in was?»

«Das kann ich dir nicht sagen. Das wirst du erst wissen, wenn du es *bist.*» Er verfiel in Schweigen, und ich nutzte die Zeit, um auch diese Neuigkeit zu verarbeiten. Ich wußte, daß ich unter seinem Einfluß stand; sonst wäre ich viel aufgeregter gewesen.

«Laß dich fallen», sagte er mir mit werbender, lockender Stimme. Seine Worte hallten in meinem Schädel wider, und in meinem Kopf begann sich alles zu drehen. Ich versuchte gegen dieses Gefühl anzukämpfen.

«Laß dich fallen.» Das ist ein Befehl, dem ich mich nicht entziehen kann. Ich spüre, wie mein Ich aus meinem physischen Körper herausgesaugt wird, und sehe hilflos zu, wie er langsam im Wasser untergeht.

«Ich . . . Ich ertrinke. Mein Körper geht mir verloren.»

«*Nein*. Ein natürlicher Schutzmechanismus wird ihn davor bewahren. Schau!»

Ich sehe zu, wie mein Körper aus eigener Willenskraft wieder an die Wasseroberfläche emporsteigt und sein Mund sich öffnet, um zu atmen. Mein Körper lebt, obwohl ich nicht mehr darin bin!

«Du lebst; also lebt auch dein Körper. Du sollst jetzt nicht sterben und deinen Körper verlieren, sondern Aspekte der Natur erfahren, die den physischen Sinnesorganen verborgen bleiben. Der Körper ist ein einzigartiges Gefäß. Er wird überleben, weil *du* überleben wirst.» Er hält inne, und als ich seine nächsten Worte höre, wünsche ich mir, er hätte lieber geschwiegen.

«Wenn du für diese physische Realität stürbest, könnte dein Körper dich natürlich nicht mehr länger beherbergen. Ordne deinen Willen dem unter, was jetzt *ist;* gib dich dem Erlebnis einfach hin. Solange du nachgibst und dich fallenläßt, bist du sicher; doch wenn du Widerstand leistest, könntest du dadurch ein Mißgeschick heraufbeschwören. Laß dich im Wasser treiben – und erlebe.»

Flüchtig kommt mir der Gedanke zu protestieren; doch er versiegt, ehe ich ihn zu Ende denken kann. Ich stehe nicht mehr mit einem *Ich* in Verbindung. Ich bin reines Wasser – und doch mehr als das. Ich fließe im Fluß mit und schwebe gleichzeitig als unsichtbarer Nebel darüber. Ich erfahre meine Umgebung nicht mehr mit Augen oder Ohren. Ich nehme sie einfach wahr. Ich bin eine Flüssigkeit, die alle Teile dieser Erde erfüllt. Ich nehme das Bewußtsein der Erde, den Rhythmus ihres Atems wahr. Ich treibe zwischen den Partikeln der Felsen dahin und kenne ihr Bewußtsein. Ich bin alle Tümpel, alle Teiche, alle Seen und alle Ozeane.

Ich bin kein isoliertes Wesen mehr, sondern fließe in wilder Herrlichkeit durch felsige Schluchten und lache, als der Klang des reißenden, tosenden Wassers von den Felsen widerhallt. Ich liege ruhig und friedlich in eisigen Seen, und in meinen träge dahinfließenden Tiefen schwimmen Fische. Ich bin der Regen, der vom Himmel fällt. Wenn ich gefriere, verwandle ich mich in Schnee.

Langsam, ein trüber Strudel in einem verschmutzten, verschlammten Flußbett, treibe ich auf das Meer zu. Ich weiß, daß die Menschheit mein natürliches Gleichgewicht zerstört hat, aber in meiner geistigen Essenz gibt es keinerlei Werturteile. Als ein kleines, schwaches Kind an einer seichten Stelle in mich hineinwatet, in einem tiefen Loch im Flußbett ausrutscht, untergeht und ertrinkt, ströme ich völlig empfindungslos in seine Lungen hinein.

Doch plötzlich werde ich mir einer seltsamen Dualität bewußt. Ich bin nicht nur das Wasser in den Lungen des kleinen Mädchens, sondern spüre auch mein physisches Ich. Ich bin Michael, der das Kind in den Armen hält. Ich lege meine Lippen auf den Mund des kleinen Mädchens und beginne es zu beatmen – in einem aussichtslosen Versuch, ihm das Leben zu retten. Gleichzeitig bin ich das Wasser, das aus seinen Lungen herausquillt.

Für mein menschliches Ich ist es ein Schock, als ich feststelle, daß das kleine Mädchen nur noch eine tote Hülle ist; doch gleichzeitig nehme ich mit meiner neuen, allumfassenden Sicht die nebelhafte Gestalt seines ätherischen Körpers wahr, der unsicher neben ihm schwebt. Ich kann dem Mädchen sein körperliches Leben nicht wiedergeben und bin mir meiner menschlichen Natur bewußt, als ich in den Fluß wate, um mir das Erbrochene des Kindes vom Mund abzuwaschen. Ich bin das Wasser, das mir in den Mund fließt, und ich bin der Fluß, an den ich die betroffenen, tränenerstickten Worte richte: «Bitte hilf mir, das zu begreifen.»

In dieser merkwürdigen Dualität, in der Zeit und Normalität nicht mehr existieren, beginne ich tatsächlich zu verstehen. Auf unerklärliche Weise spielt sich jetzt ein Ereignis noch einmal in meinem Bewußtsein ab, das mir vor ungefähr zwölf Jahren widerfahren ist. Ein verborgener Teil meines Bewußtseins, der dem Fluß die Schuld daran gab, daß das Kind ertrunken ist, kommt endlich zur Ruhe.

Als Nebel schwebe ich über schneebedeckten Gipfeln. Ihre Spitzen ragen aus mir heraus, während ich ihre kalten, steinigen Abhänge umfange. Ich verdunste von den Blättern von Billionen von Pflanzen und kehre in Form von Nieselregen und stürmischen Wolkenbrüchen wieder zur Erde zurück. Ich schwebe hoch über unserem Planeten, nehme die Erde unter mir wahr, und wenn Bewußtsein aus Freude über so viel Schönheit weinen kann, dann tue ich es gewiß.

Ich bin unendlich und zeitlos, ein Teil des Herzbluts der Natur. Ich fließe durch den Körper aller Menschen, trage alles Leben in mir, fließe aus den Öffnungen aller Körper und erkenne die Einheit als absolute Realität.

Ich bin Wasser, in Teichen, Tümpeln, Ozeanen, Seen... und im Fluß.

Prustend und keuchend kam ich wieder zu mir und tat unwillkürlich einen tiefen Atemzug. Ich fühlte mich bleischwer... wie ein Mensch! Außerdem fror ich. Ich erschrak, als ich feststellte, daß ich im Fluß lag. Als ich zum Ufer schwamm, hatte ich ein merkwürdiges Gefühl der Körperlichkeit. Was war geschehen? Blitzartig erinnerte ich mich an alles. Ich sah mich suchend nach Pan um und warf einen Blick zu der Stelle hinüber, an der ich ihn zuletzt gesehen hatte. Nichts! Ziemlich verwirrt trocknete ich mich ab. Plötzlich kam mir der Vorfall mit dem kleinen Mädchen wieder in allen Einzelheiten ins Gedächtnis. Ich war mit ein paar Freunden im trüben, schlammigen Wasser des Flusses Murray schwimmen gegangen. Da hörten wir flußabwärts laute Schreie. Wir liefen hinüber, um festzustellen, was passiert war. Über ein Dutzend Leute suchten den Fluß verzweifelt nach einem kleinen Mädchen ab. Als ich mich an dieses Ereignis erinnerte, überschwemmte mich wieder das gleiche fatalistische Gefühl der Hoffnungslosigkeit, das ich damals empfunden hatte. Der

Fluß war so schlammig, daß man nicht einmal seine eigene Hand darin erkennen konnte, wenn man sie unter Wasser hielt. Die Angehörigen und Freunde des Kindes suchten bereits seit fünf Minuten in fieberhafter Hast nach dem Mädchen. Gemeinsam suchten wir den Fluß nun gründlicher und systematischer ab. Minute um Minute verging. Nach etwa einer Viertelstunde hatten wir den Körper des kleinen Mädchens in einem hüfttiefen Loch im Flußbett gefunden, das nur ungefähr einen Meter vom Ufer entfernt war. Gemeinsam mit einem Freund versuchte ich, das Kind wiederzubeleben; aber wir wußten beide von vornherein, daß es vergeblich war.

Erst jetzt wurde mir klar, daß ich mich nie mit dem Tod dieses Mädchens im Fluß hatte abfinden können. Ich weiß noch, daß ich den Fluß damals bat: «Hilf mir, das zu begreifen.» Jetzt erkannte ich, daß das Ertrinken des Mädchens mich in einen Konflikt gestürzt hatte, denn ich hatte diesen Fluß geliebt, so schlammig er auch war. Daß das Kind dort ertrunken war, daran war natürlich nicht der Fluß schuld; trotzdem hatte die Unschuld des Kindes mich irgendwie dazu veranlaßt, den Fluß für seinen Tod verantwortlich zu machen. Meine Reise in die Essenz des Wassers hatte mir diese unerkannte Disharmonie im Verhältnis zwischen dem Fluß und mir zum Bewußtsein gebracht. Jetzt hoffte ich, daß die Disharmonie beseitigt war.

Ich zog mich an, streckte meine Arme aus und betrachtete sie fasziniert. Ich wußte, daß ich nie wieder etwas Körperliches als selbstverständlich hinnehmen würde. Meine Arme, mein Körper und ich enthielten das Bewußtsein des Wassers, ein Bewußtsein, das von meinem eigenen getrennt und doch nicht getrennt war! Irgendwie hatte Pan mich aus meinem physischen Körper herausgelöst und in einen metaphysischen Bereich versetzt, in dem ich mich in Wasser *verwandelt* hatte. Dieses Erlebnis hatte mich nicht nur mit meiner früheren Beziehung zu einem Fluß in Verbindung gebracht, sondern mit *allem Leben,* denn alle Lebensformen enthalten Wasser. Seltsamerweise hatte ich mein Ichbewußtsein dabei nicht verloren;

und doch war meine Identität in dieser Erfahrung, Wasser zu sein, untergetaucht! Eine Verschmelzung hatte stattgefunden – eine Verschmelzung, die auf die Verbundenheit *allen* Lebens hindeutete und die Möglichkeit eröffnete, eine neue Verbindung zur Natur aufzubauen, die bis in den Kern unseres Seins hineinreicht. In diesem metaphysischen Bereich erwies sich die Zeit als trügerisch – denn als ich in ihn eintrat, hatte ich eine Begegnung mit einem ertrunkenen Mädchen erlebt, die zwölf Jahre zurücklag! Die Natur hatte mir schon häufig die Ahnung eingegeben, daß Zeit und Raum lediglich Phänomene unserer dreidimensionalen Welt sind, und bis zu einem gewissen Grad hatte ich diese Erfahrung auch selbst schon gemacht – aber was ich heute erlebt hatte, war etwas ganz anderes!

Drei Wochen vergingen ohne ein Lebenszeichen von Pan. Meine anfängliche Erschütterung wich dem Gefühl, hereingelegt worden zu sein. Das Ertrinken des kleinen Mädchens aus der Perspektive eines Menschen *und* aus der Perspektive des Wassers zu erleben war eine überwältigende Erfahrung gewesen. Allmählich wurde mir klar, daß ich das Leben jetzt anders sah. Ich hatte erfahren, daß die Grenzen und Trennlinien, die wir errichten und dem Leben aufzwingen, nicht viel mit der Realität zu tun haben. Wenn mein Erlebnis Wirklichkeit war – und es war mir wirklicher vorgekommen als alles andere, was ich bisher erlebt hatte –, deutete das darauf hin, daß wir gewöhnlich in einer sehr engen und begrenzten Realität leben, obwohl vielleicht eine verborgene Unendlichkeit auf uns wartet. Wer bestimmt eigentlich, was Wirklichkeit ist und was nicht?

Doch obwohl mein Erlebnis mich zu einer offeneren Einstellung gegenüber der Realität des Lebens geführt hatte, hatte ich leider immer noch sehr mit meiner *persönlichen* Realität zu kämpfen. Mein Erlebnis im Fluß war etwas so Persönliches gewesen, daß ich keinen Trost darin fand, mit Freunden darüber zu sprechen. Wie immer teilte ich meine Gedanken Treenie mit, denn ich wußte, wie sehr ich ihre innere Ausgeglichenheit brauchte. Ihr schien es nicht schwerzufallen, meinen Bericht zu glauben, doch mich quälte der Konflikt zwischen meinem Ich der linken Gehirnhälfte, das logisch denkt, und meinem ganzheitlichen Ich der rechten Gehirnhälfte. Diese beiden Hälften mußten sich zu einem vollständigen Wesen vereinen; doch statt dessen fühlte ich mich innerlich gespalten. Pans Erscheinen und die Erlebnisse, die er heraufbeschworen hatte, waren eine ungeheuerliche Leugnung all dessen, was die Menschen gemeinhin als normal betrachten. Ich entdeckte, daß die Normalität einen großen Wert für mich hat und daß mein logisch denkendes Ich sich zäh und hartnäckig an sie klammert.

Mein innerer Aufruhr erreichte seinen Höhepunkt in einem ganz unerwarteten Augenblick. Treenie und ich waren zu einer Party eingeladen worden, und etwas widerstrebend willigte ich ein, der Einladung Folge zu leisten.

Das übliche Summen und Murmeln teils miteinander verschmelzender, teils disharmonischer Stimmen erfüllte den großen Raum. Durch die Menschenmenge sah ich Treenie. Sie sah großartig aus in ihrem dunkelroten Kleid und mit ihrem leuchtend silbernen Haarschopf. Sie war frühzeitig grau geworden und erklärte, daran sei das Zusammenleben mit mir schuld! Mir persönlich gefiel ihr Haar. Das mittlere Lebensalter hatte ihre Gesichtszüge weicher werden lassen, und das silbergraue Haar betonte diese Weichheit noch. Sie erinnerte mich an einen schönen Baum, der langsam gewachsen und gereift ist und jetzt in voller Blüte steht. Sie war in ein Gespräch verwickelt; ihre Augen sprühten vor Lebendigkeit. Ich zeige mich bei Partys im allgemeinen nicht gerade von meiner besten Seite; meist flattere ich von Gruppe zu Gruppe, bleibe aber immer am Rande und bekomme selten wirklichen Kontakt zu den Partygästen. Bei Treenie ist das anders. Sie ist ein geselliger Mensch, eine anregende, einfühlsame und intelligente Frau, die eine große Anziehungskraft auf andere Menschen ausübt.

Ich stand in meinem Schlupfwinkel hinter einer großen Topfpalme und lauschte ein wenig beklommen der mit großem Nachdruck vorgebrachten Behauptung einer dunkelhaarigen Frau, die erklärte, wie sehr sie ihren Guru liebe und brauche. Sie ließ ihren Blick über die Menschen wandern, die um sie herumstanden. «Wir brauchen alle einen Guru», erklärte sie mit unerschütterlicher Überzeugung. «Wir müssen an der Liebe und Weisheit eines Menschen teilhaben, der die Wahrheit kennt.» Ein paar Sekunden lang fühlte ich mich bedroht. Ich hatte keinen Guru – niemanden, der mich zu dieser letzten Wahrheit hinführen konnte. Den größten Teil meines Lebens hatte ich diese Idee sogar mit Verachtung von mir gewiesen. Ich hatte niemals das Bedürfnis nach einem Guru gehabt. Doch in diesem Augenblick verunsicherte mich die Überzeugungskraft dieser Frau. Fasziniert von dem Nachdruck, mit dem sie ihre Ideen vorbrachte, blickte ich ihr in die Augen. Sofort wandte sie mir ihre volle Aufmerksamkeit zu.

«Und wie ist es mit dir, Michael?» fragte sie. «Hast du auch einen Guru?»

Ich suchte nach einer passenden Antwort, und mir fielen nur vier Worte ein. «Pan ist mein Guru.»

Ein Murmeln erhob sich in der kleinen Gruppe. Die Topfpalme und ich standen plötzlich im Mittelpunkt der Aufmerksamkeit.

Die dunkelhaarige Frau musterte mich herausfordernd. «Ist das dein Ernst? Oder liebäugelst du mit der ewigen Jugend von Peter Pan?»

Jetzt war meine Stimme lauter und kräftiger und spiegelte die Kraft meiner gerade eben erst entdeckten Überzeugung wider. «Ich meine den großen Gott Pan – den mit den Bockshörnern und -hufen, der am Wasser seine Spiele treibt.»

Damit endete die Diskussion. Niemand wußte, ob er mich ernst nehmen sollte – und ich gab ihnen keinerlei Hilfestellung! Ich empfand nur ein wachsendes Gefühl des Erstaunens darüber, was ich gesagt hatte. Dessen Wahrheit wurde mir jetzt erst bewußt. Aber warum gerade ich? Es lag auf der Hand, daß ich mir ein solches Wesen nicht ausgesucht haben konnte. Ich war von ihm ausgewählt worden. Zu welchem Zweck? Eines stand fest – ich hatte meine Realität inzwischen akzeptiert. Ich empfand meine Hingabe an Pans Willen wie einen frischen Luftzug in meinem Inneren.

Am nächsten Morgen ging ich die steilen Stufen unter den Bäumen am Flußufer hinunter zu meiner alten Brücke, die mir als Sprungbrett für meine Abenteuer unter Wasser diente. Auf halbem Wege hielt ich inne. Am anderen Ende der Brücke stand Pan – nackt! Er schien sich meiner Gegenwart nicht bewußt zu sein, und ich beobachtete erstaunt, wie er hoch in die Luft sprang und am anderen Ende der Brücke wieder auf die Füße kam. Mit noch größerem Erstaunen sah ich, daß die zehn Zentimeter dicke Holzbrücke sich unter seinem Gewicht durchbog und ihn mit einer elastischen Bewegung in die Höhe schleuderte. Er wurde hoch emporgehoben – höher, als es nach den Gesetzen der Schwerkraft eigentlich möglich war – und schlug ein paar mit Bravour ausgeführte Saltos, ehe er ins Wasser stürzte, ohne daß auch nur das leiseste Plätschern zu hören war!

Während ich mühsam die restlichen Treppenstufen herunterkletterte, war er schon wieder aus dem Fluß aufgetaucht und stand tropfnaß da. Entgeistert starrte ich ihn an. Er hatte keine Geschlechtsorgane! Ich trat zwei Schritte zurück und setzte mich auf einem Felsen nieder. Das war zuviel für mich!

Er blickte mir ruhig ins Gesicht und war offensichtlich belustigt.

«Das hast du wohl nicht erwartet.»

Ich öffnete und schloß den Mund dreimal, ehe ich ein Wort herausbringen konnte. «Aber ... Aber du bist doch ein Mann, oder nicht?»

«Ich bin weder Mann noch Frau. Ich bin Gleichgewicht. Ich bin das unendliche Gleichgewicht der Natur.»

«Aber in der Mythologie wirst du als gehörntes Wesen –

halb Mann, halb Ziegenbock – beschrieben, das seine Zeit damit verbringt, am Flußufer herumzuplätschern und Jungfrauen zu verführen. Wie kannst du das tun, wenn du geschlechtslos bist?»

Er lächelte mich nur an. Seine Schönheit war überwältigend.

«Wenn du vor einer Schönheit, die nichts Menschliches an sich hat, Angst hättest und davonliefest, was würdest du den Leuten hinterher erzählen? Würdest du mich als schönes Geschöpf oder als wildes Tier beschreiben? Die Menschen lassen sich nicht gern durch ihre eigenen Ängste beschämen.»

Doch irgendwo aus den Tiefen meines von Vorurteilen und eingefahrenen Denkmustern geprägten Ich war noch ein anderer quälender Zweifel aufgestiegen. Ich starrte Pan an und versuchte durch die Schönheit hindurch das Tier zu erkennen. «Wo ist denn der Pan der alten Sage?» fragte ich. «Hat Pan keine Panik hervorgerufen? Auf ihn – auf dich – geht doch das Wort *Panik* und seine Bedeutung zurück, oder nicht?»

«Nicht auf mich», erwiderte er. «Das war das Werk des Menschen. Wenn ein Mensch ein so eingeschränktes, kleinliches Bild vom Leben hat, daß er außerstande ist, auch eine nichtmenschliche Realität zu erfassen, reagiert er eben mit Panik.» Pan trug wieder seine verwaschenen grünen Jeans und das T-Shirt. Er hatte diese Kleidungsstücke nicht angezogen; sie waren einfach da!

Er lächelte über meine Bestürzung. «Für mich ist dieser Körper nicht mehr als ein Kleid aus Gedanken.»

Ich war verwirrt. «Aber wie konntest du dich so schwer machen, daß die Brücke sich unter dir durchgebogen hat? Ich kann so hoch springen, wie ich will – sie biegt sich niemals durch. Und letzte Woche saßest du mit gekreuzten Beinen auf dem Wasser. Das ergibt einfach keinen Sinn.»

«Das liegt daran, daß du an die starren, festgelegten Gesetze der physischen Realität glaubst. Und das ist auch gut so. Glaube daran; du brauchst sie. Aber beschränke deinen Glauben nicht auf sie. Akzeptiere die Tatsache, daß es auch noch andere Realitäten gibt. Und in diesen anderen Realitäten gelten eben andere Regeln. Du kannst die Gesetze, die du kennst, nicht auf andere Realitäten übertragen.»

Das klang sinnvoll. Ich verstand es zwar nicht genau, aber es schien einen Sinn zu ergeben!

Ich hatte schon öfters den Verdacht gehabt, daß Pan meine Gedanken lesen konnte. Sein nächster Schritt bestätigte meine Vermutung.

«Laß dich nicht auf das beschränken, was du verstehst. Im Augenblick versuchst du die Dinge ausschließlich durch deinen Intellekt zu begreifen. Aber du kannst etwas auch *direkt wissen,* statt es mühsam mit Hilfe deines Verstandes aus logischen Gedankengängen abzuleiten – du mußt dir dieses Wissen nur gestatten.»

Jetzt glaubte ich zu verstehen, was er meinte! Trotzdem hatte ich noch etwas mit Pan zu klären. Ich hatte nicht vor, alles, was er sagte, einfach passiv hinzunehmen, sondern verspürte das Bedürfnis, alle Zweifel, die noch zurückgeblieben waren, auszuräumen. «Warum bist du nach meinem Erlebnis im Fluß nicht gekommen, um nach mir zu sehen? Schließlich hätte ich ebensogut ertrinken können. Wolltest du denn nicht wissen, was mit mir passiert ist?»

Er stand wieder am anderen Ende der Brücke, doch als er meinen Blick erwiderte, sprühten die intensiven, beunruhigenden goldenen Punkte in seinen Augen Feuer.

«Ich weiß genau, was mit dir passiert ist. Ich kenne dich besser als du selbst. Eine kurze Zeit lang hast du ein Gefühl der Dazugehörigkeit erlebt – ein sehr seltenes Erlebnis für einen Menschen.» Ich war erstaunt. *Genau das* hatte ich tatsächlich erlebt, aber bis zu diesem Augenblick hatte ich kein Wort dafür finden können. Ich hatte zur Natur gehört, obwohl ich nur durch das Wasser mit ihr in Verbindung getreten war. Ich hatte mich der Erde, der Menschheit, dem Leben zugehörig gefühlt. In diesem Zustand der Einheit hatte ich ein Gefühl des

Dazugehörens erlebt, das ich als Mensch – als isoliertes Wesen, wie alle Menschen es sind – niemals hätte empfinden können.

«In diesem Punkt hast du unrecht. Du hast deine menschliche Natur beibehalten; aber das Wesen, das du bist, hat sich selbst in seiner Ganzheit erfahren. Alles, was du erlebt hast, *bist du*. In der Menschheit ist die ganze Natur enthalten. Selbst ich bin ein Teil von dir.»

Jetzt war ich wieder verwirrt. «Das verstehe ich nicht.»

Pan beachtete mich nicht mehr, sondern sprang mit einem riesigen Satz ans andere Ende der Brücke, schlug wieder einen Salto in die Luft hinein . . . und verschwand! Ich blickte mich um, schaute nach oben in die Luft und nach unten ins Wasser, aber es gab kein Anzeichen mehr dafür, daß er jemals existiert hätte. Ich ging ans andere Ende der Brücke und blickte nachdenklich flußaufwärts. Was meinte er mit den Worten: «Selbst ich bin ein Teil von dir»? Wie konnte das sein? Vielleicht mußte ich Pan nicht so sehr als Persönlichkeit, sondern mehr als Naturgeist sehen. Ja, das erschien mir richtig. Er hatte mir ja bereits gesagt, daß die Menschheit die Natur umfaßt, ebenso wie die Natur uns Menschen mit einschließt. Wenn das stimmte, dann war Pan tatsächlich ein Teil von mir – und auch von allen anderen Menschen. Bei diesem Gedanken mußte ich lächeln.

In Grübeleien versunken, drehte ich mich um, um die Brücke zu verlassen. Ich erschrak, als ich Pan mit gekreuzten Beinen auf den Felsen sitzen sah. Bei seinem plötzlichen Erscheinen drängte sich mir eine weitere Frage auf: «Können andere Menschen dich auch sehen? Ich weiß, daß Kinsley dich gesehen hat, aber könnten andere Menschen es auch? Treenie zum Beispiel?»

«Nur wenn ich es will.»

Noch eine Frage kam mir in den Sinn. «Und was wird als nächstes passieren?» Pan hatte wieder sein kleines Kunststück vollführt und war verschwunden, doch seine Worte waren ebenso deutlich spürbar wie seine unsichtbare Gegenwart.

«Das wirst du bald merken!»

3

# Wahrnehmungen einer Pflanzenseele

Ich wartete und wartete; doch Pan zeigte sich nicht. Er hatte die aufreizende Angewohnheit, immer völlig unerwartet aufzutauchen, aber nicht dann, wenn ich ihn brauchte!

Während dieser Wartezeit träumte ich sechs Nächte hintereinander von meinem Tod. Die Träume waren alle sehr lebhaft und in Farbe, und doch unterschieden sie sich voneinander. In meinem ersten Traum befand ich mich mit einigen anderen Leuten in einem Raum und wußte, daß es gleich eine Nuklearexplosion geben würde; aber das berührte mich gar nicht. Plötzlich existierte nichts mehr. Es war, als hätten das Gebäude, der Raum und alle Insassen plötzlich aufgehört zu sein. Dennoch blieb mein Bewußtsein erhalten: Ich war mir meiner selbst bewußt, obwohl ich nicht mehr in einem Körper verankert war. Ich empfand ein ungeheures Gefühl der Freiheit. Ich weiß noch, daß ich in diesem Augenblick dachte: «Nicht nur die Materie ist ausgelöscht; sogar die Zeit hat aufgehört zu existieren.» Ich spürte, wie mein Bewußtsein sich erweiterte und ungehindert im Universum ausdehnte. Dann wachte ich auf.

In den nächsten Träumen erlebte ich meinen Tod mit und sah mich in einem klaren, dahinströmenden Fluß begraben.

Stets hatte ich dabei ein Gefühl der Freiheit und Freude. Es war nie eine Spur von Angst oder Traurigkeit dabei. Ich genoß diese Träume, obwohl ich mir auch ein wenig Sorgen darüber machte, was sie wohl zu bedeuten haben mochten.

Am Morgen nach meinem sechsten Traum ging ich zum Fluß hinunter. Nachdem ich mehrere Nächte in einem Fluß begraben worden war, erschien es mir naheliegend, an diesem Ort nach der Bedeutung meiner Träume zu forschen.

Ich saß auf meiner alten Brücke und trug die intensive Erinnerung an Pan in mir. Es war warm und schwül. Tiefhängende weiße Wolken hatten sich vor die Sonne geschoben, aber die Hitze war wie eine warme, feuchte Decke. Ich blickte unverwandt in das klare Wasser und erinnerte mich an das unglaubliche Gefühl, das ich erlebt hatte, als das Wasser und ich miteinander verschmolzen, eins wurden. Die Kraft des Flusses kam mir zum Bewußtsein, die nicht so sehr in seiner Wassermasse lag, denn es ist nur ein kleiner Fluß, sondern eher in seinem Geist. Ich hatte mir sogar noch eine schwache Erinnerung an das Gefühl der Dazugehörigkeit bewahrt, das ich damals empfunden hatte. Ich fühlte die spirituelle Energie dieses Flusses, aller Flüsse, allen Wassers. An diesen feinen, mystischen Strom richtete ich meine Fragen: Was haben meine Träume zu bedeuten? Was kann ich aus ihnen lernen?

Die Antwort kam aus der Stille der Natur.

«Die Natur ist die physische Realität des Geistes. Sie ist nicht vom menschlichen Geist getrennt. Du hast in diesen natürlichen Strom Eingang gefunden, weil du eine größere Wahrheit suchtest als die, die dir die physische Welt offenbart. Oft treffen wir – wie in diesem Augenblick – auf bewußter Ebene zusammen, doch im allgemeinen besucht die angeborene Weisheit der Natur den Menschen nur, wenn sein Geist schläft.»

«Aber warum? Es wäre doch sicherlich leichter für uns, wenn wir im wachen Zustand miteinander kommunizieren würden. Dann könnten wir zusammenarbeiten.»

«Im Gegenteil. Solange du wach bist, leistest du Widerstand. Du weigerst dich, zu glauben, daß es auf diesem Planeten außer deinem eigenen auch noch anderes intelligentes Leben gibt. Die Tatsache, daß die menschliche Intelligenz nur ein kleiner, unbedeutender Teil des *All* ist, entgeht dir. Wenn du schläfst, wehrt dein Bewußtsein sich nicht gegen solche Realitäten.»

«Und was haben meine Träume vom Tod zu bedeuten?»

«Wasser ist das Symbol und der Träger des Geistes. Das hast du inzwischen erfahren. In deinen Träumen war das Wasser ein Symbol für das totale Versinken im Tod. Das deutet auf bewußtes Engagement und eine tiefgreifende Veränderung in deinem Inneren hin. In den sechs Todesträumen sind sechs Aspekte der Angst in deinem Bewußtsein erstorben. Sechs Überbleibsel der Vergangenheit sind verschwunden. Der Tod hat dich tatsächlich jedesmal berührt.»

«Aber wie kann ich vom Tod berührt worden sein und trotzdem weiterleben?»

«Es gibt viele Tode. Die Menschen haben nur eine Beziehung zum Tod ihres Körpers. In Wirklichkeit ist das aber nur ein Teil einer ganzen Reihe von Toden.»

«Wie kann das sein?»

«Die meisten Tode gehen über das menschliche Bewußtsein hinaus. Mit der Entwicklung tieferer Erkenntnis bekommt man auch ein Bewußtsein für diese kleinen Tode, die im allgemeinen während des Schlafes und im Traum eintreten.»

Das freute mich. Meine Träume waren also offensichtlich etwas Positives und Nützliches.

Aus dem Fluß stiegen weitere Worte zu mir empor. «Jeder kleine Tod offenbart uns die Möglichkeit, das Größere Ich auf höhere Weise auszudrücken. Und darum geht es im Leben.

Bist du jetzt zufrieden?»

Eigentlich hätte ich inzwischen schon an Pans abruptes Auftauchen gewöhnt sein müssen; trotzdem erschrak ich wieder von neuem. Dann wurde ich mißtrauisch. «Mit wem habe ich eigentlich gesprochen? Mit dir oder mit dem Geist des Flusses?»

Er saß auf den Felsen, ließ einen nackten Fuß im Wasser baumeln und versetzte es dadurch in wellenartige Bewegung. Ein großer Wels schwamm so nah an seinen Fuß heran, wie er konnte. Pan mußte schon seit einer Ewigkeit hiersein! Er musterte mich träge, als mir plötzlich eine weitere Frage in den Sinn kam.

«Fragen, immer nur Fragen. Natürlich war ich schon die ganze Zeit da.»

«Aber du warst unsichtbar.»

«Nicht unsichtbar. Ich hatte nur keinen Körper!»

Inzwischen hatten meine Fragen und der Grad meiner Verwirrung sich verdreifacht. Pan lachte laut. Es war kein menschlicher Ton, sondern klang eher wie ein Glockenspiel in der Ferne.

Er hob abwehrend die Hände. «Also gut, ich werde dir antworten. Erstens: Ich *bin* der Geist des Flusses. Wir sind nicht voneinander getrennt. Zweitens bin ich kein Körper, also habe ich auch keinen Körper ... es sei denn, ich möchte zufällig gerade einen haben.» Er hielt inne, und in seinen Augen blitzte eine verschmitzte Heiterkeit auf. «Auch du bist kein Körper, sondern ein *Wesen* mit einem Gefäß, das man als Körper bezeichnet. Du bist Alles. Und das bin ich auch. Pan bedeutet ‹alles›. Ich bin die ganze Natur. Du bist die ganze Menschheit *und* die ganze Natur.» Er lächelte hinterlistig. «Das ist wohl zuviel für dich, wie?»

Ich ließ mich neben ihn auf den Felsen sinken. «Das kann man wohl sagen», stöhnte ich.

«Aber es ist die Realität. Und du hast beschlossen, so lange zu wachsen, bis du in sie hineinpaßt. Deshalb bin ich jetzt hier. Wir müssen gemeinsam über die Schwelle gehen, und du bist noch nicht bereit dafür. Also reiß dich zusammen!»

«Über die Schwelle ...!»

Mein Gehirn arbeitete fieberhaft. Ich versuchte mich zu erinnern, wo ich diese Worte schon einmal gehört hatte. Ah! Jetzt wußte ich es wieder. «Der Türhüter im Leitstein hat gesagt: ‹Wenn du über die Schwelle trittst, wird die ganze Kraft der Natur sich um die Achse deiner Existenz drehen. Wenn du sie nicht richtig einsetzt, wird sie dich zerstören.› Das ist mir nicht nur unverständlich – ich habe Angst davor.»

Wieder unterzogen diese beunruhigenden Augen mich einer eingehenden Musterung. Ich sah Mitgefühl in ihnen – zumindest hoffte ich, daß es Mitgefühl war.

«Ja, sie könnte dich zerstören.»

«Dann brauche ich eben Hilfe. Für dich ist es leicht, zu sagen: Reiß dich zusammen. Schließlich bin ich derjenige, der den Schritt wagen muß. Und ich weiß nicht einmal, was ich tun soll und wie. Und da wir nun schon einmal beim Thema sind: was zum Teufel liegt denn jenseits der Schwelle?»

Er hatte Geduld, das mußte man ihm lassen – obwohl er von einer aufreizenden Verschwiegenheit war, wenn es darum ging, mich über Einzelheiten aufzuklären. Er ignorierte meine Fragen einfach, stand auf, sprang von den Felsen, als habe ihn ein Sprungbrett in die Höhe katapultiert, schlug einen seiner vollendeten Saltos ... und war verschwunden.

Plötzlich begann mein Körper unwillkürlich zu zittern. Entgeistert starrte ich auf meine schlotternden Arme und Beine. Dann hörte ich ein Flüstern an meinen Ohren. «Wenn man dich ein bißchen schüttelt, wird die Energie in dir wachgerüttelt.»

«O Gott», stöhnte ich, «ein Geist, der dichten kann!»

Allmählich wurde das Zittern weniger heftig, aber dafür intensiver. Ich lehnte mich am Ufer zurück und schloß die Augen. Ich wußte, daß Pan hinter all dem steckte, und daher war ich auf seine nächsten Worte schon gefaßt. Und sie ließen auch nicht auf sich warten: «Laß dich fallen», flüsterte er. «Du klammerst dich so sehr an deinen Körper, daß man dich nicht einmal aus ihm herausschütteln kann. Laß dich fallen ... und habe Vertrauen.»

Ich wußte gar nicht mehr, wie man sich fallenläßt.

Wieder erfahre ich alles durch Wahrnehmung. Meine visuelle und akustische Aufnahmefähigkeit erhöht sich um ein Vielfaches. Ich werde zu einem Teil des Alls. Ich *bin* das, was ich erlebe. Eine Zeitlang schwebe ich über der Erde. Ich bin nichts – alles! Ich verspüre keine Angst, obwohl ich meine menschliche Natur beibehalten habe. Ganz langsam, wie ein Nebel treibe ich dahin und mir wird bewußt, daß mein Ich materielle Form annimmt. Das Ich, das ich «kenne», umfaßt einen großen Teil des Erdballs. Ich wachse an den Abhängen unzähliger Hügel, bilde Dickichte in Millionen von Schluchten. Als dichtes, dorniges Gestrüpp überziehe ich Äcker und Einöden, wachse an Straßenrändern und in Hecken. Ich bin ein Brombeerstrauch!

Ich wachse und gedeihe bis in alle Unendlichkeit. Durch mich kommen Energien zum Ausdruck, die ich nie zuvor gekannt habe. Wesen, winzig klein wie Insekten, schwirren rund um meine Zweige, während andere, größere, aber viel weniger greifbare Geschöpfe mich mit der Erde und dem Himmel verbinden. Das einzige, was ich kenne, ist Kontinuität. Ein Gefühl, das der menschlichen Freude sehr ähnlich ist, durchströmt mich unablässig. Klänge, die kein menschliches Ohr je gehört hat, verbinden mich mit allem Leben. Der menschliche Teil meines Ichs weint bei dem Gedanken, daß eine solche Herrlichkeit der normalen menschlichen Erfahrung verschlossen bleibt. Innerhalb dieser Klänge ist keine Gewalt möglich. So seltsam es auch erscheinen mag – ich weiß, daß Gewalt etwas Trügerisches ist, das durch unsere Illusion des Getrenntseins entstanden ist. Alles ist miteinander verbunden: Klang, winzig kleine und größere Lebewesen, Brombeersträucher, die Erde, das Universum ... und das, was jenseits der Schwelle liegt.

Jahreszeiten vergehen. Ich erlebe die berstende Energie des Frühlings. Jetzt erreichen die Aktivitäten der kleinen Wesen an meinen Zweigen, in mir und zwischen meinen Wurzeln ihren Höhepunkt. Ich bin die schwellenden Knospen an den Zweigen eines jeden Brombeerstrauchs. Ich bin die Lebenskraft, die tief in die wärmende Feuchtigkeit des Bodens eindringt, und ich bin die Zweige, die auf diese Feuchtigkeit reagieren. Ich bin die Blätter, die sich langsam entfalten. Ich bin der Saft, der durch endlose Adern unzähliger Pflanzen strömt. Alle Pflanzen sind in Wirklichkeit nur eine einzige Pflanze. Es gibt keine Trennung. Jenseits der physischen Form existieren weder Raum noch Entfernung. Im Vergleich zu der Gesamtheit meiner Energie ist meine physische Gestalt unendlich klein und doch von ungeheurer Bedeutung.

Jetzt wird die sommerliche Hitze immer intensiver. Ich bin identisch mit den chemischen Veränderungen, die in den Pflanzen ablaufen. Ich weiß, daß all das ohne die winzig kleinen und größeren Lebewesen um mich herum nicht möglich wäre. Ich bin die Frucht, die an meinen Zweigen hängt, ihr Geschmack, ihr Saft und ihre Substanz. Und ich gedeihe.

Schließlich kehrt Unruhe in meine Energie ein. Mein formloser, unsichtbarer Körper tut weh. In meinem ätherischen Gefüge verformt sich etwas, und das wirkt sich auf das gesamte Leben auf der Erde aus. Ich kann mich nicht loslösen. Ich kann das All nicht vor dieser Disharmonie abschirmen. In die Harmonie schleicht sich ein Mißklang ein, und ein Nichtzustand entsteht. Ich bin der Schmerz der Disharmonie und die Freude der Harmonie. Und auf eine Weise, die sich nicht beschreiben läßt, leide ich.

Ich suche nach Möglichkeiten, die Disharmonie zu lindern. Mit Hilfe der Naturwesen suche ich nach dem Ursprung dieses Schmerzes ..., und ich finde ihn. Es sind die Menschen!

Auf einer Farm in den Gebirgsausläufern Tasmaniens besprüht ein Landwirt die unerwünschten Brombeersträucher auf seinen Äckern mit einem Unkrautvernichtungsmittel. Auf Tausenden anderer Farmen und an unzähligen Straßenrändern werden ebenfalls Brombeersträucher besprüht. Die Disharmonie in meinem Inneren wird zu einem Teil der Disharmonie in der Natur, als nun auf unserem ganzen Planeten hochwirksame chemische Sprays auf das Pflanzenreich gerichtet werden. Und diese Disharmonie tritt in Zusammenhang mit allem Leben auf der Erde. Die besprühten Pflanzen und der Farmer, der sie besprüht – alle sind gleichermaßen davon betroffen. Als Brombeerstrauch betrifft es mich unmittelbar; auf den Menschen in mir wirkt es sich indirekt aus. Und je länger sich diese Wirkung hinauszögert, um so größer und verheerender wird sie.

Ich bin der Farmer und die Brombeersträucher an jenem Abhang in Tasmanien. Mein Bewußtsein als Farmer konzentriert sich voll und ganz darauf, die verhaßten Brombeerpflanzen zu vergiften und zu töten. Ich möchte das Land, auf dem sie sich ausbreiten und das sie mir immer wieder streitig zu machen versuchen, für mich haben; ich brauche es. Gleichzeitig bin ich die Brombeersträucher, die der Farmer besprüht. In der gewaltigen Stille der Natur rufe ich den Farmer immer wieder an und bitte ihn, mit seinem törichten Tun aufzuhören . . ., und doch bleiben wir voneinander getrennt. Als Geist der Natur erkenne ich die unglaubliche Widersprüchlichkeit der Realität. Wir sind alle miteinander verbunden, eine totale Einheit; und doch schlägt der Farmer mit seinem Gefühl des Getrenntseins unsere Einheit in Stücke. Die Einheit hört deshalb nicht auf zu existieren. Das kann sie nicht. Aber sie bleibt jenseits der Lebenserfahrung des Farmers. Da sie außerhalb jeder Realität liegt, ist sie für ihn unwirklich! Die Jahreszeiten vergehen, und von Sommer zu Sommer werden die chemischen Sprühmittel giftiger und in größerer Menge verabreicht.

Jeden Sommer rufe ich durch die Stille hindurch diesen einen Farmer an. In meiner Weisheit erkenne ich die Zeitbombe, die in seinem Bewußtsein tickt, denn sein Bewußtsein und meines sind eins. Die Bombe ist scharf und wird bald explodieren. Ich konzentriere meine ganze Energie darauf, diese Explosion auszulösen, denn ich weiß, daß sie sein Leben für immer verändern wird. Von innen dringen die anderen Naturwesen des ätherischen Reichs mit ihren Schreien in seine Träume, sein Unterbewußtsein ein.

Eines Tages kommt der große Augenblick!

Er/ich sprühen wieder einmal die zerstörerischen Chemikalien in seinen/meinen Brombeerkörper. Wieder rufe ich in die Stille hinein, und diesmal reagiert er darauf. Er gähnt ausgiebig und stellt den Motor seines Traktors und die Pumpe ab. Dann schläft er mitten auf diesem warmen, lieblichen Hügel in der Sonne ein – etwas sehr Ungewöhnliches für einen so beschäftigten Mann.

Er träumt. In seinem Traum ist er der Brombeerstrauch und erlebt die Verformung, die die Chemikalien auslösen, am eigenen Leib. Er erfährt, daß es keine große Rolle spielt, wenn man das physische Leben eines Brombeerstrauchs vernichtet - vor allem, wenn es mit natürlichen Mitteln geschieht –, aber daß sein Spray Verwüstungen in den ätherischen Regionen anrichtet. Er erfährt auch diese Verwüstung am eigenen Leib und stöhnt im Schlaf laut auf. Ich bin der Traum und der Träumende. Ich bin Ursache und Wirkung zugleich. In all dem spüre ich eine Richtigkeit, eine Bewegung in der Natur, von der ich weiß, daß sie zu einem Gleichgewicht führen kann. Ich weiß, daß die Zeitbombe im Bewußtsein vieler Menschen kurz vor der Explosion steht, und jeder wird diese Explosion auf seine Weise auslösen. Als das Ich des Farmers wieder erwacht, betrachtet er die Brombeersträucher mit ehrfürchtigem Staunen. In seinem Bewußtsein tritt er, der Mensch, mit mir, der Kletterpflanze, in Verbindung. Er rappelt sich auf, rollt den langen Schlauch zusammen, steigt auf seinen Traktor, setzt den Motor in Gang und fährt weg. Er wird nie wieder Chemikalien auf Brombeersträucher sprühen.

Mein Brombeerstrauchbewußtsein umschließt den ganzen Planeten ebenso mühelos wie das Bewußtsein meines menschlichen Körpers. Ich bin überall dort, wo Brombeeren sind. Ich weiß, daß es keine großen physischen Konsequenzen haben wird, wenn ich die Handlungsweise eines einzigen Menschen verändert habe; aber es gibt keine Zufälle. In seinem Bewußtsein steht dieser eine Mensch mit allen anderen Menschen in Verbindung; und dieser Mensch hat sich schon vor langer, langer Zeit entschieden, über die Schwelle zu treten. Ich weiß, daß dies ein entscheidender Angelpunkt ist. Sein Leben – das gesamte Leben – hat sich dadurch unwiderruflich verändert.

Ein scharfer, stechender Schmerz durchzuckte meinen Nakken wie ein Lanzenstich. Ich stöhnte auf. Wo war ich? Ich richtete mich auf und blickte auf den Fluß hinaus. Die Erinnerung an mein Erlebnis überkam mich plötzlich mit solcher Allmacht, daß ich minutenlang regungslos dasaß wie eine Statue. Unglaublich! Ich war ein Brombeerstrauch gewesen! Wer hätte so etwas für möglich gehalten? Das Gefühl, über unsere biologischen Grenzen hinausgewachsen zu sein, ließ mich nicht los, machte mich staunen. Ein paar Sekunden lang fragte ich mich, warum ich mich ausgerechnet in einen Brombeerstrauch verwandelt hatte – schließlich gab es ja noch genügend andere Pflanzen –, doch dann wußte ich es. Das war ein weiterer Aspekt der Natur, in dem ich Unruhe und Unausgewogenheit verursacht hatte. All das existierte nicht nur in mir, sondern in der ganzen Natur. Anscheinend sollten meine Reisen in die Natur mir die Möglichkeit geben, das Gleichgewicht wiederherzustellen und gleichzeitig etwas zu lernen und das Bewußtsein meines Ichs zu erweitern. Ich begriff zwar nicht, wie es Pan gelungen war, mich aus meinem Körper herauszuschütteln, aber meine Erkenntnis, daß unser Körper tatsächlich nicht mehr ist als ein wunderbares Gefäß, vertiefte sich immer mehr. Im Grunde genommen sind wir viel mehr als das, was uns morgens aus dem Spiegel entgegenblickt!

Als ich wieder zu Hause war, schaute ich auf die Uhr. Es waren nicht mehr als anderthalb Stunden vergangen, seit ich fortgegangen war! Ich rief Treenie und erzählte ihr bei einer Tasse Kaffee alles, was geschehen war. Mir fiel wieder ein, wie ich vor vielen Jahren in Tasmanien, als ich Brombeersträucher mit Chemikalien besprühte, einmal den seltsamen, überwältigenden Drang verspürt hatte, einzuschlafen. Und ich erinnerte mich daran, daß der Traum mich verändert hatte. Nachdem ich an jenem sonnigen Nachmittag eingenickt war, träumte ich, wie ich Brombeersträucher mit einem Unkrautvernichtungsmittel besprühte. Das war nichts Ungewöhnliches – schließlich hatte ich ja den ganzen Tag nichts anderes getan! Als ich den tödlichen Giftnebel auf die Blätter einer besonders kräftigen Brombeerpflanze sprühte, hörte ich, wie eine Stimme nach mir rief. Ich hörte auf zu sprühen und blickte mich um, aber es war niemand da. Da rief die Stimme mich wieder und forderte mich auf, die Blätter der Brombeerpflanze zu berühren, die ich gerade besprüht hatte. Ich tat es. Als meine Finger mit den Blättern in Berührung kamen, wurde ich mit ungeheurer Geschwindigkeit in die Luft emporgeschleudert, immer höher, bis ich hoch oben über der Erde schwebte. Unter mir konnte ich unseren ganzen Planeten sehen, und aus irgendeinem merkwürdigen Grund waren alle Brombeersträucher deutlich zu erkennen. Zu meinem Erstaunen sah ich, daß die Brombeersträucher von diesem erhöhten Blickpunkt aus eine Ganzheit bildeten. Sie waren wie eine einzige Pflanze, und doch wußte ich, daß es in Wirklichkeit viele einzelne Sträucher waren. Sobald ich das erkannt hatte, begann ich wieder zur Erde herabzustürzen und hatte große Angst. Plötzlich hörte ich auf zu fallen, und ein entsetzliches Gefühl der Verzweiflung überkam mich. Ich kann dieses Gefühl nicht beschreiben, aber es war furchtbar. Mir war, als sei irgend etwas auf grauenvolle Weise schiefgegangen – so sehr, daß es zum Untergang allen Lebens führen würde, das ich kannte. Es war kein physisches Gefühl, nicht einmal ein emotionales; es war eher so, daß meine ganze Psyche Höllenqualen zu leiden schien.

Ich begann wieder zu fallen und spürte dabei, daß die ganze Natur weinte. Dann sah ich mich selbst wie auf einem Bildschirm Brombeersträucher besprühen – und mit äußerster Verzweiflung kam mir zum Bewußtsein, daß ich selbst die Ursache dieses zutiefst beunruhigenden Gefühls war. Danach wachte ich auf. Der Traum war zu klar und eindrucksvoll gewesen, als daß ich ihn hätte ignorieren können. Ich besprühte nie wieder Brombeersträucher oder irgendeine andere Pflanze mit giftigen Chemikalien.

Gemeinsam grübelten Treenie und ich darüber nach und kamen auf eine sehr seltsame Möglichkeit: Mein Erlebnis mit dem Brombeerstrauch hatte sich *damals* ereignet und schien sich doch gerade eben erst abgespielt zu haben. Auf irgendeine unvorstellbare Weise war der Traum, den ich vor vielen Jahren gehabt hatte, mit der *Gegenwart* verflochten!

Ich sage, *wir* grübelten; doch in Wirklichkeit war nur ich es, der nachgrübelte; Treenie hörte mir geduldig zu, während ich meine Gedanken immer weiter schweifen ließ und mich selbst davon zu überzeugen versuchte, daß die Zeit ebenso flexibel und formbar ist wie das Gedächtnis.

Dann sprach sie. «Mein Schatz», begann sie. Wenn sie so anfängt, weiß ich, daß mir ein Vortrag bevorsteht, und zwar manchmal ein ziemlich belehrender! «Wenn wir auf unserem Weg überhaupt etwas gelernt haben», fuhr sie fort, «dann das, daß Zeit, Raum und Trennung Illusionen sind – vielleicht sehr mächtige, aber trotzdem nur Illusionen. Wenn dir eine mystische Erfahrung zuteil wird, die diese Wahrheit bestätigt, warum wehrst du dich dann dagegen? Warum fällt es dir so schwer, zu akzeptieren, was du schon längst weißt? Im Grunde deines Herzens kennst du die Wahrheit. Wenn sogar ich das begreifen kann, weiß ich, daß auch du es kannst. Du hast das Bewußtsein des Pflanzenreichs erfahren. Das war ein metaphysisches Erlebnis, denn in einem physischen Körper sind solche Kapriolen unmöglich.» Sie schenkte mir ihr süßestes Lächeln.

«Es gibt weiß Gott keinen Grund, jetzt auch noch sarkastisch zu werden», murmelte ich.

«O doch. Du beharrst ganz bewußt und vorsätzlich auf deinem völlig sinnlosen Unglauben. Aber wir wollen nun einmal annehmen, daß du auch vernünftiger und offener sein kannst, und zusammenfassen, was eigentlich passiert ist. Dein Erlebnis hat dir offenbart, daß alles Leben miteinander verbunden ist. Du hast erfahren, daß alles, was wir der Natur zufügen, eines Tages uns zugefügt werden wird. Ja?»

«Ja. Und zwar durch uns selbst!»

«Das ist ja gerade das Paradoxe daran. Solange die Menschen die Natur als etwas betrachten, was außerhalb von ihnen existiert, werden sie mit diesem Wahnsinn weitermachen. Die Verantwortung für unseren Planeten beginnt bei jedem einzelnen. Als du die Brombeersträucher besprühtest, wäre dir nie in den Sinn gekommen, daß du damit der ganzen Natur Leiden zufügst. Deine mystische Erfahrung hat dir offenbart, daß jede individuelle Handlung Auswirkungen auf das ganze Universum hat.»

Ihre Augen funkelten vor Begeisterung, als sie weitersprach. «Ich finde es faszinierend, daß alles, was du auf metaphysischer Ebene lernst, sich anscheinend auch in unserer physischen Welt anwenden läßt.»

«Das liegt daran, daß diese beiden Welten nicht voneinander getrennt sind. Sie enthalten einander. Unser Denken ist wirklich entsetzlich begrenzt», schloß ich, als mir klar wurde, daß das meiste, worüber wir gerade diskutierten, im Allgemeinwissen und Denken der Menschheit keinen Platz hatte.

«Sieh doch nicht schon wieder alles so schwarz», ermahnte Treenie mich. «Das ist dein Problem. Ein Teil von dir zweifelt an der Existenz deines metaphysischen Ichs und verfällt immer wieder in Pessimismus. Du zweifelst ja sogar daran, daß Pan wirklich existiert. Du siehst ihn und zweifelst doch an ihm.

Zweifelst du etwa auch an meiner Existenz? Du mußt einfach akzeptieren, daß du auch neue Regeln lernen mußt, wenn du ein neues Spiel erlernst.»

Dann kam der schönste Teil dieser Ansprache. Sie legte die Arme um meinen Hals, küßte mich und sagte: «Ich werde dir helfen, mein Schatz. Dazu bin ich ja schließlich hier.»

Dieser Satz ärgert mich jedesmal. Sie sagt mir oft, daß sie auf der Welt ist, um mir zu helfen. Sie behauptet auch, ich sei nur unter Protest auf die Erde gekommen. Zumindest *das* glaube ich ihr!

Ein paar Tage später, als ich wieder unten am Fluß war, beschloß ich, es zu versuchen und Pan auf meine Weise herbeizurufen. «PAAAAAAAAAN», schrie ich, so laut ich konnte.

«Du hast gerufen?»

Pan stand da. Er war nur einen Meter von mir entfernt. Das war zuviel! Ich fragte mich, wie oft er wohl schon dagewesen war, ohne daß ich von seiner Gegenwart wußte.

«Ziemlich oft», sagte Pan.

Ich seufzte. Ich wußte, daß es stimmte.

Wieder sah er mich unverwandt an und hielt mich mit seinem Blick im Bann. Ich konnte weder mit den Augen zwinkern noch wegschauen. Er machte einen zufriedenen Eindruck. «Allmählich entwickelst du dich», sagte er. «Dadurch, daß du die Natur so erlebst, wie sie *ist,* kommst du viel weiter und schneller voran, als wenn du nur körperlosen Worten lauschst.»

Ich fühlte mich ein wenig abgewertet.

«Warum tust du das?» fragte Pan. «Ich achte es keineswegs gering, wenn jemand auf das Schweigen der Natur lauscht. Die Worte der Natur haben einen ungeheuren Wert. Ich *bin* diese Worte. Aber sie sind nicht die Erfahrung.» Er blickte mich stirnrunzelnd an. «Manchmal wundere ich mich über dich.»

Ich schaute ebenso finster zurück. «Es wäre eine große Hilfe für mich, wenn du ab und zu ein paar meiner Fragen beantworten würdest. Nur die wichtigen. Zum Beispiel: Was *ist* eigentlich jenseits der Schwelle? Und warum muß ich dorthin? Für was für eine Aufgabe bin ich auserwählt worden ... und warum? Das würde für den Anfang genügen.»

Pan lachte. Diesmal war es ein menschliches Lachen, lang anhaltend und laut. Seine Augen waren eine Herausforderung für mich. Es kann ein ziemlich unerquickliches Gefühl sein, wenn man dem Blick seines Gegenübers nicht ausweichen kann. Manchmal schaute er direkt durch mich hindurch. Wie oft hatte ich diese Redewendung schon in Romanen gelesen? Aber sie am eigenen Leib zu erfahren war etwas ganz anderes! Die Lichtpünktchen in seinen Augen zogen sich zusammen und dehnten sich wieder aus, als führten sie ein Eigenleben. Ich hatte das Gefühl, durch diese Lichtpunkte das Universum leuchten zu sehen. Es war, als blickte ich ins Jenseits ... Jenseits der Schwelle!

«Aha! Jetzt kommen wir allmählich zum springenden Punkt.» Pans Stimme klang spöttisch. «Jenseits der Schwelle ist das *Leben*. Das Leben in all seinen unendlich vielen Facetten. Andere Realitäten warten auf dich. Du bist dazu ausersehen worden, weil du dich vor langer, langer Zeit – das heißt, wenn wir die subjektive Zeit anerkennen – dazu entschieden hast, dich in dieser irdischen Dimension zu manifestieren. Du hattest dich entschlossen, ein Schlafender zu sein – und du hast dich entschieden aufzuwachen. Der Entwicklungsprozeß, den du jetzt gerade durchmachst, ist das Erwachen. Es ist ein Prozeß, der unseren gesamten Planeten umfaßt. Jedes Individuum auf diesem Planeten ist ein Teil des Ganzen – oder, um es anders auszudrücken, das Ganze in einem Teil. Jedesmal, wenn ein Mensch erwacht, wirkt sich das auch auf alle anderen Menschen aus, denn wie ich bereits gesagt habe: Das Individuum und das Ganze sind eins.» Ein seltsames Lächeln spielte um seine Lippen. «Aber die Sache hat auch einen Haken. Der Prozeß des Erwachens läuft nicht einfach von selbst ab. Du mußt aufwachen *wollen*. Du mußt dir der Tatsache bewußt werden, daß die Menschheit schläft. Du mußt erkennen, daß die Ereignisse des täglichen Lebens nichts weiter sind als ein Traum, ein kollektiver Traum, den die meisten Menschen miteinander teilen und an den sie glauben, ohne sich dessen bewußt zu sein. Also mußt du dich entscheiden, anders zu sein als sie. Du mußt den Entschluß fassen, dich von allen begrenzenden, einengenden Glaubensvorstellungen zu lösen. Du mußt die Entscheidung treffen, Gedanken zu erschaffen, die dich über den Morast der negativen menschlichen Gedanken hinausheben. Du mußt dich entscheiden, kreativ mit deiner eigenen Existenz umzugehen. Kurzum: Du mußt dich bewußt dazu entscheiden aufzuwachen. Aufwachen bedeutet, zu erkennen, wer du bist – dein Größeres Ich kennenzulernen. Die Menschheit bemüht sich darum zu erwachen – zumindest einige Menschen tun das. Manche haben sich auch entschlossen weiterzuschlafen.»

«Und warum tun sie das? Wer aus eigenem Entschluß weiterschläft, muß doch verrückt sein.»

«Sie treffen diese Entscheidung dadurch, daß sie sich *nicht* entscheiden. Sie träumen, ohne zu wissen, daß sie schlafen. Dieses Problem betrifft unseren ganzen Planeten. Manche Menschen stimmen sich auf neue Energien ein, andere schalten sie einfach aus ihrem Erfahrungsbereich aus. Das ist ihre eigene Entscheidung. Wer alles verspottet und gering achtet, was er nicht versteht und was für ihn unbekannt ist, weil es *neu* ist, der wird sich ewig an das Alte klammern.»

«Und wozu bin ich auserwählt worden? Besser gesagt: Wofür habe ich mich entschieden, und warum?»

Er lachte leise in sich hinein, und aus seinen Augen blitzte das Licht.

«Du hast dich entschieden, dem menschlichen Bewußtsein beim Erwachen zu helfen. Du bist nur einer von vielen. Als Schriftsteller, der gleichzeitig auch noch Vorträge hält, hast du das ideale Werkzeug dazu in den Händen. Und du hast alle Menschen zu dir hingezogen, die sich ebenfalls schon vor langer Zeit entschieden haben, der Menschheit beim Erwachen zu helfen. Du hast *sehr* erleuchtete Helfer.»

Ein langgehegter Verdacht stieg in mir auf. «Treenie gehört auch zu meinen Helfern, nicht wahr? Ich habe sie früher immer für einen gefallenen Engel gehalten. Ohne sie würde ich immer noch schlafen.»

«Du bist zwar noch nicht erwacht, aber du bist auf dem Weg dazu, und – ja, Treenie hat sich entschieden, dir zu helfen. Und was den gefallenen Engel angeht» – er zögerte und blickte mich gedankenvoll an –, «*gefallen* ist sie nicht.»

# 4

# Bewußtwerdung im Inneren des Minerals

Ich hatte Pan schon seit fast einem Monat nicht mehr gesehen. Trotzdem versuchte ich meine Beziehung zur Natur aufrechtzuerhalten. Ich konnte nach wie vor mit jener inneren Stimme des Schweigens in Verbindung treten und ihr lauschen, aber es befriedigte mich nicht mehr so sehr wie früher. Pan hatte mir eine ganz andere Dimension des Seins eröffnet. Wenn ich mit ihm zusammen war, hämmerte stets der heftige Herzschlag der Erwartung in mir, denn ich wußte nie im voraus, wann das Wunderbare sich wieder um mich her entfalten würde.

Eines sonnigen Morgens gingen Treenie und ich schon ziemlich frühzeitig aus dem Haus, um einen meiner Lieblingsorte zu besuchen, eine große, oben abgeflachte Felssäule im New-England-Nationalpark, die die umliegenden Wälder weit überragte. Sie lag nur ein paar Autostunden von unserem geschützten Tal entfernt.

Wir gingen den Pfad zwischen dichtem, tropfnassem Regenwald entlang, bis wir den Fuß des Felsplateaus erreichten. Von dort aus stiegen wir den steilen Pfad hinauf bis zum Gipfel. Unter uns erstreckten sich Wälder, so weit das Auge reichte. Auf den Bergkämmen wuchsen lichte Hartlaubwälder – trockene, hartblättrige Gewächse –, während die steil abfallenden Hänge bis tief in die Täler hinein mit üppigem, feuchtem Regenwald bedeckt waren. Diese Regionen waren deutlich voneinander abgegrenzt; von oben sahen sie aus wie eine aus Stoffen in verschiedenen Grüntönen zusammengenähte Patchworkdecke.

Mein Blick ruhte auf dem grauen Gesicht des Felsens zu unseren Füßen. Er war zerklüftet und abgebröckelt, ein kahler Zeuge der Erosionskraft von Wind, Regen und Eis. Vogelgesang – dünne, klangvolle Melodienspiralen – stieg aus den Bäumen unter uns auf. Jetzt sah ich die Blätter, die sich sanft im Wind hin und her wiegten, ausnahmsweise einmal aus der Vogelperspektive. Auf diesem kleinen, öden, windgepeitschten Plateau hoch über den Wäldern wuchsen Hunderte von Bonsais. Urtümliche kleine, kriechende Sträucher hielten sich mit hartnäckigen Wurzeln, die tief in uralte Ritzen und Spalten eingedrungen waren, am Felsen fest. Wie anders waren da die Baumriesen – sie waren so nah und gehörten doch einem ganz anderen Lebensraum an. Sie mußten sich nicht abmühen, sondern konnten ungehindert wachsen. Ich frage mich ... Wo liegt die größere Stärke?

«Woran denkst du gerade?»

Ich warf Treenie einen erschrockenen Blick zu. An einem Ort wie diesem konnte man sich so leicht in der Herrlichkeit der Natur verlieren.

«Ich weiß schon, was du vorhast: Du willst hier sitzen bleiben und dich auf das Felsplateau einstimmen», sagte sie, «also gehe ich und suche mir einen windgeschützten Ort, von dem aus ich den Ausblick genießen kann.» Sie drückte mir rasch die Hand und schlenderte davon. Das sanfte, unheimliche Raunen des Windes, der über das Plateau strich, war stärker geworden, und der Himmel war von Wolken bedeckt.

Ich saß auf einem niedrigen, unbequemen Felsvorsprung, der unaufhörlich vom Wind gepeitscht wurde. Vor mir entfaltete sich ein merkwürdiges Phänomen. Langsam trat Pan in Erscheinung ... aus dem Nichts heraus! Er erschien als Phantom, ohne Substanz. Zögernd streckte ich die Hand aus, um ihn zu berühren, aber meine Finger griffen durch seine nebelhafte Gestalt hindurch. Diese neue Erscheinungsform erfüllte mich mit großem Unbehagen. Sein Lächeln war nicht scharf umrissen; selbst seine Augen wirkten verschwommen, so als blickten sie mich aus weiter Ferne an. «Könntest du nicht eine etwas festere Substanz annehmen? Du wirkst so sehr wie ein Geist, daß man sich in deiner Gegenwart gar nicht richtig wohl fühlen kann.» Meine Worte wirkten fehl am Platze.

«Aber du siehst doch genauso aus wie ich!»

Erschrocken strecke ich die Arme aus. Tatsächlich – sie sind nicht mehr aus Fleisch und Blut. Ich lasse sie in den Schoß sinken. Sie fühlen sich ganz normal an; aber meine Gestalt ist ebenso nebelhaft wie die Pans. Erst jetzt merke ich, daß wir langsam durch den massiven Fels hindurchsinken. In der Hoffnung auf Beruhigung blicke ich Pan an.

«Du hast das Bewußtsein des Wassers und der Pflanzen erfahren und warst dir dabei die ganze Zeit deiner menschlichen Natur bewußt. Jetzt wirst du das Bewußtsein der Kristalle erleben und deine menschliche Verbindung mit dem Reich der Mineralien erkennen. Tief unten in deiner Seele schlummert ein verborgenes Wissen. Mit diesem Wissen mußt du in Verbindung treten.» Fragen steigen in mir auf, aber das seltsame Erlebnis, an dem ich im Augenblick teilhabe, ist so unmittelbar, daß es sich nicht leugnen läßt.

Das Gefühl des Sinkens durch den Felsen wird immer stärker. Wir scheinen lange zu sinken, und doch mißt niemand die Zeit. Um uns her fließen Felsen vorbei, die nicht mehr Substanz haben als eine graue, schwere Regenwolke. Als wir unten angelangt sind, stelle ich fest, daß wir in einer riesigen Höhle eingeschlossen sind und immer noch auf demselben Felsvorsprung sitzen wie vorher. Die Dunkelheit, die uns umfängt, ist von unzähligen flimmernden Lichtpunkten durchbrochen und nebelhaft erhellt. Ich stehe auf und gleite auf die

Höhlenwand zu, die uns am nächsten liegt. Die Felswände sind mit Millionen winzig kleiner Edelsteine übersät, die intensiv funkeln und glitzern. Obwohl sie ununterbrochen Licht ausstrahlen, bildet ihr Leuchten ein sich ständig veränderndes, schillerndes Muster. Es ist ein atemberaubender Anblick.

Neugierig streiche ich mit den Fingerspitzen über viele dieser Edelsteine. Einige sind kalt, andere heiß, aber die meisten fühlen sich kühl an. Sie sitzen alle fest; kein einziger liegt lose auf dem Felsboden. Über mir, um mich her und zu meinen Füßen – alle sind sie fest im Felsen verankert.

Aber wo ist Pan?

Ich lausche auf meine Gedanken, die zu mir sprechen; und doch sind es nicht *meine* Gedanken. Plötzlich wird mir klar, daß das Telepathie ist! In meinem Kopf höre ich Pan sprechen.

«Du bist aus einem ganz bestimmten Grund hier. Finde ihn heraus.»

Verwirrt schlendere ich in der Höhle umher. Sie unterscheidet sich sehr von dem großen Gemach in dem Leitstein. Hier kann man sich leicht bewegen. Kaum habe ich mich für eine Richtung entschieden, habe ich sie auch schon eingeschlagen. Ich untersuche die Wände der Höhle noch etwas genauer, kann aber keine sensationelle neue Offenbarung entdecken.

«Was für ein Grund kann das denn sein?»

Meine Frage wird ignoriert. An diesem Ort gibt es keine Zeit. Ein Teil meines Ich scheint eine Ewigkeit in der Höhle herumzulaufen; doch in einem umfassenderen Sinn kommt die Zeit zum Stillstand. Allmählich bekomme ich ein Gefühl für diesen Ort und gewinne den Eindruck, daß ich nur die Spitzen eines riesigen Kristalls sehe. Jeder einzelne Edelstein scheint nur eine Facette dieses Kristalls zu sein, dessen größter Teil hinter undurchdringlichem Fels geschützt und verborgen liegt.

«Gut. Das hast du richtig erkannt.»

Ich kann ihn zwar hören, aber nicht sehen. Und ich möchte ihn so gern sehen!

«Könntest du dich nicht wieder sichtbar machen? Allmählich jagt mir dieser Ort Angst ein.»

«Hab keine Angst. Ich bin da. Achte einmal auf die flimmernden Lichtpunkte. Kannst du dir das Eine Licht vorstellen? Jeder Mensch trägt die Möglichkeiten dieses Einen in sich, denn jeder ist das All. Es gibt keine Trennung zwischen euch Menschen, aber was tut ihr? Jeder vergräbt sein Licht in Ignoranz, Selbstgefälligkeit, Apathie und Gedanken, die er sich nicht gestattet hat. Im Lauf der Zeit sind diese Übel hart und fest geworden wie Felsen.»

Mich beschleicht ein Gefühl großen Unbehagens.

«Im Augenblick bist du fest in den Felsen eingebettet. Nur einzelne Funken können an die Oberfläche dringen – ein Abglanz deiner verborgenen, ungenutzten Möglichkeiten.»

Schweigen.

Dann loderndes, furchteinflößendes, überwältigendes Licht.

«*Das* sind die Möglichkeiten des Menschseins.»

In dem Augenblick, in dem mir diese Worte ins Bewußtsein dringen, werde ich von einer gewaltigen, unerklärlichen Kraft aufgehoben und weit weggeschleudert – ins Nichts!

Ich scheine auf dem Rücken dahinzutreiben und fühle mich wohl. Ich kann um mich herum nichts erkennen, aber anscheinend bin ich in einem riesigen Lichtkokon eingeschlossen. In mir ist Frieden eingekehrt. Nichts beunruhigt mich. Für eine Weile, die sich nicht mit den Maßstäben der Zeit messen läßt, bleibe ich in diesem Schwebezustand. Allmählich beschleicht mich ein Gefühl sanften Drängens. Es zerrt an mir, zieht mich aus meinem ungestörten Frieden heraus. Das ärgert mich, denn dieses Gefühl des Friedens übersteigt alles, was ich bisher erlebt habe. Doch das Drängen hält an. Widerwillig richte ich mich auf. Es ist ein eigenartiges Gefühl, denn ich schwebe, treibe dahin, und doch hat mein Körper keine Substanz. Am hintersten Ende des Kokons löst sich das Licht auf, und ich kann hindurchsehen. Vor meinen Augen ersteht eine Szene, die drei Jahre zurückliegt; doch als ich hinschaue, spielt sie sich *jetzt* in diesem Augenblick ab. Mit unwiderstehlicher Macht zieht es mich zu diesem Ende des Kokons hin, und ich stürze mitten in die Szene hinein, die sich vor mir entfaltet.

«Ich muß euch etwas zeigen.» Aufgeregt lief Linda Tellington Jones in ihr Zimmer. Sie war auf einem ihrer regelmäßigen Besuche aus Amerika bei Treenie und mir vorbeigekommen und blieb ein paar Tage bei uns. Als sie wiederkam, zeigte sie uns einen bläulichgrünen Kristall, der ungefähr die Größe einer weiblichen Faust hatte. Er war ziemlich trüb – nicht so klar wie ein Yang-Kristall und auch nicht so milchig wie ein Yin-Kristall. So genau ich ihn auch betrachtete, ich konnte nicht hineinsehen.

«Das ist ein Aquamarin», sagte sie liebevoll.

Ich konnte Kristallen absolut nichts abgewinnen, fühlte mich aber trotzdem verpflichtet, in bewundernde «Ahs» und «Ohs» auszubrechen, während Treenie die Schönheit des Steins aufrichtiger zu würdigen wußte. In einer typischen Zurschaustellung ihrer Begeisterung erklärte Linda, sie wolle ihn in zwei Hälften schneiden lassen. «Die eine Hälfte für euch und die andere für mich», sagte sie und strahlte uns an.

Treenie blickte sie zweifelnd an. «Wenn das meiner wäre, würde ich ihn nicht zerschneiden lassen», sagte sie, besorgt um den Stein und um Linda.

«Eine großartige Idee», sagte ich, denn ich war um keinen der beiden besorgt.

Ein paar Stunden später waren wir schon im «Quartz»-Kristallbewußtseinszentrum, wo Ian MacArthur den Vorschlag ebenfalls mit Skepsis zur Kenntnis nahm. «Ich weiß nicht recht. Vielleicht wird er dadurch verdorben», meinte er. «Man könnte ihn natürlich leicht auseinanderschneiden; man muß nur die richtige Stelle finden.» Er drehte den Kristall in der

Hand hin und her. Schließlich kam er zu einem Entschluß. «Ja, hier könnte man ihn durchschneiden.» Er zog mit dem Finger eine imaginäre Linie und wartete auf unsere Stellungnahme.

«Seien Sie vorsichtig», sagte Treenie.

«Zerschneiden Sie ihn, zerschneiden Sie ihn», rief Linda aufgeregt.

«Sind Sie sicher, daß das dem Stein nicht schaden wird? Wir wollen ihn nicht zerstören», sagte ich, doch im nächsten Atemzug drängte auch ich ihn, den Aquamarin auseinanderzuschneiden.

Etwas besorgt nahm Mac den Kristall mit in seine Werkstatt und schnitt ihn in zwei Hälften.

An dieser Stelle muß ich erwähnen, daß es sich um einen sehr wertvollen Edelstein handelte. Mac hatte noch nie einen Stein dieser Größe und Qualität gesehen. Nun war es geschehen. Linda bereute es nicht; aber ich hatte doch ein wenig Gewissensbisse. Mac zeigte uns das offengelegte Innere des Steins unter einer sehr hellen Lampe.

Oh! Mit diesem Kristall war eine große Wandlung vorgegangen. Ich sah Millionen winzig kleiner Lichtspitzen, die von der Außenfläche des Steines in die marineblauen Tiefen in seiner Mitte ausstrahlten. In diesen nadelspitzen Pünktchen fing sich das Licht und kleidete die Strahlen, die zur Mitte führten, in Regenbogenfarben. Die geheimnisvolle Schönheit im Inneren des Steins fesselte mich.

Bald nachdem Linda in die Vereinigten Staaten zurückgekehrt war, legte ich unsere Hälfte des Aquamarins auf meinen Schreibtisch und begann ein Gespräch mit ihr – zumindest versuchte ich es! Doch so sehr ich mich auch auf die Energie des Steins konzentrierte, sie wich mir stets aus. Von dem Stein ging einfach nichts aus, nicht einmal das leiseste Flüstern.

Ein Jahr verging, und der Kristall blieb stumm. Doch eines Tages, als ich in das Fenster des Aquamarins blickte und das Spiel des Lichts an den winzigen Fäden in seinem Inneren beobachtete, kam mir plötzlich der Gedanke, ihn ans Meer mitzunehmen und in einen Gezeitentümpel zu legen. Also ging ich eines sonnigen Morgens mitten im Winter mit dem Stein zu einer besonders felsigen Landspitze, an deren Küste es mehrere große solcher Tümpel gab. Der Gezeitenstand war günstig – kurzum, alle Voraussetzungen waren ideal.

Als ich mit dem Kristall am Strand entlangging, fiel mir eine kleine Felsengruppe auf. In einem dieser Felsen befand sich ein kleiner Tümpel, der nicht mehr als einen Eimer voll Wasser enthielt. Als ich hundert Meter weiter am Strand entlanggegangen war, drangen plötzlich klar und deutlich die Worte in mein Bewußtsein: «Das ist mein Tümpel!»

«Aha!» murmelte ich. «Jetzt ist er nicht mehr stumm!»

Ich stapfte durch den weißen, kristallinen Sand zurück zu dem kleinen Gezeitentümpel und legte den Aquamarin ins Wasser. Nachdem ich mich auf einem angrenzenden Felsen niedergelassen hatte, überkam mich ein Gefühl des Wohlbehagens. Ich wußte, daß diese Empfindung von dem Edelstein ausging, der da am Grund des Gezeitentümpels schimmerte. Binnen Sekunden stürzte eine Welle klaren Meerwassers in den kleinen Tümpel. Ich hielt meinen Blick auf den Kristall gerichtet, der von einem durch das Wasser getrübten Sonnenstrahl erhellt wurde. Tausend Regenbögen entstanden und verschwanden in seinem Inneren.

«Kannst du mich jetzt hören?»

«O ja!» antwortete ich. «Ganz deutlich.»

«Ich kenne dein Bewußtsein schon lange, aber es war... noch nicht der richtige Zeitpunkt gekommen, in es einzudringen!»

«Warum nicht? Ich wollte doch eine Botschaft von dir hören. Ich kann mir vorstellen, daß du eine wahre Fundgrube an Wissen sein mußt, das du in einem unendlich langen Zeitraum angesammelt hast.»

«Ja, das gebe ich zu; aber du mußt deine Feindseligkeit gegenüber der Energie der Kristalle erst noch aufgeben. Diese Feindseligkeit ist bei dir sehr ausgeprägt.»

Ich dachte über diese Behauptung nach und kam zu dem Schluß, daß sie nicht stimmte. «Nein», widersprach ich. «Ich stehe den Kristallen nicht feindselig gegenüber – nur gleichgültig.»

«Das glaubst du. Blicke in die Tiefen des Kristalls, und sieh, was du siehst.»

Ich blickte hinunter auf den Kristall. Wasserstrudel und Sand trübten seine Oberfläche, und er sah ziemlich alltäglich und unbedeutend aus. Doch als ich hochschaute und meinen Blick über das Meer schweifen ließ, entfaltete sich in mir plötzlich eine andere Sicht, ein innerer Einblick in eine andere Realität.

Ich sehe mich selbst, obwohl ich in einem Körper stecke, der mir unbekannt ist – unmenschlich groß und dünn. Auch die Landschaft sieht jetzt plötzlich ganz anders aus. Es ist noch früh am Morgen, vor Sonnenaufgang. Ich spüre, daß die Zeit, in der ich mich befinde, gemessen an unserem Zeitalter schon längst vergangen ist. Ich stehe ganz allein in einem kleinen Tal – einem erstaunlichen Tal! Die Berge um mich herum sind aus Kristall: klare, glänzende Türme auf weißem, festem Fuß. Kein menschliches Auge hat jemals so etwas gesehen. Es ist ein Ort, wie man ihn in Träumen erlebt – fremd und doch bedrängend vertraut.

Ich weiß, daß ich sterben werde, aber das ist meine freie Entscheidung – eine Entscheidung, die ich im Dienst der Wissenschaft getroffen habe. Ich führe ein Experiment durch, einen Versuch, meine Seele über meinen Körper hinauszuführen. Wohin? Das weiß ich nicht. Ich kann nicht tief genug in dieses andere Ich eindringen, um es zu erfahren.

Mir ist bewußt, daß die Menschen, die mich lieben, mich von einem geschützten Ort in den Kristallbergen aus beobachten, und ich spüre auch meine eigene ungeheure Traurigkeit und meinen Wunsch, am Leben zu bleiben. Was ich jetzt tue, ist keine zufällige Eingebung. Es ist das Ergebnis langer, eingehender Nachforschungen. Viele Experimente sind durchgeführt worden; dies ist das letzte. Erst jetzt kann ich alles erfahren, und nur ich kann mich diesem vernichtenden Experiment unterziehen, bei dem es kein Zurück mehr gibt. Ich bin sehr alt, habe lange gelebt, viel länger als ein menschliches Lebensalter, und bin von einem grenzenlosen, unmenschlichen Wissen erfüllt. Aber ich habe überhaupt keine Angst. Ich empfinde Neugier, Bedauern und seltsamerweise auch ein Gefühl des Triumphs.

Als ich in dem Tal stehe, steigt eine große, fremdartige Sonne über dem Kristallgebirge auf, als sei sie Teil eines reibungslos laufenden Uhrwerks. Die Sonne ist viel größer und näher als unsere. An den funkelnden Bergtürmen spiegelt sie sich in intensiven Lichtstrahlen wider. Obwohl ich doppelte Augenlider habe, bin ich sofort geblendet. Ich kann das Sonnenlicht, dessen furchteinflößende Energie sich jetzt auf einen einzigen Kristallgipfel in der Mitte konzentriert, nicht sehen und spüre nichts, als es durch mich hindurchlodert. Wie von einer gewaltigen Windfaust getroffen, werde ich zuerst nach innen, dann wieder nach außen und schließlich ins . . . Nichts geschleudert!

Jetzt befinde ich mich wieder in der sicheren, ruhigen Behaglichkeit des Lichtkokons. Ich schwebe auf dem Rücken dahin, und ein Gefühl des Friedens erfüllt mich. Doch ich erinnere mich noch an alles, was geschehen ist. Ich empfinde keine Angst. Das, was passiert ist, paßt in eine Phase meines Lebens hinein, die mir in diesem Schwebezustand völlig normal vorkommt. Mir ist bewußt, daß ich nun gehegt und behütet und vor jedem allzu unmittelbaren Schock bewahrt werde, während ich das, was sich gerade ereignet hat, verarbeite. Es gibt jetzt keine Zeit. Ich weiß, daß ich ein menschliches Ich *und* gleichzeitig jenes andere, fremdartige Ich bin! In meiner Erinnerung vermischen sich das grelle Licht des bloßgelegten Kristalls und das schreckliche, blendende Licht der fremdartigen Sonne. Es gibt keine Trennung. Es ist keine Zeit vergangen.

Beides geschieht jetzt... in diesem Augenblick! Ich bin erschüttert und freudig erregt zugleich. Ich bin mir beider Ichs bewußt, obwohl das fremdartige Ich für mich im Augenblick nicht zu erreichen ist. Ich habe keinen Zugang zum Wissen und zu den Gedanken dieses Ich. Ich habe nun gelernt, daß die Zeit nichts Konstantes ist, sondern nur ein Teil des Gedankengebäudes, das die Menschen sich aufgebaut haben. Die Stimme, die wie ein fernes Echo in meinem Kopf wispert, ist mir angenehm vertraut.

«Viele Wurzeln der Menschheit liegen in unendlicher Vergangenheit – und doch nicht in der Vergangenheit der Zeitspanne, in der die meisten Menschen leben. Die Realität ist flexibel, zeitlos, unbegrenzt, doch die menschliche Vorstellung von der Realität ist streng eingeschränkt. Was sie so begrenzt, ist euer Glaube daran, daß alles voneinander getrennt ist. Das isoliert euch voneinander. Die Vergangenheit, die du in dem kristallinen Tal für kurze Zeit erlebt hast, das warst du in einer anderen Realität, einer Realität der Vergangenheit, die gleichzeitig mit deiner Gegenwart existiert.»

«Aber warum, Pan? Und was ist mit diesem fremden Ich passiert?»

«Was jenem fernen Teil deiner selbst widerfahren ist, hat mit deinem *jetzigen* Ich zu tun; aber um das Experiment und sein Ergebnis geht es im Augenblick nicht. Du wirst dieses Experiment noch einmal erleben, und dann wirst du reif dafür sein, zu erfahren, was damals geschehen ist. Jetzt bist du noch nicht bereit dazu.»

«Wo war ich, Pan? Und *wer* war ich?»

Das Flüstern wird immer leiser. «Fragen, immer nur Fragen. Frage nicht, wer du damals warst, sondern lieber, wer du *jetzt bist,* denn bei der Reise, auf die du dich begeben hast, ist das die wichtigste Frage. Wenn du dein Ich einmal verlieren solltest, wie willst du es denn wiederfinden, wenn du nicht weißt, wer du bist?» Seine Worte verhallen, und gleichzeitig verblaßt auch der Lichtkokon allmählich. Der unsinnige Gedanke, daß ich aus diesem Schwebezustand herausfallen könnte, schießt mir durch den Kopf, und in meiner Brust formt sich ein Schrei.

Ich schrie in den Wind hinein. Der Hall meiner Stimme, laut und erschreckend, ließ mich zusammenfahren.

Ich saß immer noch auf dem Felsvorsprung des Plateaus inmitten des Bonsaiwaldes, und mein Herz klopfte wie ein Vorschlaghammer. Ich atmete ein paarmal tief ein, um mich zu beruhigen. Nun, da ich nicht mehr den Schutz des Lichtkokons genoß, wirbelten in meinem Kopf in chaotischem Durcheinander Bilder aus den verschiedenen Zeitebenen umher, die ich erlebt hatte. Ich versuchte innerlich zur Ruhe zu kommen und alles in eine vernünftige Reihenfolge zu bringen.

Mein Erlebnis hatte genau an der Stelle begonnen, an der ich jetzt saß. Zuerst hatte ich das Gefühl gehabt, gemeinsam mit Pan durch den festen Felsen hindurchzusinken; dann waren wir in das Innere des großen Kristalls gelangt. Dort hatte Pan mir gezeigt, daß all die vielen flimmernden Lichtpünktchen in Wirklichkeit *ein einziges* Licht waren. Kaum hatte ich das erfahren, hatte Pan mir die ungeheure Macht dieses einen Lichts offenbart – und ich war im wahrsten Sinne des Wortes von ihm davongeblasen worden! Dann hatte ich mich schwebend, sicher und geborgen in einem Lichtkokon wiedergefunden. Ich hatte keine Ahnung, wo sich dieser Kokon befand, aber ich vermute, es war irgendwo zwischen den Dimensionen, an einem Ort, an dem es keine Zeit gibt. Nachdem ich eine unbestimmte Zeit in diesem Kokon verbracht hatte, hatte ich mein Ich in einem Erlebnis mit einem Aquamarin gesehen, das drei Jahre zurück lag und an das ich mich noch genau erinnerte. Das nächste, was mir zum Bewußtsein kam, war, daß ich mich nicht mehr in dem Kokon befand, sondern in der Vergangenheit – aber ich erlebte sie so, als spiele sie sich jetzt in diesem Augenblick ab! Ich war mit dem Aquamarin an den Strand gegangen und hatte ihn in einen Gezeitentümpel gelegt. Der

Aquamarin hatte mir erklärt, daß ich der Energie der Kristalle feindlich gegenüberstehe. Nach einem kurzen Gedankenaustausch mit dem Edelstein war mir eine unglaubliche Vision zuteil geworden – ich hatte mich als ein anderes Wesen auf einem anderen Planeten gesehen, das in einem kristallinen Tal stand. Ich war in irgendein Experiment vertieft gewesen, bei dem ich meine Seele über meinen Körper hinausführen wollte. Die Sonne war aufgegangen, und ein Lichtstrahl von unvorstellbarer Kraft und Intensität hatte den Körper dieses anderen Ich restlos in seine Bestandteile aufgelöst. Das Experiment war gelungen, denn meine Seele hatte es überlebt und war in andere Dimensionen und Realitäten hineingeschleudert worden. An dieser Stelle hielt ich in meinen Überlegungen inne.

Folgendes kam mir erst jetzt zum Bewußtsein, und doch *wußte* ich, daß es stimmte: Kaum hatte ich den Aufprall des Sonnenlichts erlebt, befand ich mich auch schon wieder in meinem Lichtkokon. Eine Zeitlang – ich habe keine Ahnung, wie lange – wurde ich dort behütet und gehegt. Ich brauchte diese Zuwendung! Dann hörte ich ganz leise Pans telepathische Botschaft. Als seine Stimme wieder verhallte, hatte ich das beängstigende Gefühl, ich könnte herunterfallen. Mein Schrei hatte mich wieder in die irdische, dreidimensionale Realität zurückgebracht, in der die Zeit im Rhythmus meiner Armbanduhr tickte.

Als bedürfe es noch eines Beweises, daß ich auch wirklich wieder zurückgekehrt war, kam Treenie zu mir an den Felsvorsprung. «Du sitzt jetzt schon fast seit anderthalb Stunden hier. Es ist Zeit für dein Mittagessen. Ich habe meines schon gegessen.» Als sie meinen Gesichtsausdruck sah, fragte sie: «Was ist passiert?»

Hilflos sah ich sie an. «Ich glaube, in meinem Kopf habe ich es inzwischen richtig zusammengesetzt, aber ich kann wirklich noch nicht darüber sprechen. Ich fühle mich wie betäubt.»

Sie nickte verständnisvoll. «Ist alles in Ordnung?» fragte sie besorgt.

Ich nickte. «Ja. Es geht mir gut. Ich werde jetzt zu Mittag essen. Dann komme ich. Wir haben so viel Zeit.» Ich lächelte über mein unbeabsichtigtes Wortspiel mit dem Begriff «Zeit». Treenie deutete auf die Wolken über uns. «Paß auf, daß du nicht naß wirst.»

Ich sah ihr nach, als sie wieder fortging, und war mir des Gefühls der Liebe und Herzlichkeit bewußt, das uns verband. Ich wußte, daß in dieser Liebe ein Teil des endlosen Bandes strömte, das alles Leben miteinander verbindet.

Ich aß mein Mittagessen am äußersten Rand des Felsplateaus und ließ meine Blicke dabei über den Wald schweifen. Ein heftiger Wind schüttelte mich hin und her und zerrte mit spielerischer Gleichgültigkeit an meinen Haaren. Ich fühlte mich erfrischt und bekam allmählich einen klaren Kopf. Die Bilder jagten sich nicht mehr in meinem Gedächtnis, aber das Gefühl der Betäubung hielt nach wie vor an. Es war keine physische Empfindung, sondern eher so, als unterdrücke und dämpfe irgend etwas die Intensität meiner Gefühle.

Meinen Träumereien wurde ein abruptes Ende bereitet, als mir jetzt ein paar windgepeitschte Regentropfen wie Nadelstiche ins Gesicht schlugen. Treenie hatte recht. Es war Zeit zum Aufbruch!

Ich folgte dem Pfad quer über das Plateau und an den verstreut daliegenden, heruntergestürzten großen Felsbrocken vorbei in den Wald hinein. An diesem ruhigen, geschützten Ort war der Regen kaum noch zu spüren, und als ich den Pfad entlangging, der nach Hause führte, versuchte ich meine Gedanken zur Ruhe zu bringen, indem ich mich auf die verschwenderische Fülle der Natur um mich herum konzentrierte.

Zu beiden Seiten des Pfades war der dichte Wald nahezu undurchdringlich. Es war ein Ort von seltener, beinahe erschreckender Schönheit, an dem tausend verschiedene Pflanzenarten miteinander um das diffuse Sonnenlicht wetteiferten, das durch die dicht beblätterten Wipfel ruhelos im Wind dahinschaukelnder Bäume sickerte. Und was das für Bäume waren! Sie beherbergten eine unglaubliche Vielfalt leuchtend grüner Moose, filigraner Farne, grauer und gelber Flechten und eigenartiger Lebermoose. Die Baumstämme verschwanden beinahe hinter der Vegetation, die an ihnen emporwuchs. Meine Gedanken kehrten wieder zu dem Erlebnis auf dem Plateau zurück, und ich fragte mich, wohin Pan wohl verschwunden war – und wann.

«Es ist nicht so, daß ich mich vor dir zurückziehe. *Du* bist dir meiner nicht mehr bewußt.» Pans Worte schienen um mich herum widerzuhallen, aber ich konnte ihn nicht sehen.

«Wo bist du?»

«Ich bin im Wald. Überall, wo du hinschaust, bin ich.» Ich zuckte die Schultern. Heute war mir nicht mehr nach weiteren Lektionen zumute. Als seine Stimme wieder ertönte, klang sie fest und kräftig; aber er war immer noch unsichtbar.

«Sprich einfach so mit mir, als sei ich all die Bäume um dich her. Meine Gestalt brauchst du im Augenblick nicht.»

Dann herrschte lange Zeit Schweigen. «Michael . . . Gib mir eine Zusammenfassung deines Erlebnisses. Ich will nicht wissen, was passiert ist, sondern was es für dich bedeutet hat. Erzähl mir, was du gelernt hast und was du empfindest.»

Er brachte mich noch zur Verzweiflung! «Aber du weißt doch, was ich denke und fühle. Also, was hat deine Frage für einen Sinn?»

«Ja, das stimmt. Ich weiß, was du empfindest. Und ich spüre auch das Gefühl der Erschütterung und Betäubung, das du jetzt hast, nachdem du wieder in deinen physischen Lebensbereich zurückgekehrt bist. Ich möchte einfach, daß du deine Gedanken und Gefühle in Worte kleidest. Ich will, daß du deine Worte selbst hörst.»

Ich wußte, daß er mir eine Therapie vorschlug. Dieser Vorschlag erschien mir durchaus vernünftig, und er war sicherlich auch der richtige Zuhörer für mich. Und zu meinem Erstaunen sprudelten mir die Worte auch schon über die Lippen: «Ich habe gelernt, daß die menschliche Sicht der Realität erbärmlich unzureichend ist. In unserer normalen Realität lebt jeder in einer winzig kleinen, fensterlosen Zelle in einem Haus, das hunderttausend Räume enthält und Tausende von Hektaren umfaßt. Aber wir bilden uns ein, unsere Zelle sei das einzige, was es gibt, also leben wir darin – isoliert und allein. Und was noch trauriger ist: Wenn es ein paar Menschen wie mir gelingt, sich unter ihren Zellen durchzugraben und einige der anderen Räume zu entdecken, die nur darauf warten, betreten zu werden, halten die meisten Leute das für Hirngespinste.» Ich hielt einen Augenblick inne. «Das denke ich nicht nur. Ich fühle es auch.»

Pans Stimme war zärtlich und besänftigend. «Du scheinst verletzt zu sein.»

«Ja, das bin ich. Eigentlich wundere ich mich selbst darüber.»

«Warum?»

«Weil mich die Merkwürdigkeit meines Erlebnisses irgendwie von den anderen Menschen isoliert – nicht in der alltäglichen Realität, aber in meinem Wissen und meiner Erfahrung.»

«Diesem Zustand kann man doch leicht abhelfen.»

Mit blitzartiger Klarheit begriff ich, was er meinte. Ich konnte ja ein Buch über meine Erlebnisse schreiben, ebenso wie ich mein erstes Buch über meine Gespräche mit der Natur geschrieben hatte! Es hatte mich zwar einigen Mut gekostet, das zu tun und den Menschen meine Seele zu enthüllen; aber dieses neue Buch zu schreiben würde noch viel schwieriger sein. Trotzdem wußte ich, daß ich in der Lage war, meine Erfahrungen klar und aufrichtig mitzuteilen. Alles weitere hing vom Leser ab. Als mir das zum Bewußtsein kam, war mir sofort wohler zumute.

«Noch etwas?»

«Ja. Ich habe gelernt, daß ich der Energie der Kristalle vorher feindlich gegenüberstand. Ich vermute, mein Erlebnis mit dem anderen Ich sollte mir klarmachen, warum. Mir ist auch bewußt, daß diese Erfahrung mit meinem anderen Ich noch lange nicht abgeschlossen ist, aber darum mache ich mir jetzt keine Sorgen mehr. Alles zu seiner Zeit.» Ich grinste. «Das hast du mir beigebracht. Ich verstehe, was der Kristall im Herzen des Plateaus mich lehren wollte. Er hat mir klargemacht, was wir lernen müssen: daß die ganze Menschheit in Wirklichkeit eine einzige Familie ist. Wir sind alle Brüder und Schwestern. In unserem Bewußtsein stehen wir uns sogar noch näher als Geschwister. Ich habe begriffen, daß Zeit und Raum lediglich eine dreidimensionale Realität bilden und daß meine Seele sich ausdehnen und in andere Realitäten und andere Zeiten reisen kann. Und ich habe auch gelernt, daß ich noch viel zu lernen habe!»

Ich wartete auf Pans Reaktion, doch nur das Wispern unzähliger Blätter antwortete mir.

Da ging ich weiter den Pfad hinunter, wo das Auto auf mich wartete – und Treenie.

5

# Mit den Augen eines Hundes: Liebe – schuldlos und angstfrei

Treenie und ich hatten den Morgen verbummelt und bei ein paar Tassen Kaffee miteinander geplaudert. Dann ging sie für einige Stunden fort. Aus irgendeinem rätselhaften Grund beschlich mich ein Gefühl der Besorgnis, als ich sah, wie ihr Auto mit immer größerer Geschwindigkeit davonfuhr. Doch ich verbannte diese Angst aus meinen Gedanken und ging ins Wohnzimmer zurück.

Pan, dem es immer wieder gelingt, mich zu überraschen, saß mitten im Zimmer mit gekreuzten Beinen auf dem Teppich. Seine neugierigen Augen hielten die meinen mit einem ernsten, abschätzenden Blick in ihrem Bann.

«Setz dich hin und entspanne dich.»

Seine Worte waren keine Aufforderung, sondern ein Befehl. Ich setzte mich.

«Sitzt du auch bequem?»

Ich schluckte nervös. «Was ist denn los?»

«Entspanne dich.»

Pan in so ernstem Ton sagen zu hören, ich solle mich entspannen, machte mich nur noch nervöser. «Ich wußte es ja. Jetzt kommt etwas Unangenehmes, nicht wahr?»

Pan lächelte, und fast gegen meinen Willen schwanden

meine Sorgen dahin. Ich ärgerte mich darüber, daß er mich so völlig im Griff hatte, doch der logisch denkende Teil meines Ich entschwand jetzt rasch in unerreichbare Ferne.

«Das ist schon besser. Ich weiß, ich sehe ernst aus; aber es gibt keinen Grund zur Beunruhigung.»

Ich atmete auf. «Ich war schon die ganze letzte Stunde bedrückt. Ich weiß ja nicht, was du mit mir vorhast, aber ich bin sicher, daß ich mich deshalb so unwohl in meiner Haut gefühlt habe.»

Pan lächelte sein unwiderstehliches Lächeln – ein Sonnenstrahl, der durch eine seit Wochen am Himmel hängende dicke Wolkendecke bricht.

«Es wird Zeit, daß du noch eine Verbindung zu einem weiteren Teil der Natur aufbaust. Die Schwelle zum Jenseits wartet. Auf deiner Suche nach Selbsterkenntnis mußt du jetzt noch mit dem Reich der Tiere in Verbindung treten. Ihr Menschen seid keine Tiere, auch wenn ihr euch selbst so einstuft. Menschen sind eine andere Seinsform. Die Menschheit trägt das Bewußtsein der Tiere in sich, ebenso wie ihr immer noch das Bewußtsein des Pflanzen- und des Mineralreichs in euch tragt. Du, Michael, hast inzwischen mit dem Bewußtsein des pflanzlichen und des mineralischen Reichs und mit dem Wasser Verbindung aufgenommen, das in seinen vielfältigen Formen die Welt bedeckt und durchdringt.»

«Anscheinend bin ich dabei, die Einheit zu erfahren. Ich erlebe die Natur und werde *eins* mit ihr – ein Erlebnis, das über die Schwelle aller Worte und Ideen hinausgeht», sagte ich nachdenklich. Plötzlich kam mir zum Bewußtsein, was für Worte ich gebraucht hatte. «Ist es das, was du damit meintest, als du sagtest, ich müsse über die Schwelle gehen? Heißt das, daß ich über die Realität der Worte und Ideen hinausgelangen muß? Daß ich die Beschränkungen des menschlichen Geistes überwinden soll?» fragte ich aufgeregt.

Pans Augen blitzten zustimmend. «Ja, das bedeutet es – soweit es sich überhaupt in Worte fassen läßt. Aber dieses Jenseits ist durchaus auch eine Realität. Es umfaßt deine irdische Zeitebene und noch andere Dimensionen. Und jetzt wollen wir uns auf den Weg machen.»

Ich hatte immer noch Angst. «Warte... Warte noch einen Augenblick.» Eine von Pans bleistiftdünnen Augenbrauen zog sich fragend in die Höhe.

«Darf ich mir aussuchen, in was für ein Tier ich hineinversetzt werde?»

«Ja, natürlich. Das ist eine wichtige Voraussetzung.»

Geparden und andere Lieblingstiere fielen mir ein. Dann kam mir ganz plötzlich und unaufgefordert ein schrecklicher Gedanke. «Ich werde doch nicht getötet oder gefressen, nicht wahr?»

«Ist das ein Teil deiner Erfahrungen mit der Tierwelt?»

Ein wenig unsicher dachte ich darüber nach. «Nein. Nicht daß ich wüßte.» Ich hatte das schreckliche Gefühl, irgend etwas übersehen zu haben, aber was?

«Dann *komm*.»

Diesmal wurde ich nicht sanft geschüttelt und behutsam aus meinem Körper herausgelockt. Pans Worte waren eine vibrierende Kraft in meinem Inneren und schleuderten mich aus meinem Körper heraus ins... Nichts!

Ich bin ein Hütehund, ein Welpe. Alles ist ein Geheimnis für mich, an dem ich herumnagen und mit dem ich spielen möchte. Ich begreife nur wenig von meiner Umgebung. Ich lebe in einem ewigen Jetzt, und dieses Jetzt genieße ich. Ich habe einen Kameraden, der genauso alt ist wie ich, und den ganzen Tag tun wir nichts anderes als spielen, schlafen, fressen und wieder spielen. Wir kämpfen auch miteinander, aber nur zum Spaß, und durch unsere Spiele werden wir kräftiger und können unsere Bewegungen immer besser koordinieren.

Es gibt auch noch andere Hütehunde auf der Farm, zwei erwachsene Hunde, die uns mit belustigter Toleranz betrachten. Gemeinsam wachsen mein Freund und ich aus dem Welpenalter heraus, und eine merkwürdige Sehnsucht wächst in unserem Inneren.

Eines Tages kommt unser Herr zu uns, trägt uns in ein großes Fahrzeug und geht mit uns auf eine lange, holperige Reise voller interessanter Gerüche. Ich finde das aufregend. Solche Gerüche habe ich noch nie wahrgenommen; der Wind ist voll von ihnen. In meiner Aufregung verliere ich die Kontrolle über meine Blase; aber mein Herr lacht nur darüber. Dann halten wir an, und er holt uns heraus. Wir werden an eine Kette gefesselt, die er an unserem Halsband befestigt. Er unterhält sich eine Weile mit einem anderen Mann und fährt dann ohne uns wieder fort. Ich bin ganz niedergeschmettert.

Am nächsten Morgen füttert der andere Mann uns, führt uns in einen großen, luftigen Schuppen und stellt uns ein paar anderen Welpen und erwachsenen Hunden vor. Jeden Tag geht er mit uns hinaus aufs Feld und bringt uns mit laut gerufenen Befehlen und der Hilfe der erwachsenen Hunde bei, wie man Vieh zusammentreibt und hütet. Das sind dumme Tiere, bei weitem nicht so klug wie ich; aber ich muß trotzdem viel lernen. Ich erfahre am eigenen Leib, daß eine einzelne Kuh mit einem Kalb ganz anders reagiert als eine Herde. Ich nähere mich einer Kuh und ihrem Kalb, und sie greift mich an. Zu meiner Überraschung trifft sie mich mit einem ihrer Hörner. Zum Glück komme ich mit einer kleinen Prellung davon. Es wird mir eine Lehre sein.

Die Zeit kommt und geht, aber für mich gibt es nur die Freude an meiner Arbeit mit der Viehherde. Ich spüre diese merkwürdige Sehnsucht nicht mehr. Meine Arbeit füllt mich völlig aus. Der Mann ist sehr zufrieden mit mir. Er tätschelt mir oft das Fell und nennt mich einen klugen Hund. Eines Tages kommt mein früherer Herr und nimmt mich wieder mit nach Hause. Mein Kamerad kommt nicht mit. Er bleibt auf der Farm und ist zufrieden damit. Er liebt meinen Herrn nicht so wie ich. Er würde jeden Herrn akzeptieren.

Ich bin jetzt ein großer, kräftiger Hütehund. Unser Herr hat

Namen für uns. Ich werde Spud genannt, und meine Augen haben eine merkwürdige Farbe. Ich habe weiße Augen, und mein Herr sagt mir, wie ungewöhnlich das ist. Die anderen Hunde heißen Ringo und Bounce. Ich mag sie. Eines Tages, als unser Herr uns die gewohnten Befehle zuruft, kommt Bounce nicht nach Hause. Wir laufen alle geschäftig herum und treiben das Vieh zusammen, aber Bounce rennt davon. Wir sehen ihn nie wieder.

Mein Herr hat viel Vieh. Jahre vergehen, und ich möchte niemals etwas anderes tun, als mit der Viehherde zu arbeiten. Oft spüre ich einen seltsamen Drang in meinem Körper und träume von begehrenswerten Hündinnen. Manchmal sind diese Träume so intensiv, daß ich nach dem Aufwachen ruhelos umherlaufe und nach der Hündin suche, aber der fehlende Geruch verrät mir, daß ich nur geträumt habe. Einmal besucht tatsächlich eine Hündin unsere Farm. Sie steht oben auf einem offenen Fahrzeug. Die Gerüche, die sie ausströmt, sind sehr aufregend, und ich möchte mich mit ihr paaren, aber so sehr ich mich auch bemühe, ich komme nicht von der Kette los. Das bringt mich völlig aus der Fassung, und ich lasse meinen Zorn an Ringo aus. Ich bin jetzt größer und kräftiger als er. Wir kämpfen miteinander, und ich trage den Sieg davon.

Mehrere Jahre vergehen. Dann passiert etwas Schreckliches. Unser Herr melkt keine Kühe mehr in dem Stall in der Nähe meiner Hütte, und wir haben keine Arbeit mehr. Er führt uns auf eine Koppel und bindet unsere Ketten an einen langen Draht, den er an einem Pflock in der Erde befestigt. Wir haben viel Auslauf, aber nur noch selten Kühe zu hüten.

Dann passiert noch etwas anderes. Unser Herr hat sich im Lauf der Jahre verändert. Ich merke es an seiner Energie. Ich kann seine Absichten ebenso leicht erkennen wie die einer Kuh. Er strahlt sie aus. Er ist in seinem Bewußtsein mit dem Vieh in Verbindung getreten. Wenn er die Tiere jetzt antreiben möchte, braucht er Ringo und mich nicht mehr dazu. Er teilt seine Wünsche einfach ihrem Bewußtsein mit, und sie verlassen die Koppel und gehen überallhin, wo er sie haben möchte. Das macht mich sehr unglücklich.

Ich fühle mich jetzt als Hund überflüssig. Ein wachsendes nagendes Gefühl der Leere breitet sich in mir aus, und ich werde wütend. Ich knurre Ringo an und fletsche die Zähne, denn er ist das einzige erreichbare Ventil für meinen Zorn. Er wird zur Zielscheibe meiner Unzufriedenheit und meiner rasenden Wut. Im Lauf der Monate legt sich mein Groll nicht, sondern wird immer intensiver. Ringo nimmt die Situation einfach hin, aber ich kann das nicht. Ich werde immer mürrischer und bösartiger.

Die langen Drähte, an denen unsere Leinen befestigt sind, liegen so weit auseinander, daß unsere Leinen sich nicht ineinander verwickeln können, aber doch so nah, daß wir aus derselben Wasserschüssel trinken und unsere Nasen einander berühren. Eines Tages, als ich besonders gereizt bin, zerre ich mit aller Macht an meiner Kette – und sie zerreißt. Ringo bellt mich an und ermahnt mich, keine Dummheiten zu machen. In blinder Wut greife ich ihn an. Ich spüre eine blendende rote Glut hinter meinen Augen und bin nur noch von dem Drang erfüllt, zu zerreißen und zu zerfleischen. Ich weiß selbst nicht, wie es passiert, aber ich töte Ringo.

Als alles vorbei ist, schleiche ich kleinlaut in meine Hütte. Meine rasende Wut ist verschwunden, und ich weiß, daß ich mich sehr schlecht benommen habe.

Jetzt herrscht in mir wieder eine verwirrende Dualität. Als Mensch gehe ich auf den seltsam gekrümmten, verzerrten Körper Ringos zu. In meiner Magengrube breitet sich ein Gefühl der Verzweiflung aus. Ich knie nieder und nehme seinen starren Körper in meine Arme. Sein Magen ist aufgeschlitzt, seine anderen Organe zu Brei zermalmt. Ich schaue zu Spud hinüber und weiß, daß das, was jetzt kommt, unvermeidlich ist. Ich lege ihn an die Kette und halte seinen Kopf in meinen Händen. Ich bin nicht böse auf ihn, im Gegenteil – die Traurigkeit lastet wie ein schweres Gewicht auf mir, als ich mir darüber klarwerde, was ich jetzt tun muß. Mit vier kleinen Kindern kann ich es nicht riskieren, einen eifersüchtigen Hund zu behalten. Ich vermute, daß Spud Ringo aus Eifersucht getötet hat, denn ich weiß, wie sehr er an mir hängt.

Ich beobachte, wie mein Herr fortgeht. Ich weiß, daß er mich töten wird, denn ich habe ihn auch schon andere Tiere erschießen sehen. Die Energie, die seinen Körper umgibt, ist schwer, voller Traurigkeit. Ich lebe nur für den Augenblick, und deshalb mache ich mir keine Sorgen. Es gibt nur das Jetzt, und jetzt lebe ich ja noch.

Als er wiederkommt, hält er ein Gewehr in der Hand. Er ist sehr erschüttert. Ich wedle heftig mit dem Schwanz. Ich habe keine Angst, obwohl ich weiß, daß mir der Tod bevorsteht. Ich möchte Vieh hüten und nicht an einer Kette leben. Ich will frei herumlaufen und eine große Rinderherde zusammentreiben. Ein dumpfer Aufprall schmettert meinen Kopf zu Boden, eine Lichtexplosion, und dann stehe ich wieder auf und laufe umher, frei wie der Wind. Mein Bewußtsein lebt in unzähligen anderen Hütehunden weiter und ist befriedigt und erfüllt. Ich bin Ringo. Ich bin Bounce. Ich bin Spud. Ich bin Alles in Einem, Eines in Allem. Ich bin ein Hund, alle Hunde.

Weinend ziele ich auf die Stelle zwischen Spuds merkwürdigen weißen Augen und drücke auf den Abzug. Er stürzt geräuschlos, knochenlos zu Boden. Von Schluchzen geschüttelt sinke ich auf die Knie und halte seinen Kopf in meinen Händen. In meinem Inneren winden sich Schuldgefühle. Die Trauer um das, was hätte sein können, überwältigt mich. Ich begrabe Spud schweren Herzens. Der Gedanke, daß ich so gehandelt habe, um meine Kinder zu schützen, kommt mir plötzlich unangebracht vor, und ich habe das Gefühl, versagt zu haben.

Ich bin Bewußtsein und treibe im Äther unseres Planetensystems dahin. Ich verarbeite das Erlebnis, Hund und Mensch zugleich zu sein. Als Hundebesitzer habe ich versagt, und das Gefühl der Schuld ist wie ein Schmerz. Mir ist jetzt klar, daß ich Spud aus dem falschen Grund erschossen habe. Als Spuds Seele weiß ich, daß er nie einem meiner Kinder ein Haar gekrümmt hätte. Er war gar nicht eifersüchtig. Aber er war zum Arbeiten geboren, und ich hatte ihm diese Arbeit verweigert. Ich weiß, daß er es mir nicht übelnimmt. Er ist frei und mit allen Hunden vereint. Auch ich bin diese Einheit. Aber ich bin auch ein Mensch, und es fällt mir schwer, mir meine Tat zu verzeihen! In meiner Hunderealität gibt es weder Vorwurf noch Zorn, nur Liebe. Als Hund kommt mir die Last der Schuld zum Bewußtsein, die die Menschen auf sich geladen haben, und ich versuche sie mit meiner Liebe auszulöschen.

Allmählich zieht sich mein Bewußtsein aus den beiden voneinander getrennten Teilen meiner Doppelseele zurück, und ich werde wieder ich selbst, der in einem Sessel im Wohnzimmer sitzt.

Ich senkte den Kopf und weinte. All der unterdrückte Schmerz brach mit einem Tränenstrom aus mir hervor, als die tief in meinem Inneren verborgene Schuld endlich an die Oberfläche kam wie bei einer seit langem eiternden Wunde. Und ich empfand einen rasenden Zorn. Wie konnte Pan es wagen, mich so hinters Licht zu führen! Er hatte gewußt, daß ich etwas Grauenvolles erleben würde. Warum hatte er mir nicht gesagt, was mich erwartete? Warum hatte er es nicht einmal angedeutet, damit ich mich darauf vorbereiten konnte? Ihm war zweifellos klar gewesen, was mir bevorstand. Ich weinte lange. Meine Tränen drangen aus einer Quelle tief in meinem Inneren an die Oberfläche. Als ich merkte, daß Pan wieder im Wohnzimmer saß und mich anblickte, ignorierte ich den Ausdruck von Liebe und Mitgefühl in seinen Augen.

«Du hast mich hintergangen!» sagte ich mit unterdrückter Heftigkeit.

«Michael, ich liebe dich. Warum sollte ich dich hintergehen? Du hast selbst entschieden, in welchen Bereich der Tierwelt du versetzt werden wolltest. Du selbst hast erneut Verbindung mit diesem unverarbeiteten Erlebnis gesucht. Die ungelösten Konflikte der Vergangenheit bleiben auch in der Gegenwart ungelöst.»

«Warum hast du mich nicht wenigstens gewarnt? Das war ein furchtbares Erlebnis! Ich habe unter beiden Teilen meines Ichs gelitten – als Mensch und als Hund. Ich habe geliebt und bin gestorben und habe beide Hunde getötet – den einen habe ich zerrissen, den anderen erschossen. Und da wunderst du dich, wenn ich mich verraten fühle? Wie konntest du zulassen, daß mir so etwas widerfährt?»

Trotz meines Zorns wußte ich, daß er recht hatte – *ich* hatte die Entscheidung getroffen. Ich hatte von vornherein Bedenken gehabt, als er ankündigte, ich würde mir mein Erlebnis selbst aussuchen. Seine nächsten Worte waren sehr unerfreulich.

«Es tut mir leid, aber dein Erlebnis ist noch nicht zu Ende. Du hattest jetzt Gelegenheit, dich von all deinen Schuldgefühlen in bezug auf deine Beziehung zu den Tieren zu lösen; aber diese Gefühle nagen trotzdem immer noch an dir. Wenn ich dich vorgewarnt hätte, dann wärst du auf dein Erlebnis *vorbereitet* gewesen, und das hätte es vollkommen wertlos gemacht. Jetzt dagegen siehst du, was für ein emotionales Chaos in bezug auf deine Rolle als Hundebesitzer du in deinem Inneren unterdrückt hast. Du mußt mit diesen Gefühlen fertig werden. Vorher kannst du keine weiteren Fortschritte machen.»

Ich ballte die Fäuste und spürte, wie der Zorn in mir aufloderte. «Das ist mir nur recht. Ich habe sowieso genug von all dem. Ich bin erschossen worden. Ich habe es in meinem Bewußtsein gespürt. Ich wurde getötet. Ich bin gestorben – auch wenn ich nicht tot bin.»

«Und erinnerst du dich auch noch an die Gefühle, die dein tierisches Bewußtsein deinem menschlichen Ich entgegenbrachte? Erinnerst du dich an die Liebe, die dieser Hund für dich empfunden hat? Dieser liebende Hund warst du, und du warst auch der Mensch, der sich schuldig gemacht hat. Warum klammerst du dich an die Schuld und verleugnest die Liebe? Warum sind Liebe und Frieden schwieriger zu akzeptieren als Schmerz und Disharmonie?»

Ich wußte, daß ich mich sehr unvernünftig verhielt, aber ich konnte mich einfach nicht beherrschen. Ich wollte nur noch um mich schlagen und verletzen. «Du hast leicht reden. Du mußtest dich schließlich nicht erschießen lassen und hast auch nicht diese entsetzlichen Schuldgefühle erlebt. Ich muß anscheinend immer leiden – ganz egal, auf welcher Seite ich stehe.» Zornig und verwirrt sprang ich auf, verließ das Zimmer und überließ Pan sich selbst.

Ein Monat war vergangen, und ich hatte Pan noch nicht wiedergesehen. Kaum hatte ich mich von meinem Erlebnis erholt, wurde mir klar, wie dumm ich mich benommen hatte. Er hatte recht gehabt. Wie immer! Ich erzählte Treenie die ganze Geschichte. Ich schilderte ihr alles, was ich in meinem Hundebewußtsein erlebt hatte, und gestand ihr auch, wie zornig ich unmittelbar danach auf Pan gewesen war. Mit ihrer Hilfe erforschte ich meine Gefühle. Ich wußte, daß dieses Erlebnis noch nicht abgeschlossen war. Irgendwo dort draußen – da drinnen? – mußte ich mit einer Essenz meiner selbst oder des Lebens in Verbindung treten, die ich noch nicht begriff. Ich mußte mit meiner Schuld zu Rande kommen. Das hatte Pan mir klargemacht, und ich erkannte, daß ich auf meiner Suche nach Selbsterkenntnis keine weiteren Fortschritte machen konnte, solange ich mich nicht von meinen Schuldgefühlen löste. Wie merkwürdig, daß ausgerechnet meine Beziehung zu einem Hund der Hemmschuh sein sollte! In all meinen menschlichen Leben und der Vielfalt meiner Erfahrungen, die ich als Mensch gemacht hatte, war ich mir keiner Schuldgefühle bewußt. Es ist ohne weiteres möglich, daß ich im Lauf meiner verschiedenen Inkarnationen auf der Erde gelogen, betrogen, andere Menschen im Zweikampf erschlagen und vielleicht sogar ermordet habe; aber ich empfand keine Gewissensbisse. Vielleicht hatte ich das alles schon verarbeitet, und es gab keine Schuld mehr zu begleichen. Hoffentlich! Aber in meiner Beziehung zur Tierwelt trug ich immer noch diese Schuldgefühle mit mir herum.

Ich erzählte Treenie von meinen Erinnerungen an Spud. Teilnahmsvoll hörte sie mir zu. Während der zehn Jahre, die wir als Farmer in Tasmanien gelebt hatten, waren Hütehunde unentbehrlich gewesen. Nur mit ihrer Hilfe konnte man das Vieh rasch und mühelos von einem Ort zum anderen treiben. Spud war ein ausgezeichneter Hütehund gewesen. Ich hatte mich an die Tradition der Farmer gehalten und die Arbeitshunde nie zu Haustieren werden lassen; trotzdem hatte ich sehr an ihnen gehangen.

Ich seufzte bei dem Gedanken an alles, was ich anders gemacht hätte, wenn ich das Hundebewußtsein damals schon erlebt hätte. Ringo und Spud waren außergewöhnlich begabte Hunde gewesen. Ich konnte sie zu den entferntesten Koppeln schicken, anderthalb Kilometer weit, und sie trieben alle Kühe nach Hause. Ich prahlte den anderen Farmern gegenüber immer, leider könnten sie die Tore nicht selbst öffnen und schließen – aber sonst könnten sie fast alles!

Das Problem begann, als wir keine Milchwirtschaft mehr betrieben. Da brauchte ich keine Hütehunde mehr. Außerdem hatte ich es mir inzwischen angewöhnt, mit unseren Tieren zu kommunizieren, indem ich ihnen einfach in Gedanken mitteilte, was sie tun sollten. Ich befand mich im Einklang mit dem Bewußtsein der Kühe. Das funktionierte so gut, daß die Hütehunde überflüssig wurden; also setzte ich sie nicht mehr ein und band sie an langen Ketten fest, damit sie genügend Auslauf hatten.

«Hätte ich sie lieber verkaufen sollen?» fragte ich Treenie.

»Was meinst *du*?» gab sie zurück.

«Das hätte auch nichts geändert.» Schon während diese Worte über meine Lippen kamen, wußte ich, daß sie stimmten. Durch den Tod Spuds war meine Schuld lediglich an die

Oberfläche gekommen. Irgendwo in meiner Vergangenheit lagen noch weitere schmerzliche Begegnungen dieser Art.

Dadurch, daß ich meine Gefühle Treenie anvertraut und mit ihr gemeinsam erforscht hatte, wurde mir viel klarer, daß ich noch vieles verarbeiten mußte; doch meine aggressive Reaktion auf Pan bedrückte mich nach wie vor.

«Hab Geduld, mein Schatz», riet Treenie mir. «Pan wird dich nicht im Stich lassen. Laß die Erfahrung des Hundseins noch einmal in aller Ruhe an deinem inneren Auge vorüberziehen. Schreib sie nieder! Vielleicht wirst du dabei etwas lernen, was Pan dich lehren möchte.»

Ich rief mir die Liebe ins Gedächtnis zurück, die ich als Spud empfunden hatte. Selbst der Tod hatte daran nichts geändert. Der Übergang vom physischen, individuellen Hund zum Hundegeist hatte sich ohne innere Erschütterung vollzogen. Als Hund hatte ich mich nicht an den Vorgang oder den Augenblick des Todes geklammert. Ich war Hund geblieben, liebevoll und großzügig.

Nur in meinem menschlichen Ich hatte es Kleinlichkeit gegeben, und was noch schlimmer war: Ich hatte diese Kleinlichkeit gegen Pan gerichtet... und gegen mich selbst! Vielleicht mußte ich lernen, mir selbst größere Liebe und größeren Respekt entgegenzubringen!

Ich fürchtete, daß ich Pan vielleicht für immer vertrieben hatte. «Was soll ich tun?» fragte ich Treenie. Wir frühstückten gerade, und der Gedanke, wieder einen Tag ohne Pan verbringen zu müssen, beunruhigte mich.

«Warum entschuldigst du dich nicht einfach bei ihm?»

Ich starrte sie entrüstet an. «Wenn ich das könnte, dann hätte ich ja keine Probleme mehr!»

Treenie war geduldig wie immer. «Du hast mir gesagt, daß Pan überall in der Natur existiert. Er wohnt in den Bäumen und im Fluß. Warum gehst du nicht zu deinem Lieblingsplatz am Fluß und entschuldigst dich laut bei ihm?»

«Das ist eine großartige Idee.» Ich lächelte zustimmend.

Dann runzelte ich die Stirn. Eine Frage, die mich schon oft gequält hatte, stieg wieder an die Oberfläche meines Bewußtseins. «Macht es dir eigentlich etwas aus, daß ich diese Beziehung zu Pan habe? Bist du manchmal eifersüchtig ... oder fühlst du dich dadurch bedroht?»

Treenie warf mir einen ruhigen, nachdenklichen Blick zu. «Am Anfang hatte ich manchmal dieses Gefühl», sagte sie aufrichtig, «aber jetzt nicht mehr. Ich bin deine körperliche und geistige Partnerin. Wir sind Seelengefährten. Warum sollte ich mich durch ein Wesen bedroht fühlen, das nur auf metaphysischer Ebene mit dir kommuniziert? Daß er letzten Endes zu deinem Wohl da ist und deinem inneren Wachstum dient, daran zweifle ich nicht. Warum sollte mir das etwas ausmachen? Außerdem stimmst du dich ja schon seit Jahren auf die Natur ein – erst auf der Farm, und dann hast du dich am Flußufer noch ein paar Jahre lang intensiver auf sie konzentriert. Wenn die Natur dir nun antwortet, indem sie dir enthüllt, daß alles, was lediglich auf physischer Ebene zu existieren scheint, auch noch eine mystische Dimension hat, und aus dieser anderen Dimension einen Lehrer zu dir schickt, wie könnte ich dagegen etwas haben? Ich glaube, du hast es verdient, einem Wesen wie Pan zu begegnen.»

Ich küßte sie!

Später ging ich zum Fluß hinunter. Ich stellte mich auf mein Sprungbrett und rief laut: «Ich weiß nicht, ob du mich hören kannst, Pan, aber ich möchte mich bei dir entschuldigen. Ich war übertrieben in meinen Gefühlen befangen und unhöflich. Es tut mir leid. Ich möchte, daß du wieder in mein Leben trittst. Du fehlst mir.»

Eine kurze Zeit lang hielten zwei kräftige Hände meine Taille umfangen – und dann stießen sie mich hinab. Als ich ins Wasser stürzte, hatte ich den Klang von Glockenspielen in den Ohren. Was für eine Überraschung! Selbst als ich unter Wasser schwamm, dröhnte es mir immer noch in den Ohren! Lachend tauchte ich wieder auf.

Dann saßen wir nebeneinander auf der alten Brücke. Mit tiefer Bewunderung betrachtete ich seine feenhafte Schönheit. Seine goldenen Augen musterten mich belustigt und voller Zuneigung.

«Du siehst – es hat sich nichts geändert.» In seiner Stimme schwang Anteilnahme mit.

«Ich werde tun, was ich tun muß. Ich glaube, ich habe nur zwei Möglichkeiten: Ich muß dir vertrauen oder mit dieser ganzen Sache aufhören. Und ich weiß, daß ich nicht aufhören kann!»

«Du mußt zu den Erfahrungen deiner Beziehung zur Tierwelt zurückkehren. Vielleicht ist das schwer für dich, aber es gibt keinen anderen Weg. Wenn du über die Schwelle gehen möchtest, mußt du ins Bewußtsein der Natur eintreten. Du mußt die metaphysische Perspektive der Natur erfahren und akzeptieren. Du mußt lernen, dich von emotionalen Bindungen zu lösen und frei und unbehindert zu sein wie der Wind.» Er lachte. «Das ist alles!»

Ich schluckte. Eine dunkle Vorahnung stieg in mir auf. «Vielleicht weißt du, daß ich noch ein anderes schlimmes Erlebnis mit einem Hund hatte. Ich mußte meine Dänische Dogge Whisky erschießen, die ich sehr liebte. Sie hatte Krebs, und ich entschloß mich, sie lieber zu erschießen, als einen Tierarzt zu rufen. Jetzt wünschte ich mir, ich hätte es nicht getan.» Tränen verschleierten meinen Blick, als ich mich daran erinnerte. «Wenn ich mir ihr Leben ins Gedächtnis zurückrufe, fällt mir so vieles ein, was ich hätte besser machen können.»

Diesmal sah ich deutlich das Mitgefühl in Pans Augen.

«Hast du nicht überhaupt das Gefühl, daß du vieles hättest besser machen können, wenn du zurückblickst? Zum Beispiel im Hinblick auf deine Beziehung zu anderen Menschen?»

«O ja, natürlich, aber deshalb habe ich keine Schuldgefühle.»

«Und warum nicht?»

Ich saß eine Weile schweigend da und dachte nach. «Ich glaube, das liegt daran, daß ich finde, die Menschen sind für sich und ihre Handlungen selbst verantwortlich. Aber für Haustiere und ihr Verhalten ist einzig und allein der Besitzer verantwortlich.»

Diese Erkenntnis erfüllte mich mit Befriedigung. Eine Zeitlang sahen wir schweigend dem Fluß zu, der mit sanftem, bedächtigem Glucksen an uns vorüberrauschte.

«Pan! Muß ich die erschütternde Erfahrung mit Whisky etwa auch noch einmal miterleben?»

Seine Stimme klang gelassen und beruhigend. «Das mußt du selbst entscheiden. Wenn dieser Konflikt in deinem Inneren inzwischen gelöst ist, dann ist die Sache aus und vorbei; wenn nicht ...»

«Wenn nicht, wird alles noch einmal passieren.» Ich zuckte bei dem Gedanken zusammen. «Und ich kann nichts tun, um es zu verhindern. Das sind ja herrliche Aussichten.»

Ich fühlte mich ganz schwach. «Wirst du bei mir sein, wenn ich auf die Reise gehen?»

«Ja, aber nur als Geist. Ich kann dir nicht helfen. Ich kann nichts ändern. Du trägst die ganze Verantwortung. Du entscheidest, ob du leiden wirst oder nicht. Du bist das Erlebnis.»

«Es wundert mich, daß du immer noch Geduld mit mir hast. Ich habe versagt, als ich wieder mit Spud in Verbindung trat, und ich weiß, daß ich ebenso versagen werde, wenn ich Whiskys Leben noch einmal miterlebe.»

«Was für ein Unsinn! Erfolg und Versagen sind Illusionen. Solange du dich an den Maßstäben des Erfolgs oder Mißerfolgs mißt, wirst du niemals zur Erleuchtung gelangen.»

Ich dachte darüber nach und suchte nach einer anderen Formulierung. «Na ja, schließlich habe ich mit Spud wirklich keinen Erfolg gehabt!»

Er lachte. «Aber versagt hast du auch nicht!»

«Wirklich nicht?»

«Du hast eine innere Verbindung erlebt. Du bist mit dem Hundebewußtsein in Verbindung getreten, aber du warst emotional zu stark beteiligt, um die Dinge klar und einsichtig wahrzunehmen. Du bist zu streng mit dir. Du mußt auch deine Fähigkeiten und Verdienste anerkennen. Was glaubst du, wie viele Menschen ein solches Erlebnis auf diese Weise verarbeiten und unbeschadet daraus hervorgehen könnten?»

In diese Richtung hatte ich noch nie gedacht.

«Nur du selbst bewertest dich», fuhr er fort. «Kein Lebewesen außer den Menschen tut das. Die Menschen beurteilen sich selbst und einander. Gib es auf! Es ist unnötig. Werturteile sind nur eine überflüssige Last. Hat Spud dich beurteilt und für schuldig befunden, oder hast du selbst dieses Urteil gefällt? Glaub mir – die Natur fällt über niemanden ein Urteil.»

Ich wußte, daß Spud mich nicht beurteilt hatte. Das war bei meinem Erlebnis besonders deutlich zutage getreten.

Pan rutschte hinüber ans Ufer, und ich folgte ihm und setzte mich neben ihn.

«Bist du bereit?»

«O nein!»

«Gut.»

Eine Ewigkeit lang umkreise ich den Planeten. Alles kommt mir vertraut vor – es ist ein Planet, den ich schon viele Male besucht habe. Langsam, ohne jedes Zeitgefühl, nimmt mein Bewußtsein festere Gestalt an. Ich streife in vielen, vielen voneinander getrennten Körpern über die Erde, doch allmählich konzentriert mein Bewußtsein sich auf ein einziges Tier. Ich bin ein Hund. Ich empfinde mich als individuelles Wesen, und doch habe ich die ganze Zeit über das Bewußtsein, mit dem All in Verbindung zu stehen. Nur das Jetzt, der Augenblick existiert. Es gibt keinen Gedanken an bald oder später. Innerhalb dieses Jetzt stehe ich mit allen anderen Wesen in Verbindung; dazu bedarf es keiner Gedanken. Ich bin ein großer Hund, eine Dänische Dogge, und lebe auf einer Farm in den Ausläufern des Mount Arthur in Tasmanien.

Als Welpe spiele ich ständig mit den Kindern auf der Farm. Ich lebe im Haus bei der Familie und liege an Winterabenden auf einem kleinen Teppich vor dem lodernden Kaminfeuer. Ich werde geliebt, und diese Liebe ist ein Teil meiner Verbindung mit dem Leben. Ich brauche Liebe; ich lebe von der Liebe. Gestreichelt und getätschelt zu werden ist eine unbeschreibliche Wonne für mich. Meine Besitzer vermitteln mir ihre Schwingungen durch ihre Berührung. Ihre Liebe ist für mein Wohlbefinden ebenso wichtig wie das Futter.

Als ich erwachsen bin, passiert etwas Furchtbares. Ich werde aus dem Haus verbannt! Ich darf nicht mehr auf dem Teppich vor dem Feuer schlafen. Ich fühle mich herabgewürdigt; aber man bestraft mich nicht, also habe ich wohl nichts Böses getan. Niemand erklärt mir, warum ich jetzt plötzlich aus dem Haus und dem Garten ausgeschlossen werde; es geschieht einfach.

Jetzt gibt man mir eine Schlafstätte im weichen Heu in der Scheune. Es fehlt mir an nichts, und selbst wenn es jetzt abends kälter ist, macht mir das nicht viel aus. Was an mir nagt, ist der Mangel an Berührung und Liebkosungen, die ich so dringend brauche. Aber ich kann über solche Dinge nicht nachdenken. Ich lebe das, was ist. Wenn mir etwas fehlt, fehlt es für immer.

Ich werde immer älter und schwächer; die Kinder auf der Farm werden immer größer und kräftiger. Meine besondere Aufmerksamkeit gilt stets dem Besitzer der Farm. Ein liebevoller Blick von ihm beglückt mich; wenn er zornig die Stirn runzelt, bin ich völlig am Boden zerstört. Daß er mich liebt, liegt auf der Hand. Ich kann seine Energie genauso mühelos lesen wie jede menschliche Energie. Menschen sind ein offenes Buch für mich. Ihre Emotionen umspielen sie in Energieströmen und kündigen ihre Absichten schon lange vor ihren Handlungen an. Manche Menschen, die die Farm besuchen, empfinde ich als äußerst abstoßend; aber das kommt selten vor. Manche fürchten mich wegen meiner Größe, aber das liegt daran, daß die Angst ihr ständiger Begleiter ist; durch mich kommt sie nur zum Vorschein. Das weiß ich, da ich im Jetzt lebe und wahrnehme, daß die menschliche Energie die Gefühle in die ganze Natur hinein ausstrahlt. Die Menschen verursachen mir Angst und Schmerz, Liebe und Freude. Ein ängstlicher Mensch *ist* für mich Angst und überträgt diese Emotion auf mich und die anderen Hunde. Wir knurren zornig, weil seine Schwingungen uns zuwider sind, und dadurch wird seine Angst immer größer.

Liebe ist mein Leben. Zu lieben und geliebt zu werden ist mein Lebenszweck, und ich weiß das mit jedem Atom meiner Existenz.

Die Unruhe, die ich empfinde, weil man mich aus dem Haus geschickt hat, hat ihren Platz nicht in meinem Kopf. *Ich* bin diese Unruhe. Ich werde zu dieser Energie. Man muß mich kein einziges Mal dazu zwingen, diese Regel zu befolgen. Seit ich zum erstenmal fortgeschickt wurde, kenne ich die Regel, aber nicht ihren Grund. Man bindet mich niemals an. Ich habe meine Freiheit. Ich darf auf der ganzen Farm umherstreifen, aber Haus und Garten sind tabu.

Als ich älter werde, breitet sich in einem meiner Vorderläufe ein Ziehen aus. Allmählich entwickelt es sich zu einem tiefsitzenden Schmerz – es ist kein heftiger Schmerz, sondern eher ein immerwährendes Pochen. Ich hinke, und das ist bei meinen langen, ziemlich unbeholfenen Beinen recht schwierig.

Ich fühle mich nicht wohl und erhebe mich immer seltener von meinem behaglichen Bett im Heuschober. Ich sehe die Kinder nicht mehr so oft, und das ist auch ein Schmerz für mich. Meinen Herrn sehe ich auch immer seltener, denn die Arbeit nimmt seine ganze Zeit in Anspruch. Nur wenn er mich füttert, haben wir noch physischen Kontakt miteinander. Ich verfalle immer mehr. Eines Tages kommt mein Herr zu mir, und ich weiß, daß er den Tod mit sich bringt. Von ihm geht ein schreckliches Gefühl der Verzweiflung aus, und ich habe vor allem Angst um ihn.

Plötzlich bin ich wieder gespalten. Ich bin ein Hund, der an einem Geschwür im Bein leidet, und sein Herr, der weinend das Gewehr hinter dem Rücken verbirgt.

Er schlingt die Arme um meinen Hals, und ich spüre, wie er

vor Kummer zittert. Gleichzeitig bin ich mein Herr, schlinge meine Arme um die Hündin Whisky und weine bei dem Gedanken daran, was ich jetzt gleich tun muß.

Widerstandslos sehe ich zu, wie er das Gewehr auf mich richtet. Ich weiß, daß es töten kann, denn ich habe es schon in Aktion gesehen. Ich weiß, daß er mich erschießen wird, aber ich habe keine Angst. Ich kenne keinen Tod. Ich bin Hund. Ich lebe, ich liebe, ich belle, ich sterbe. Zwischen all dem gibt es keine Trennung.

Ich bin der Mann, der vor unterdrücktem Kummer zittert, als ich auf die Stelle zwischen den Augen des vertrauensvollen Hundes ziele. Ich sehe diese klaren, treu ergebenen Augen auf mich gerichtet und kann ihrem Blick kaum standhalten. Mit einem tiefen Atemzug drücke ich auf den Abzug.

Ich schaue in die blauen Menschenaugen, und Liebe strömt aus meinem Herzen. Plötzlich fühle ich eine ungeheure Erschütterung an meinem Kopf und dann wie aus weiter Ferne eine Explosion. Ich habe keine Schmerzen mehr, bin nicht mehr länger in einem ungelenken Körper gefangen. Ich bin leicht, frei, der Geist eines Hundes und liebe meinen Herrn. Ich sehe, wie er den blutigen Kopf meines toten Körpers in seinen Armen hält, und versuche die Tränen von seinem Gesicht zu lecken. Ich will, daß er weiß, daß ich ihm nichts nachtrage, aber er ist sich meiner Gegenwart nicht bewußt. Er soll wissen, daß ich ihn liebe, daß der Tod nur eine Bewegung innerhalb des Lebens ist – ein Übergang, den ich schon viele, viele Male erlebt habe. Aber er empfindet nur Kummer … und noch etwas anderes.

Ich halte den zerschmetterten Kopf von Whisky in meinen Armen und lasse meinem Kummer freien Lauf. In meinem Kopf hat nur ein einziger Gedanke Platz: Hätte ich doch nur …! Hätte ich sie doch nur bei uns im Haus bleiben lassen. Warum mußte ich wegen kleinlicher Bedenken alles ändern? Dann hätte sie die Kinder eben weiterhin mit ihrem ungeheuren Gewicht umgeworfen. Was macht das schon? Haben sie sich je darüber beklagt? Und sie hätte jeden Morgen eine große Speichelpfütze auf dem Wohnzimmerfußboden hinterlassen, auf dem sie früher immer schlief... Na und? Jetzt kommt mir das alles so belanglos vor. Ich weine, wiege sie in meinen Armen, ihr Blut vermischt sich mit meinen Tränen. Und ich fühle die Schuld meines Versagens. Als Hundebesitzer habe ich versagt, und ich empfinde meine Schuld wie einen Schmerz.

Das Bewußtsein meines Hunde-Ich und meines menschlichen Ich verschmelzen miteinander. Als Mensch wird mir bewußt, daß ich gleichzeitig auch Whisky bin, und ich empfinde nichts anderes als eine überwältigende Liebe zu dem menschlichen Ich. Ich erkenne, daß ich diese Verbindung aufgenommen habe, um mich von aller Schuld frei zu machen, die sich in meiner menschlichen Seele angesammelt hat. Ich bemühe mich so sehr, mich von ihr zu lösen... und ich öffne die Augen und starre mit tränenverschleiertem Blick zum Himmel empor.

Kaum habe ich die Augen aufgeschlagen, höre ich Pans Worte, beschwichtigend und doch eindringlich. «Laß dich fallen, Michael. Konzentriere dich auf die Liebe Whiskys und die Liebe Spuds. Diese Liebe existiert *jetzt,* Michael, nicht zu irgendeinem Zeitpunkt in der Vergangenheit. Konzentriere dich auf die Liebe... und *geh weiter!*»

Wieder werde ich mit ungeheurer Energie aus meinem physischen Körper herausgeschleudert. Der stumme Aufprall dieser Energie ist überwältigend und doch vollkommen schmerzlos. Ich drehe mich pausenlos im Kreis herum, mein Geist ist leer. Raum füllt für immer mein Bewußtsein, und nichts anderes existiert. Keine Gestalt hält mich gefangen, kein physisches Wesen zieht mich an, und ich bin Nichts bis in alle Ewigkeit. Ich bin Sein.

Allmählich beginnt mein Bewußtsein sich mit unglaublicher Langsamkeit zu zentrieren. Flink wie der Wind laufe ich über die Erde. Ich bin nervöse, furchtsame Energie in körperlicher Gestalt, und doch bin ich fröhlich und heiter! Ich bin ein Hase. Nein, nicht *ein* Hase, sondern alle Hasen. Wenn mir Gefahr droht, gibt mein Instinkt mir automatisch das richtige Verhalten ein. Ich werde unbeweglich und bin dann perfekt getarnt und von der Erde nicht mehr zu unterscheiden. Oder ich renne, rase mit überschäumender Vitalität über die Erde.

Nichts existiert außer dem Jetzt. Ich lebe, paare mich, kämpfe – und sterbe – ohne Sorge oder Beunruhigung. Leben ist überschwengliche Freude, ein endloser, überströmender Kreislauf dynamischer Spannung. Ich kämpfe mit anderen Hasenmännchen und erlebe das atemberaubende Entzücken der Paarung mit den Häsinnen. Gleichzeitig bin ich Häsin und schaue befriedigt zu, wie die Männchen miteinander um das Recht kämpfen, sich mit mir paaren zu dürfen.

Im Zyklus der Jahreszeiten säen die Bauern Getreide auf den Feldern aus, auf denen ich lebe; die kahle Erde verwandelt sich in ein grünes Nahrungsmeer und schließlich in goldenes Korn. Hier lebe ich, sicher und geborgen auf tausend Feldern. Ich bewohne auch die Wiesen und die Wildnis, die der Mensch noch nicht gezähmt hat. Doch allmählich konzentriert mein Bewußtsein sich auf ein paar Hasen auf einem ganz bestimmten Bauernhof in England. Jedes Jahr verschlingen riesige Maschinen das gelbe Getreide, in dem wir leben. Jedes Jahr aufs neue kommt der Schrecken.

Ich bin ein junger Mann auf einem Mähdrescher, der immer wieder das reife, goldene Weizenfeld umkreist. Ich bin aufgeregt, denn in dem Feld wimmelt es von Hasen. Jedesmal, wenn ich einen meiner Kreise um das Feld gezogen habe, wird es kleiner. Jetzt beginnen die Hasen mit zurückgelegten Ohren aus dem Feld hinauszulaufen und rennen um ihr Leben. Ich greife nach meinem Gewehr und schwinge es mit einer altvertrauten Bewegung in meine Halsbeuge, wo es bequem liegt. Ich feuere einen Schuß ab, und einer der Hasen stürzt Hals über

Kopf in sich zusammen und schreit in seinem Schmerz und seiner Todesangst laut auf. Wieder und wieder schieße ich, während die Hasen um ihre Freiheit Spießruten laufen. Ich bin stolz auf meine Treffsicherheit.

Ich bin die Hasen, die in panischer Angst mit zurückgelegten Ohren vor dem Ungeheuer davonlaufen, das immer näher kommt. Ich begreife nichts. Alles ist Angst... und Davonlaufen. Ich weiß nicht, was mir bevorsteht. Ich renne einfach. Ich bin ein Dutzend Hasen und renne wie der Wind, bis Schmerz und Vergessenheit über mir zusammenschlagen. Trotzdem renne ich weiter und lasse die Gestalten, die mit ein paar letzten zappelnden Bewegungen ihre überschäumende, nervöse Energie aushauchen, hinter mir. Ich bin schon längst weg, bin nicht mehr körperlich begrenzt. Ich bin frei. Ich laufe aus den zerschmetterten Körpern heraus und weiß nichts vom Tod. Er hat keine Realität. Als *alle* Hasen der Welt streife ich auf der physischen Erde, aber auch im Äther und im ätherischen Gefüge umher. Es gibt keine Unterschiede, keine Trennungen.

Ich bin Mensch, und ich bin Hase. Unser Bewußtsein vermischt sich und verschmilzt miteinander: Ich weiß, daß ich als Mensch das Bewußtsein aller Hasen in mir trage. In der Natur und in der Menschheit drückt sich dasselbe *eine* Bewußtsein aus. Wir sind miteinander verbunden, unwiderruflich. Was ich als junger Mann getan habe, erfüllt mich nicht mit Schuldgefühlen. Ich wußte es nicht besser. Hase ist Hase, und ich war ich.

Ich bin Bewußtsein, ein Faden, der alle Lebewesen der Erde miteinander verbindet. Ich bin Brombeerstrauch. Ich bin Felsen, kraftvoll und lebendig. Ich bin eine Wolke, die von den hohen Winden des Bewußtseins getragen dahingleitet. Ich bin ein Hütehund auf einer Farm in Tasmanien, und ich bin eine Dänische Dogge, die ihren Herrn liebt. Ich bin ein leichtfüßig dahinrasender Hase. Ich bin ein Vogel, der auf einem Zweig im Garten singt. Der Winter ist zu Ende, der Frühling ist da, und ich singe meine Lebensfreude in die Welt hinaus.

Ich bin ein kleiner Junge, der mit einem nagelneuen Luftgewehr den Garten entlangschleicht. Ich bin aufgeregt – ein großer Jäger. Da erblicke ich hoch oben in den Zweigen eines Baumes ein Rotkehlchen. Ich schleiche mich heran. Die Schönheit seines Gesangs nehme ich gar nicht wahr. Zitternd vor Erregung hebe ich das Gewehr, um meinen ersten Schuß auf ein lebendes Wesen abzufeuern. Ich drücke auf den Abzug.

Mitten in meinem Gesang trifft mich etwas am Hals. Ich stürze zu Boden, doch noch ehe mein physisches Ich unten angelangt ist, bin ich frei und fliege auf einen Baum aus schimmerndem Licht, um meinen freudigen Gesang zu beenden. Jetzt ist meine Freude noch größer, denn hier gibt es keine Angst. Ich bin *alle* Rotkehlchen. Ich bin *alle* Lieder.

Ich hebe den kleinen Leichnam auf und schäme mich. Ein einziger Blutstropfen hängt schimmernd an den roten Brustfedern des Vogels. Jetzt kommt mir die Schönheit seines Liedes ins Gedächtnis. Aus meinen Augen strömen Tränen. Ich wünsche mir verzweifelt, ich könnte den Vogel zum Leben erwekken und ihn wieder aus übervollem Herzen singen hören, aber ich weiß, daß das unmöglich ist. Ich begrabe das Rotkehlchen und stelle an einem geheimen Platz einen winzig kleinen Grabstein auf. Er erinnert mich zwanzig Jahre lang ständig daran, nie wieder ein Rotkehlchen zu erschießen. Und ich tue es auch nicht mehr.

Ich bin Bewußtsein, das alles Leben miteinander verbindet. Ich bin mir meiner selbst und meiner Verbindung mit der Natur bewußt. Eine unendliche Zeit lang trete ich in die verschiedensten Tiere und Vögel ein und verlasse sie wieder. Ich erfahre sogar das Bewußtsein einer Eidechse, aber das ist eine Zeit, die nur von dumpfem Instinkt geprägt ist. Sie verbindet mich wieder mit meiner Kindheit.

Ich bin Vieh. Ich bin eine Viehherde in den Ausläufern des Mount Arthur. Mir wird die veränderte Beziehung zwischen uns und dem Farmer bewußt, der uns versorgt. Nach einer Zeit totalen Getrenntseins beginnen wir nun miteinander in

Verbindung zu treten. Wir fangen an, ihm zu vertrauen. Wir spüren seine wachsende Liebe.

Ich bin eine Kuh. Ich bin krank. An einem Tag im Winter, als der Farmer uns mit Heu füttert, merkt er, daß ich leide. Er führt mich hinaus auf die Koppel, fort von den anderen Kühen, und den Hügel hinunter. Wir befinden uns auf dem altvertrauten Weg zu den Viehgehegen, doch meine Zeit ist abgelaufen. Ich weiß das, aber der Farmer weiß es nicht. Das neue Leben, das ich in mir getragen habe, ist zu Ende. Warum, weiß ich nicht. Am Fuß des Hügels überqueren wir einen Bach. Ich weiche von der Straße ab, und meinem Instinkt folgend wate ich in den Bach hinein. Ich stehe in dem eiskalten Wasser, und der Farmer versucht mich dazu zu bringen, daß ich wieder herauskomme. Aber ich tue es nicht. Ich bin bereit zu sterben. Das ist ein natürlicher Prozeß. Ich spüre es und vertraue mich ihm an. Meinen Körper zu verlassen bedeutet, zur Einheit zurückzukehren. Das will ich. Ich bin krank. Ich habe Schmerzen.

Ich bin ganz außer mir vor Ratlosigkeit, als ich versuche, die Kuh aus dem Bach zu locken. Ich habe sie selbst aufgezogen und hänge sehr an ihr. Ich weiß, daß sie ein totes Kalb in sich trägt, und fürchte, daß sie eine Bauchfellentzündung hat. Alles, was ich tue, um sie aus dem Bach herauszuholen, ist vergeblich, und nach zwei Stunden bin ich erschöpft. Als letzten Ausweg streife ich ihr eine Schlinge über den Kopf, binde das andere Ende des Seils an meinen Landrover und zerre sie eigenhändig aus dem Fluß heraus und zu einem kleinen Baum hin. Dort binde ich sie an einem Zweig fest und fahre anschließend nach Hause zurück, um den Tierarzt anzurufen und meine triefend nassen Kleider zu wechseln.

Dann gehe ich zu der Kuh zurück. Es ist eine große, kräftige Kuh aus guter Zucht, und ihr zweites Kalb ist bereits überfällig. Am Bach angelangt, sehe ich, daß sie den Zweig vom Baum abgerissen hat und wieder in den Bach zurückgekehrt ist. Sie liegt da, und das eiskalte Wasser fließt ihr über den Körper. Ich bin sehr unglücklich. Ich weiß, daß das Wasser die Schmerzen in ihrem Körper betäubt; aber ich weiß auch, daß sie sterben wird. Ich habe schon so viele Kühe sterben sehen. Wenn eine Kuh weiß, daß sie sterben muß, biegt sie häufig den Kopf nach hinten zum Rücken – eine typische Todeshaltung.

Hilflos setze ich mich hin. Die Kuh schaut mich an und sucht bewußt den Blickkontakt mit mir. Ihr Blick weicht meinem nicht aus. Das wundert mich. Tiere halten dem Blick eines Menschen selten stand. Selbst ein Hund schaut nach ein paar Sekunden weg. Aber sie blickt mir unverwandt in die Augen, und in ihrem Blick lese ich, daß sie von dem bevorstehenden Tod weiß. Sie hat keine Angst. Ich weine. Ich hänge an meinen Kühen und will nicht, daß das passiert. Da kommt mir ein Gedanke, eine Erkenntnis. Die Kuh erkennt den Tod nicht als das Ende; für sie ist er eine Fortsetzung. Sie hat keinerlei Emotionen im Hinblick auf ihren Tod; emotional bin nur ich. Ich muß lernen, das Leben von überflüssigem intellektuellem Wissen unbelastet zu sehen. Emotionen und Intellekt sind ein Handicap, wenn man sie nicht richtig einsetzt. Sie verzerren meine Sicht der Natur. Hier endet meine Erkenntnis, und durch tränenverschleierte Augen sehe ich, wie die Kuh den Kopf zum Rücken hin dreht. Dann senkt sie ihn ruhig ohne jede Angst unter Wasser und ertrinkt.

Ich bin eine Kuh und stehe neben meinem ertrunkenen Körper im Bach. Ich stehe mit dem Bewußtsein aller Kühe in Verbindung; aber jetzt geschieht etwas Seltsames. Neben mir ist etwas, was ich als ein Höheres Wesen erkenne, und erfüllt mich mit einem Wissen, das über das Wissen des Viehs hinausgeht. Ich hatte gemeinsam mit diesem Wesen gewartet, bis der Farmer kam, damit er meinen Tod miterleben konnte. Er begreift so wenig; er macht nur weinend seinen Gefühlen Luft.

Als er sich wieder beruhigt hat, trete ich mit ihm in Verbindung. Ich kann das, weil er gelernt hat, mit unserem Bewußtsein Kontakt aufzunehmen. Er reißt die Augen vor Erstaunen weit auf, und das Höhere Wesen strömt durch mich eine goldene Energie aus. Ich kann sie deutlich erkennen; sie schimmert, als sei der Farmer von einer Staubwolke eingehüllt. Er setzt sich hin und stützt den Kopf in die Hände. Aber nur für einen Augenblick.

Etwas Merkwürdiges geschieht. Ich sitze neben der toten Kuh, aber ich bin kein menschliches Wesen mehr. Ich bin Bewußtsein. Ich stehe mit der ganzen Natur, mit allem Leben in Verbindung. Ich blicke über die trügerische Illusion des Todes hinaus und erkenne das Leben als Gesamtheit von allem, was *ist*. Ich weiß, daß ich nur für mich allein verantwortlich bin und daß mein Ich mit Allem Leben in Verbindung steht.

Binnen Sekunden ist alles wieder vorbei. Ich sitze neben der toten Kuh. Meine Traurigkeit ist noch nicht von mir gewichen, doch tief in meiner Seele liegt ein umfassenderes Wissen. Irgendwann und irgendwie werde ich mich mit diesem Größeren Ich verbinden.

Ich bin Bewußtsein. Ich bin Freude. Als menschliches Wesen bin ich wieder mit meinem eigenen inneren Wissen in Verbindung getreten. Jetzt weiß ich, daß ich weiß! Ich kreise durch die ätherischen Strukturen der Realität und erfahre das Bewußtsein von hundert anderen Tieren. Ich verwandle mich in eine Katze, erlebe meine vielen Begegnungen mit Katzen neu und finde ungeheure Befriedigung in meiner Verschmelzung mit diesem Tier. Ich werde zum Känguruh und verarbeite das Trauma jener Zeit, in der ich diese sanftmütigen Lebewesen erschoß. Ich klammere mich nicht mehr an meiner Schuld und meinen Werturteilen fest. Ich lasse das Leben in seinen unendlichen Kreisläufen kommen und gehen und lasse mich von den Illusionen der physischen Gestalt nicht mehr täuschen. Ich werde zum Adler, den ein enges Band mit einem Menschen, einem Indianer in Nordamerika, verbindet, und ich bin ein Falke im alten England. Ich verwandle mich in eine Dohle, mit der ich in meiner Kindheit einmal ein Erlebnis hatte. Die Verschmelzung mit ihrem Bewußtsein ist bittersüß. Ich durchlebe meine kürzliche Begegnung mit einer

Elster noch einmal und habe dabei das Wissen des Vogels. Zu allen Tieren, in die ich mich verwandle, stelle ich in meinem Leben als Mensch eine Verbindung her. Einige dieser im Bewußtsein geknüpften Verbindungen dauern Jahre, andere nur einen kurzen Augenblick, aber in der Allzeit gibt es keine Zeit. Eine Ewigkeit oder eine Sekunde – es gibt keinen Unterschied.

Taumelnd, dahintreibend, Nichts und Alles zugleich, kehre ich in meinen menschlichen Körper zurück.

Eine andere Realität. Meine Glieder waren steif; alles tat mir weh! Das Flußufer war kein sanftes Ruhekissen gewesen, und der kleine Stein unter meinem Hals hatte sich in einen Felsbrocken verwandelt. Ich ächzte vor körperlicher Erschöpfung; doch in meinem Inneren herrschte Freude. Der Durchbruch war mit dem Tod der Kuh gekommen. Ich rief mir meine Zeit als Farmer in Erinnerung, in der ihr physischer Tod stattgefunden hatte. Sie hatte mich mit ihren großen braunen, ausdrucksvollen Augen angesehen, und irgendwie war eine Erkenntnis in mir aufgedämmert. Ich hatte erkannt, in was für einem Gefühlszustand ich mich befand. So verrückt es mir auch erschien – damals hatte ich die Gegenwart eines anderen Wesens *gespürt,* doch als ich mich ängstlich umblickte, konnte ich niemanden erkennen. Ich weiß noch, daß ich mit meinem logischen Denken versuchte, dieses Gefühl rational zu erklären, indem ich annahm, der Tierarzt sei in der Nähe; doch gleichzeitig wußte ich, daß das unmöglich war.

Ich stand auf, reckte und streckte mich und räkelte die Steifheit aus meinen Gliedern. Dabei dachte ich noch einmal über alles nach, was geschehen war. Als ich meinen Tod als Kuh von einer metaphysischen Perspektive aus erlebte, hatte ich jenes andere Wesen *gesehen.* Sollte ich mich darüber wundern, daß es Pan war? Schon vor all den Jahren hatte Pan mir eine Erkenntnis vermittelt, die sich der subjektiven Zeit entzog und mir jetzt bei meinen Versuchen geholfen hatte, meine emotionale Beziehung zu Tieren zu überwinden. Pan hatte mir einen kurzen, aber tiefen Einblick in die Totalität des Lebens gegeben. Ich hatte dieses Leben als zusammenhängendes Ganzes erkannt und nicht als eine Reihe ständiger Anfänge und Abbrüche, und obwohl dieser Sprung zu einer höheren Ebene des Begreifens für mich damals noch nicht möglich gewesen war, hatte die Ahnung, die damals in mir aufdämmerte, mir doch geholfen.

Die Freude über meinen soeben errungenen Triumph erwärmte mich wie ein inneres Glühen. Dadurch, daß ich die sterbende Kuh und mein emotionales Ich auf spiritueller Ebene erfahren hatte, war es irgendwie zu einer Verschmelzung in meinem Bewußtsein gekommen. Meine Emotionen waren mir offenbart worden, als seien sie ein dichter Nebel, der mir den Ausblick über ein großes Tal verschleierte. Daß diese Emotionen immer noch ein Teil von mir waren, lag auf der Hand, denn über meine Wangen liefen Tränen. Doch jetzt trübten diese Empfindungen nicht mehr meine Wahrnehmung des Tier-Bewußtseins und hinderten mich nicht länger daran, zu einer umfassenderen Einsicht zu gelangen. Nun, da ich nicht mehr an meine Emotionen gebunden war, konnte ich auch viele Erlebnisse mit anderen Tieren erneut durchleben. Diese Erlebnisse waren kein Trauma mehr für mich. Die Erfahrung, Känguruhs zu erschießen – und selbst diese erschossenen Känguruhs zu sein –, belastete mich nicht. Ich konnte Schuldzuweisungen und Werturteile beiseite schieben und endlich zulassen, daß sich die Kontinuität aller Ausdrucksformen des Lebens offenbarte. Ein schönes Gefühl!

Langsam ging ich die steilen Treppen hinauf. Jetzt hatte ich einen weiteren Schritt auf meiner Reise in eine ganzheitliche Natur getan. Ich war mit dem Bewußtsein der Pflanzen, der Mineralien *und* der Tiere in Verbindung getreten und hatte alle Disharmonien, die sich ganz ohne meine Absicht zwischen mir und der Natur angesammelt hatten, ausgelöscht. Ich wußte, daß dies mein eigener, individueller Weg war; doch jeder Mensch geht den Weg, für den er sich entscheidet, und ich wußte, daß ich in meinem Bewußtsein nicht allein dastand. Wir sind *eine* Menschheit.

6

# Im Zentrum des Orkans

Der Tag war unangenehm heiß und schwül gewesen, und wir stellten Vermutungen darüber an, wann das unvermeidliche Gewitter wohl über uns hereinbrechen würde. Am Nach mittag hatten sich langsam drohende Wolken am Himmel zusammengeballt, und obwohl ich mich auf die kühlende Erleichterung freute, die das bevorstehende Gewitter bringen würde, beschlich mich eine merkwürdige Besorgnis.

«Das gefällt mir gar nicht», sagte Treenie, als sie zu mir in den Garten kam. Gemeinsam starrten wir zu den Wolken empor. Eine leichte Brise zog sanft an unserem Haar und brachte das Laub der Bäume in Bewegung.

«Mir auch nicht. Wahrscheinlich wird es ein fürchterliches Gewitter. Ich werde den Hühnerstall befestigen und auch alles andere überprüfen.»

Für die nächste Stunde war ich beschäftigt. Ich legte schwere Holzbretter auf das Dach des Hühnerhofs, sicherte auch den Schuppen im Garten mit Brettern und traf alle Vorbereitungen für eine stürmische Nacht.

Das Unwetter braute sich ganz langsam zusammen; aber dieses allmähliche Anwachsen steigerte meine Angst und Besorgnis nur noch. Im Lauf des Nachmittags und Abends sammelte das Gewitter langsam Kraft, bis das ganze Tal von Wolken verhangen war. Sie sahen anders aus als normale Gewitterwolken. Es war, als sei aus irgendeiner feindseligen Dimension eine tintige Flüssigkeit ausgelaufen und habe unglaublich dunkle Farbschichten in die Wolken einfließen lassen. Diese Wolken verschmolzen mit der Nacht und brachten den Tag zu einem vorzeitigen Ende.

In gedrücktem Schweigen nahmen wir unser Abendessen ein. Selbst unsere Kinder, die im Teenageralter waren, schwiegen unter irgendeinem äußeren Einfluß. Der Lärm des Fernsehens war eine willkommene Ablenkung, und wir entschieden uns einhellig für eine Komödie.

Erst um elf Uhr abends begann der Sturm mit einem sintflutartigen Wolkenbruch. In Erwartung einer unruhigen Nacht gingen wir zögernd ins Bett, aber Schlaf war unmöglich. Gegen ein Uhr morgens wurde die Dunkelheit fast ununterbrochen von Blitzen durchzuckt, und die ganze Familie war wach. Eine Zeitlang standen wir auf der Veranda und beobachteten das Gewitter mit stummem, ehrfürchtigem Staunen, förmlich überwältigt von der Allmacht des Sturms, der über dem Tal tobte.

Während meine Familienangehörigen nacheinander verschlafen wieder ins Bett gingen, wuchs meine innere Anspannung immer mehr. Ununterbrochen vermischten sich ohrenbetäubende Donnerschläge mit hellen, zuckenden Blitzen und einem mächtigen, orkanartigen Wind, der das Gewitter aber nicht vertrieb. All das löste in mir ein tief verwurzeltes Gefühl des Unbehagens aus. Gebannt starrte ich in das Gewitter hinein, und mir wurde die Ähnlichkeit zwischen dieser Naturgewalt und den Kräften im Leitstein bewußt. Und doch gab es Unterschiede. Beides hatte etwas mit Macht zu tun, aber es schienen zwei verschiedene Arten von Macht zu sein, die unterschiedlichen Ebenen angehörten.

Ich habe einen leichten Schlaf; daher beschloß ich, eine Weile im Wohnzimmer zu bleiben. Der Strom war ausgefallen, aber im flackernden Kerzenlicht sah ich unsere beiden Abessinierkatzen, die zusammengekauert unter Stühlen saßen. Halbherzig versuchte ich sie zu vertreiben, aber sie leisteten mir hartnäckig Widerstand. Da die Katzen immer Ratten, Mäuse, Schlangen und andere unerwünschte Beute mit ins Haus brachten, um sie dort zu verzehren, wurden sie nachts fast immer ausgesperrt. Diese Schmach hatten sie schon lange akzeptiert – selbst während der meisten Gewitter –, aber in *dieser* Nacht nicht! Schulterzuckend ließ ich die Katzen im Haus bleiben. Ich blies die Kerzen aus und lehnte mich in einem Sessel zurück, um dieses große Feuerwerk der Natur zu beobachten.

Ungefähr eine halbe Stunde lang sah ich das Licht im Zimmer flackern und blitzen. Der Regen trommelte heftig auf das dünne Dach, und darüber tobten die Donnerschläge einer mit Allmacht freigesetzten Energie. Mein Herz pochte heftig vor innerer Anspannung. Vergeblich versuchte ich mich zu entspannen.

Während eines besonders erschreckenden Donnerschlags sah ich plötzlich Pan im Zimmer.

Sein Erscheinen kam so vollkommen unerwartet, daß ich erschrak. «Was machst *du* denn hier?»

Pan wirkte größer und mächtiger, als ich ihn je gesehen hatte. Die Energie, die von ihm ausging, war beinahe ebenso elektrisch wie das Gewitter, und plötzlich lief es mir vor Angst eiskalt den Rücken hinunter. Seine Worte hallten in meinem Schädel wider. Er trat einen Schritt zurück und sah fern und fremdartig aus.

«Die Schwelle zum Jenseits ist nicht leicht zu betreten. Bis jetzt hast du die inneren Reiche des Wassers, der Pflanzen, der Mineralien und des tierischen Bewußtseins kennengelernt. Das ist die Natur, die dir vertraut ist und in der du dich wohl fühlst. Ich habe dir schon oft gesagt, daß die Menschheit ein Teil der Natur ist. Die Menschen sind in ihrem Bewußtsein nicht von der Natur getrennt. Wenn Menschen die Natur mißbrauchen, zeigt sich die Auswirkung dieses Mißbrauchs bald an der Umwelt. Auch wenn die Menschen sich gegenseitig körperlich oder geistig mißhandeln, zeigen sich die negativen Auswirkungen sehr rasch in unserem täglichen Leben und unseren Beziehungen.» Er hielt inne. Sein unbewegtes Gesicht wandte sich mir zu, seine Augen hielten mich in ihrem Bann. Ich schluckte nervös, unsicher, was wohl als nächstes kommen würde.

«Viel feiner, aber nicht weniger mächtig sind die Auswirkungen negativen Denkens in der Welt der Natur. Nicht nur negative Handlungen, sondern auch negative Gedanken wirken sich auf die Natur aus. Das erkennen die Menschen selten. Meistens ziehen sie die Möglichkeit, daß ihre Gedanken Auswirkungen auf die Natur haben könnten, überhaupt nicht in Betracht. Du hast die Ergebnisse deines negativen Handelns, als du giftige Chemikalien auf Brombeersträucher sprühtest, am eigenen Leib erfahren. Jetzt hast du Gelegenheit, die geballte Wirkung des negativen Denkens vieler Menschen zu erfahren. Du wirst die Auswirkungen erleben, die dieses Denken auf die Natur haben kann.»

Um uns her krachte und hallte der Donner. Trotzdem klangen mir Pans Worte kristallklar – zu klar! – in den Ohren.

«Aber warum?»

«Weil du ein Teil dieses negativen Denkens bist. Mit *sehr* wenigen Ausnahmen hat die ganze Menschheit daran teil. Wenn du dich damit einverstanden erklärst, diese Dimension negativer menschlicher Macht zu erfahren, wirst du daraus Nutzen ziehen. Und da dein Bewußtsein nicht von dem der anderen Menschen getrennt ist, wird es auch ihnen helfen, selbst wenn sie es nicht merken.»

«*Wenn* ich mich einverstanden erkläre? Früher hast du mir doch auch nie die Entscheidung überlassen!»

Pan schüttelte langsam den Kopf. «Das stimmt nicht. Du hast die Entscheidung getroffen, dich auf die Reise in die verborgenen Reiche der Natur zu begeben. Also sind alle deine Erfahrungen mitsamt ihrer Bedeutung deine eigene freie Entscheidung gewesen. Das weißt du. Aber die Erfahrung, die dir heute bevorsteht, kannst du auch ablehnen.»

«Warum?»

«Deine bisherigen Begegnungen hatten alle etwas mit deinem persönlichen Verhältnis zur Natur zu tun. Bei diesem Erlebnis hier geht es um die allgemeine Beziehung der Menschheit zur Natur. Davon bist du nur ein Teil.»

«Du hast gesagt, daß ich mich weigern kann, wenn ich will. Kannst du mir auch verraten, was mir bevorsteht, wenn ich zustimme?»

«Nein. Du mußt einfach Vertrauen haben.»

«Worauf?»

«Auf meine Liebe zu dir.»

Einem unbekümmerten Impuls folgend, stieß ich hervor: «Also gut. Ich tue es.»

Sofort vergrößerte Pan sich und nahm riesige Ausmaße an. Dieser Pan, den ich noch nie zuvor gesehen hatte, war riesengroß – fünf bis sieben Meter hoch. Auf unerklärliche Weise ragte er bis ins Dach des Hauses hinein, und es war, als gäbe es gar kein Haus und kein Zimmer mehr. Seine Größe wirkte ungeheuer einschüchternd, und doch lag in der Hand, die er mir hinstreckte, nichts Bedrohliches.

Ohne darüber nachzudenken, ergriff ich sie.

Mit erschreckender Kraft und Macht wurde ich aus meinem Körper gerissen und hochgeschleudert wie eine Flickenpuppe, mitten in das gewaltige Tosen des Sturms hinein.

Ich bin verloren. Obwohl ich keine Gestalt habe, werde ich pausenlos hin und her geschüttelt und bin schon ganz erschöpft. Eine Ewigkeit lang werde ich von den rasenden Mächten und brodelnden Energien einer unbegreiflichen Turbulenz hin und her gezerrt. Ich spüre einen Konflikt mir ganz unbekannter Art, etwas, was sicherlich in die Dimensionen des Wahnsinns gehört. Überall um mich her versucht eine grauenvolle Schwärze, zersplitterte, verstreute Fragmente eines regenbogenfarbenen Lichts zu verschlingen, während sich zwischen diesen Flächen feindseliger Düsternis ein reines Weiß von unglaublicher Intensität windet, als habe es Schmerzen. Irgendwie scheine ich vor dem Strudel der Gewaltsamkeit, der mich umgibt, geschützt zu sein.

Ich sehe zu und empfinde mit, wie kleine Teile des Weiß versuchen, mit dem regenbogenfarbenen Licht zu verschmelzen, aber von der schwarzen Turbulenz immer wieder daran gehindert werden. Ich bin hilflos. Ich kann nicht helfen, obwohl mein ganzes Sein sehnsüchtig nach dem Licht schreit. Ich fühle mich wie ein winzig kleines Kind, das in den Armen eines Riesen festgehalten wird und vergeblich versucht, sich zu befreien. Eine Ewigkeit bemühe ich mich vergeblich zu helfen, aber ich habe keine Gestalt, keine Möglichkeit, die Arme auszustrecken. Ich bin erschöpft.

Allmählich dringt eine Idee in mein Bewußtsein. In dem Grau meiner Existenz wächst ein winziger Hoffnungsschimmer und entwickelt sich allmählich zu einem kleinen, funkelnden Licht. Schließlich reagiere ich auf dieses innere Licht und tue das einzige, was ich tun kann – ich stelle mir das regenbogenfarbige Licht und das Weiß als Einheit vor.

Das Ergebnis ist katastrophal, denn in diesem Augenblick fällt mein Schutz von mir ab. Ich bin nicht mehr als ein winzig kleines Stäubchen der menschlichen Seele und spüre, wie die Gewalt und rasende Wut des Strudels in mich eindringt. Ich werde zerschmettert, zerschlagen, in eine Million kleiner regenbogenfarbener Lichtfragmente auseinandergerissen – doch in diesem Augenblick erwacht ein neues Bewußtsein und explodiert förmlich in meiner Seele.

Dieser Sturm mit seiner ungeheuren, ehrfurchtgebietenden Macht rührt her von der Menschheit. Ich erkenne ihn als Ausdruck unserer kollektiven Angst, geboren aus unserer Habgier und unserer erschreckenden Negativität. *Das* hat Pan also gemeint. Das regenbogenfarbene Licht ist ein Symbol unserer höchsten menschlichen Ideale; die grauenvolle Schwärze dagegen ist unser eigenes negatives Denken. Sie behindert uns in unserem kollektiven Bemühen, zum Licht – der reinen Liebe – zu gelangen. Es ist unsere negative Einstellung, die uns in unserer spirituellen Entwicklung hemmt.

Ich werde in Stücke gerissen und wirble im Zentrum des Sturms im Kreis herum, als sei ich eine Million Sandkörner in einem endlosen Zyklon. Aber ich halte mich an meiner neuen Erkenntnis fest, und allmählich keimt in mir ein Gefühl der Entschlossenheit auf. Es bezieht seine Kraft aus meiner Erkenntnis der Wahrheit. Als meine Entschlossenheit wächst, spüre ich, daß ich in meiner Seele mit dem regenbogenfarbenen Licht in Verbindung trete.

Sofort entsteht ein Regenbogen, vollkommen, neu, unbesiegbar, und ich weiß, daß die Möglichkeiten der Menschheit unbegrenzt sind. Meine Entschlossenheit ist nichts weiter als ein Echo der Entschlossenheit aller Menschen.

Etwas, ein Wesen, das all meine bisherige Erfahrung übersteigt, betrachtet mich mit niederschmetternder Gleichgültigkeit und streckt sich nach mir aus, um mich mit seiner formlosen Energie zu umschließen. Seine Worte, die ich als etwas Tonloses wahrnehme, sausen in der physischen Welt als Donner zur Erde herab.

«So wie der unterdrückte Zorn eines einzelnen Menschen sich letzten Endes in einem Wutausbruch Luft macht, entfesseln die angestauten Ängste, Rachegedanken und Haßgefühle der Menschheit die Mächte eines Unwetters.»

Ich höre, wie bei diesen Worten der Donner rollt, aber ich werde in einer tonlosen Umklammerung festgehalten, aus der ich mich nicht befreien kann. Das Wesen spricht weiter, und seine Worte hallen in meinem Bewußtsein wider.

«Ihr Menschen habt das kollektive Potential, ein schönes Lied der Harmonie in der Atmosphäre zu erschaffen, doch statt dessen ruft ihr die heftigen Stürme der Disharmonie hervor. Ihr seid so völlig von eurer wahren Realität isoliert, daß ihr eure negativen Manifestationen gar nicht erkennt. Viele der zerstörerischen Stürme, die über euch toben, sind nur eine Widerspiegelung der Stürme, die in der menschlichen Seele wüten. Was innen ist, das ist auch außen. Ein Sturm in der Natur ist im Vergleich zur Negativität der Menschheit so wie eine Schneeflocke im Verhältnis zu einem Tropfen Säure.»

Für einen langen Augenblick existiert gar nichts. Zeit, Gewaltsamkeit und Sturm sind zu Ende. Ich hänge schwebend da, in einer wütenden Stille, die noch beängstigender ist als der Strudel, der mich vorher verschlungen hat.

Dann dröhnen die letzten Worte in die erschreckende Stille hinein.

«Nur indem du dich dem Sturm hingibst, kannst du ihn besiegen.»

Bei diesen Worten wächst die Macht, die ich spüre, zu unbeschreiblichen Ausmaßen an. Ich habe das Gefühl, daß das ganze Universum an diesem Prozeß teilhat, aber ich selbst bin unbeteiligt wie eine widerstrebende Ameise, die von einem Kind mit einem großen Stock geschoben wird. Ich habe das Gefühl, daß *ich* diese widerstrebende Ameise bin, ein Spielzeug von Mächten und Kräften, die so weit über mein menschliches Fassungsvermögen hinausgehen, daß es schierer Wahnsinn wäre, sie mit Gedanken ergründen zu wollen.

Auf eine Weise, die ich selbst nicht verstehe, bin ich plötzlich in der Lage, mich einfach fallenzulassen – weder Widerstand zu leisten noch irgend etwas herbeizuwünschen. Mir wird klar, daß mein Kampf aufhören wird, wenn ich mich ergebe. Dadurch, daß ich widerstandslos und wehrlos werde, bin ich auch verletzlich, und ich weiß, daß ich hier auf die gleiche Weise Frieden finden werde, wie ich damals in dem Chaos unserer Kommune Frieden fand. Im kollektiven menschlichen Bewußtsein gibt es sowohl Frieden als auch Negativität. Diesem Frieden gebe ich mich hin.

Langsam, aber sicher wird das Gefühl des Friedens in mir

immer stärker. Der Regenbogen ist reines Leuchten. In dieser Sphäre des Friedens beginnt der Sturm sich zu legen, und mit einem Schauer der Freude überkommt mich die Gewißheit, daß wir Menschen unsere Negativität überwinden können.

Aus dem aufgewühlten Weltraum dringt plötzlich ein einziger, strahlender Blitz durch die schwarzen Wolken zur Erde, und mein Bewußtsein zentriert sich in einem steifen, im Sessel zusammengekauerten Körper. Es ist mein Körper – das, was ich als «Ich» bezeichne.

Ich fühlte mich wie erschlagen! Ich mußte mich darauf konzentrieren, mich zu entspannen, ein starres Glied nach dem andern. Ganz langsam und allmählich vertrieb ich die schmerzende, muskelversteifende Spannung aus meinem zitternden Körper. Während ich versuchte, mit dem, was gerade geschehen war, innerlich zurechtzukommen, legte sich der Sturm. Seine wütende Heftigkeit ließ allmählich nach.

Es war schon fast drei Uhr morgens. Steif erhob ich mich, taumelte ins Schlafzimmer und sank erschöpft ins Bett. Mein letzter Gedanke vor dem Einschlafen war, daß ich Pan nie wieder trauen durfte.

Am nächsten Morgen schlief ich sehr lange. Als ich aufstand und frühstückte, trank Treenie bereits ihren Vormittagstee. «Wann bist du denn ins Bett gegangen?» fragte sie.

Müde schaute ich sie an. Trotz einer ausgiebigen Dusche war ich immer noch erschöpft.

«Gegen drei Uhr.»

«Und was hast du so spät noch gemacht?»

«Das würdest du mir sowieso nicht glauben.»

«Oh, warum sollte ich jetzt plötzlich aufhören, dir zu glauben?»

«Also gut. Gieß uns noch eine Tasse Tee ein; wir werden eine ganze Weile hier sitzen bleiben.» Mit diesen Worten stürzte ich mich mitten in die Geschichte. Mein Erlebnis hatte sich mir in allen Einzelheiten deutlich ins Gedächtnis eingegraben, also ließ ich mir Zeit. Als ich fertig war, warf Treenie mir einen seltsam bewundernden Blick zu. «Du bist wirklich etwas ganz Besonderes, weißt du das? Wirklich.»

Das freute mich natürlich. Aber ich mußte bei der Wahrheit bleiben. «Vergiß nicht, daß das alles das Werk dieses betrügerischen kosmischen Clowns war. Er hat mich hereingelegt. ‹Hab Vertrauen zu mir›, sagte er, und dann hat er mich mitten in einen grauenvollen Sturm hineingeschleudert. Wenn ich auch nur die leiseste Ahnung gehabt hätte, worauf ich mich da einließ, wäre ich aus dem Zimmer gelaufen.»

«Und das ist natürlich der Grund, warum er es dir nicht gesagt hat.»

«Vielleicht, aber das war mein letztes metaphysisches Erlebnis. Es war ein Schock, als hätte ich in einem Schützengraben gelegen! Er hat mich richtig hineingeworfen.» Ich runzelte die Stirn, als ich daran dachte. «Nie wieder! Ich habe kein Vertrauen mehr zu ihm.»

Je länger ich darüber nachdachte, desto mehr wuchs meine Empörung. Treenie stand auf und machte uns noch eine Tasse Tee. Sie rumorte eine Weile in der Küche herum, und ich wußte, daß ihr etwas durch den Kopf ging.

Sie nahm einen Schluck Tee und begann mir zu erklären, wie sie mein Erlebnis sah. Zum Schluß fragte sie mich: «Meinst du, wenn Pan dich höflich gebeten hätte, dich mitten in das Gewitter hineinzuwagen, hättest du es getan oder überhaupt nur erwogen? Hättest du es überhaupt für möglich gehalten? Was hatte er denn für eine andere Wahl?»

«Auf wessen Seite stehst du eigentlich? Ich habe genug von Pan. Er ist zu hartherzig.»

«Du weichst meiner Frage aus.»

Unbehaglich rutschte ich auf meinem Stuhl hin und her.

«Ich warte. Sieh den Tatsachen ins Auge, und gib es zu. Pan hatte keine andere Wahl. Ich muß dich ja auch immer förmlich an der Nase zu allem hinführen, was du in deinem Leben erreichst, und du wehrst dich mit Händen und Füßen dagegen.

Denk doch nur an unsere Reise durch Australien. Du hättest dich schon ein dutzendmal mit irgend etwas hundertprozentig Sicherem zufriedengegeben, wenn ich damit einverstanden gewesen wäre. Mit unserer Homeland-Gemeinschaft war es genauso. Wenn es dir gelungen wäre, dich da sofort wieder herauszuwinden, hättest du es getan.» Sie gab ein entrüstetes Schnauben von sich. «Pan hat dich gebeten, auf seine Liebe zu dir zu vertrauen. Und trotz der seelischen Erschütterung, die du erlebt hast, sitzt du schließlich immer noch gesund und munter vor mir!»

«Du hast deine gute Meinung von mir aber rasch geändert! Ich werde an einen Haken gehängt und in allen möglichen merkwürdigen Situationen baumeln gelassen, aus denen ich mich dann wieder befreien muß – und du stehst auf seiner Seite!»

«Du machst es einem wirklich schwer. Wenn du mich mit Argumenten nicht überzeugen kannst, versuchst du sofort, mein Mitleid zu erwecken. Pan hat dich gebeten, ihm zu vertrauen. Du hast es aus eigener freier Entscheidung getan. Also hör auf zu schimpfen. Er hat schließlich nicht behauptet, daß es leicht sein würde, nicht wahr?»

Widerwillig gab ich nach. «Schon gut, schon gut. Du hast recht.»

«Und noch etwas», verkündete sie. «Solange du Widerstand leistest und auf deiner negativen Einstellung beharrst, bist du immer noch ein Teil dieses Sturms!»

Ich verbrachte den Rest des Tages lesend, doch dabei grübelte ich immer wieder über die Ereignisse der vergangenen Nacht nach. Ich mußte zugeben, daß das mystische Schwarzweiß des Sturms sein Gegenstück in jedem Menschen hatte. Die Negativität, die mir begegnet war, war tatsächlich ein Teil von mir, vergrößert und erweitert durch das negative Denken unzähliger anderer Menschen. Aber sie hatte mich nicht verschlungen. Ich war nicht darin untergegangen!

Am nächsten Tag machte ich mich schon frühzeitig auf den Weg zum Fluß. Große, von der Sonne vertrocknete Blätter knisterten unter meinen Füßen, als ich unter den ausladenden Zweigen eines Feigenbaums entlangging, und das Sonnenlicht zerbarst mit winzigen Hitzeexplosionen auf meinen Schultern. Ich hatte gehofft, ein Schnabeltier beobachten zu können, das im Fluß nach einem verspäteten Frühstück fischte, aber ich hatte kein Glück. Die Wasseroberfläche war dunkel; der tiefe, frühmorgendliche Schatten hatte die Atmosphäre am Fluß verändert. Nur ganz selten brachte eine kleine Welle die ruhige Wasseroberfläche in Bewegung.

Ich ging ans Ende der Brücke und tauchte in den Fluß hinab. Das kühle Wasser schlug über mir zusammen. Ganz sanft und langsam ließ ich mich wieder an die Oberfläche treiben. Meine Augen ragten gerade über die Wasseroberfläche hinaus, und ich bemerkte eine große, bronzefarbene Libelle, die nur ein paar Zentimeter von meinem Gesicht entfernt an der Blütenrispe eines Riedgrases saß. Ich verharrte regungslos, gefesselt von der Schönheit dieses großartigen, in biologischer Hinsicht vollkommenen Lebewesens.

Im Wasser wurde mir rasch kalt, also stieg ich wieder heraus und setzte mich in der warmen Sonne auf die Brücke. Unbegreiflicherweise saß Pan plötzlich neben mir. Er trug die gleiche abgetragene grüne Kleidung wie sonst und hatte wieder seine normale Größe angenommen. Als ich ihm in die Augen sah, war mir zum erstenmal nicht unwohl zumute, ohne daß *er* mir mein Gefühl der Befangenheit erst nehmen mußte. Und ich wußte, woher diese Veränderung kam!

«Ich nehme an, du weißt von dem kleinen Wutanfall, den ich heute früh bei meinem Gespräch mit Treenie hatte?» fragte ich ihn. «Ich habe es ernst gemeint. Jedes Wort! Weißt du, was mich am meisten geärgert hat? Du hast mich gebeten, auf deine Liebe zu mir zu vertrauen. Das hat mir Zuversicht gegeben, aber dann fühlte ich mich verraten! In diesen Sturm hineinzugeraten war das schlimmste nichtkörperliche Erlebnis, das ich je gehabt habe. Mir ist, als hätte ich mich hoffnungslos verirrt.»

«Das weiß ich alles, Michael, und ich liebe dich wirklich. Ich halte dich für einen sehr mutigen Menschen. Wenn man dich erst einmal ins kalte Wasser hineingeworfen hat, reagierst du großartig. Aber – was *verirrt* bedeutet, weißt du nicht.»

Ich ignorierte seine letzte Bemerkung; sie erschien mir nicht wichtig.

«Hast du meine Auseinandersetzung mit Treenie mitangehört?»

«Natürlich. Ich hoffe, du nimmst dir ihre Worte zu Herzen. Ich habe ihr sogar ein paar Antworten eingegeben.» Sein Mund verzog sich zu einem verschmitzten Lächeln, und winzige Lichtblitze funkelten aus seinen Augen.

Trotz meiner Empörung mußte ich lachen. «Du bist wirklich unmöglich.»

«Nur wenn du an Unmöglichkeit glaubst, Michael. Und das tust du zum Glück trotz all deiner Widerspenstigkeit nicht!»

«Was hat es für einen Sinn gehabt, mich in diesen Sturm hineinzuwerfen?»

«Michael! Ich habe dir schon einmal gesagt, daß ich dich besser kenne als du dich selbst. Du *kennst* den Grund. Wie wäre es, wenn du ihn mir sagtest?»

Nachdenklich runzelte ich die Stirn und versuchte die Essenz dessen, was ich gelernt hatte, zusammenzufassen. «Nachdem ich mich ein wenig beruhigt habe, ist dies mein stärkster Eindruck: Die menschliche Negativität ist eine kreative Macht. Bisher hatte ich immer angenommen, daß Zorn, Bitterkeit, Habgier und andere negative Empfindungen sich einfach zerstreuen und in Luft auflösen, sobald sie uns verlassen haben. Es hat mir wirklich die Augen geöffnet, als ich erfuhr, daß solche Energien sich zu einer destruktiven Kraft entwickeln, die sich letzten Endes in Gewaltsamkeit entlädt.»

«Was noch?»

«Na ja, es war ein ziemlicher Schock für mich, zu erfahren, daß negative Energie sich nur ausdrücken kann, indem sie zu ihrem Ursprung zurückkehrt. Ich hatte keine Ahnung, daß das Gesetz von Ursache und Wirkung auch auf atmosphärischen Ebenen gilt. Es ist schon ziemlich erschreckend, zu wissen, daß der Müll, den wir in unserer Seele herumtragen, sich in der Atmosphäre ansammeln und dann in der zerstörerischen Wut eines Gewitters wieder bei uns abgeladen werden kann. Es geht wirklich nach dem Gesetz: Wie du gesät hast, so wirst du ernten! Stell dir nur vor, was für Auswirkungen es hätte, wenn wir statt negativer Empfindungen im gleichen Ausmaß Liebe und Freude in die Welt setzen könnten!»

«Auch diese Möglichkeiten stecken im Menschen. Und? Was hast du noch gelernt?»

«Dadurch, daß ich den negativen Ängsten in meinem Inneren nachgab, habe ich sie besiegt. Zweifellos entsteht aus unseren vielen kleinen Ängsten Negativität, und dadurch zerstören diese Ängste unser Leben. Und doch ist mir eigentlich überhaupt nicht bewußt, daß ich nachgegeben habe. Ich habe das Gefühl, gar nichts getan zu haben.»

«Das ist das ganze Geheimnis. Du hast nichts getan. Wenn du dich bewußt bemüht hättest nachzugeben, hättest du nur Widerstände in deinem Inneren geschaffen, denn Nachgeben bedeutet, sich einfach fallenzulassen. Man kann es nicht erzwingen. Dadurch, daß du nachgabst, hast du dich deinem inneren Selbst geöffnet.»

Wir saßen schweigend nebeneinander. Ich mußte seine Worte erst einmal verarbeiten, während Pan mit blauen Staffelschwänzen* spielte, was ihm großes Vergnügen zu bereiten schien.

Ich war so in Gedanken versunken, daß Pans nächste Worte mich überrascht aufhorchen ließen. «Du hast schon viele Rei-

* australische Vogelart (Anm. d. Übers.)

sen außerhalb deines Körpers unternommen, aber jedesmal habe ich dich aus deinem Körper herausgeholt.»

«Herausgeholt! Heraus*geblasen* wäre wohl ein zutreffenderes Wort», sagte ich lachend. «Du reißt mich förmlich aus meinem physischen Körper heraus.»

«Heute will ich dir eine ziemlich einmalige Methode beibringen. Es gibt mehrere hervorragende Meditationstechniken, mit denen man seinen Körper verlassen kann, aber ich kenne eine Methode, die dir wahrscheinlich sogar Spaß machen wird. Dann brauchst du meine Hilfe vielleicht nicht mehr.»

«Dagegen hätte ich nichts einzuwenden. Du hast mir bei deinen letzten Bemühungen fast den Hals verrenkt.»

Pan lachte vergnügt vor sich hin. «Ja, da habe ich ganz schön zugegriffen, das gebe ich zu. Aber nun zur Sache. Du wirst jetzt lernen, wie man seinen physischen Körper mit Hilfe der Panmethode verläßt.»

Er zeigte auf die Stelle, an der die alte Holzbrücke unter einem kleinen Felsvorsprung verankert war. «Setz dich so auf die Brücke, daß deine Füße fest auf dem Boden stehen.»

Ich tat es.

«Wenn ich jetzt ‹eins› sage, stehst du auf, bei ‹zwei› setzt du dich wieder hin, bei ‹drei› stehst du auf, bei ‹vier› setzt du dich wieder und so weiter. Sobald ich bei ‹elf› angelangt bin, bleibt dein physischer Körper sitzen, und nur dein inneres Bewußtsein springt in die Höhe... und aus deinem Körper heraus! Bist du bereit?»

«Eins!»

Ich stand auf.

«Zwei!»

Ich setzte mich hin.

«Drei!»

Ich stand auf.

«Nein, nein! Wenn ich ‹aufstehen› sage, meine ich, daß du ganz selbstvergessen und hingebungsvoll in die Höhe springen sollst. Hoch, ganz hoch, als wolltest du nach dem Himmel greifen. Und hinsetzen mußt du dich mit einem dumpfen, schweren Aufprall. Ja, so ist es richtig. Jetzt versuch es noch einmal.»

«Eins!»

Mit Schwung sprang ich auf.

«Zwei!»

Ich sank wieder in mich zusammen.

«Drei!»

Begeistert sprang ich in die Höhe.

«Vier!»

Mit einem dumpfen Schlag prallte ich wieder auf der Brücke auf.

Das ging weiter bis . . . «Elf!»

Mein spirituelles Ich sprang in die Höhe und schwang sich mit Leichtigkeit aus meinem physischen Körper.

«Es war gar nicht schwer, nicht wahr? Du hast deine Sache gut gemacht. Die Panmethode funktioniert fast immer, wenn man sie erst einmal richtig beherrscht!»

Er spottet; aber es ist ein erregendes Gefühl, mich in einem Körper zu befinden, der zwar ganz normal wirkt, aber aus Licht, also gewichtslos ist. Und auf der Wasseroberfläche eines Flusses zu wandeln – mit Pan – ist noch viel aufregender! Ich bin hellwach und bin mir sowohl meines physischen als auch meines nichtphysischen Ich bewußt. Ersteres ist ruhig und entspannt, während letzteres in eine ganz andere Wahrnehmungsweise eintritt. Beide Teile meines Ich verbinden sich zu einer einzigen bewußten Erfahrung.

Ich bin leichter als Nebel, als ich den Fluß hinabströme, und meine visuellen Eindrücke entspringen einer allumfassenden inneren Sicht. Dahintreibende Regenbögen aus Licht bleiben an Bäumen, Büschen und jedem Grashalm hängen. Licht und Farbe verwandeln alles in eine feine Schwingung. Mir ist bewußt, daß dieses Kaleidoskop aus Farbe und Licht irgendwie lebt, ein Teil der Natur ist und seine Energien in der unendlichen Bewegung, die wir als Leben und Tod bezeichnen, miteinander vermischt und gegeneinander austauscht. Alle Lebewesen am Flußufer sind von diesem flüssigen Licht umfangen, manche einzeln, andere als Gruppe.

Das Wasser, auf dem mein Licht-Ich dahinschwebt, ist nicht mehr ans Flußbett gebunden. Es richtet sich nicht mehr nach physikalischen Gesetzen. Statt dessen fließt es in vieldimensionalen Schichten visueller Klänge dahin – ein Strom, in dem ich undeutlich auch noch andere Lebewesen erkennen kann. Einige von ihnen sehen Pan, und sobald sie ihn erkennen, leuchtet ihr Licht heller, als stünden sie unter dem Einfluß irgendeiner mächtigen Energiequelle. Sie schauen mich kurz an, und ich spüre, daß sie überrascht sind. Andere Lebewesen wahrzunehmen, die aus Licht bestehen, und sie in menschlichen Begriffen erfassen zu wollen ist nicht leicht, vor allem, wenn sie trotz ihrer offensichtlichen Intelligenz ganz anders wirken als wir Menschen.

Ich habe keine Ahnung, wie lange Pan und ich in völliger Harmonie mit dem Leben dieser vieldimensionalen Fluß-Realität dahinströmten. In menschlichen Zeitbegriffen ausgedrückt, dauerte es nicht länger als eine halbe Stunde.

Unter Pans Anleitung kehrten wir zu der Brücke zurück, auf der ich saß. Ich spürte, wie mein physischer Körper einen langen, tiefen Atemzug tat, als mein nichtphysischer Lichtkörper wieder mit ihm verschmolz. Ich fühlte mich ungeheuer dicht! Nachdem ich ein solches Gefühl der Leichtigkeit erlebt hatte, fühlte mein Körper sich jetzt schwer und unbeholfen an. Ich hatte tatsächlich das Gefühl, wieder in einen unwirklichen Zustand einzutreten – mir war, als sei dies nicht mein natürlicher Körper und nicht mein natürlicher Seinszustand.

Pan warf mir einen zustimmenden Blick zu. «Ja, das ist richtig. Die Zeit, die du in einem physischen Körper verlebst, ist nur ein Bruchteil deiner Seinserfahrung. Du verbringst viel mehr Zeit außerhalb der menschlichen Realität, wie du sie begreifst, als in ihr. Natürlich gibt es in Wirklichkeit keine Zeit. Es gibt nur die Nichtzeit.»

Ich blickte in seine goldenen Augen. «Pan, wie bin ich bei meinem ersten Erlebnis in den Leitstein gelangt? Mein physischer Körper erstarrte, und mein nichtphysischer Körper wurde förmlich aus ihm herausgesaugt. Hattest du etwas damit zu tun?»

«Ich habe nur dabei geholfen. Sagen wir, dein Größeres Ich hat den geeigneten Zeitpunkt gewählt und eine passende Situation geschaffen, und ich habe lediglich etwas nachgeholfen. Ich habe eine Realität ausgeschaltet und eine andere eingeschaltet. Den Rest hast du getan. Du hast dein Ich selbst in den Leitstein versetzt. Ich war es nicht.»

Das glaubte ich ihm. Nach allem, was ich seither erlebt hatte, wurde mir langsam klar, daß meine Möglichkeiten als Mensch erstaunlich groß waren. Aber ich hatte noch eine andere Frage. «Was *ist* der Leitstein eigentlich? Sicherlich kein ganz normaler Stein.»

«Nein, ganz und gar nicht. Der Leitstein ist ein Stein mit mächtigen Kräften. Einige solcher Steine kommen in der Natur vor, aber manche werden auch von bestimmten Wesen vorprogrammiert. Dein Leitstein gehört zur letzteren Sorte.»

Ich war sprachlos.

Mit einem Satz sprang Pan ans Ende der Brücke. Wieder hüpfte er hoch in die Luft, und die Brücke schnellte ihn in die Höhe, als habe sie sich unter einem Gewicht von einer halben Tonne durchgebogen. Selbst als er verschwunden war, strömten seine Worte in völligem Widerspruch zu aller Logik weiterhin von der Stelle aus, an der er gesessen hatte.

«Du hast deine Sache gut gemacht, Michael. Sei glücklich!»

Wieder schwamm ich, spürte die magischen Kräfte im Fluß aber nicht mehr. Trotzdem blieb ich im Wasser, denn ich wußte, daß ich die physische Realität als größten Teil meines täglichen Lebens akzeptieren mußte. Was auch immer meine

Aufgabe auf der Erde sein mochte – sie erforderte mein physisches Ich. Ich dachte über Pans letzte Worte nach: Sei glücklich! Ja, ich fühlte mich glücklich. Es war zwar eine holperige Reise gewesen, aber dafür hatte ich die inneren Reiche des pflanzlichen, tierischen und mineralischen Bewußtseins erfahren. Ich war in der Essenz des Wassers mitgeströmt, und ich hatte mich sogar in einen Sturm hineingewagt. Aus all dem war ich zwar sehr erschüttert, aber unversehrt hervorgegangen. Jedes mystische Erlebnis hatte sich an das vorhergehende angefügt wie Glasperlen an einer Halskette. Ich hatte mit dem Wasser begonnen und dadurch einen Gesamteindruck vom großen Ganzen erhalten, denn alle Lebensformen enthalten Wasser, selbst der Felsen! Das Pflanzenreich hatte mir offenbart, daß eine physische Handlung wie zum Beispiel das Sprühen giftiger Chemikalien an einem einzigen kleinen Ort sich auf das ganze Universum auswirken kann. Das Mineralienreich hatte mir enthüllt, wie wir uns alle von unseren Mitmenschen und von den Möglichkeiten der Gesamtheit isolieren und eine bestimmte Gestalt annehmen. Das Tierreich offenbarte mir meine Unfähigkeit, mich selbst zu lieben, und hielt mir vor Augen, wie streng ich mich beurteilte. Es zeigte mir auch, daß keines der beteiligten Tiere ein Werturteil über mich fällte. Die Natur urteilt nicht.

Unverwandt blickte ich flußaufwärts und fragte mich, was mich wohl als nächstes erwarten mochte. Jedes Erlebnis brachte mir eine umfassendere Sicht meiner selbst und des Platzes, den ich und die anderen Menschen im Gesamtmuster des Lebens einnahmen. Pan zeigte mir immer wieder, daß der nichtphysische Teil der Natur und der Menschheit viele verborgene Verästelungen hat. Ich lernte, daß ich, um herauszufinden, «wer ich bin», nicht nur das Ich erfassen mußte, das ich zu kennen *glaube,* sondern auch mein mystisches Ich. Das Unbekannte überwog das Bekannte bei weitem, doch paradoxerweise konnte ich mir dieses Unbekannte nicht einfach aneignen. Ich konnte es nur erfahren, lernen und akzeptieren. Das war der Weg über die Schwelle, und mir war jetzt klar, daß die Membran an dem Tor erst nachgeben würde, wenn ich weiß, wer ich bin.

Pan hatte mir schon oft gesagt, er kenne mich besser als ich mich selbst. Jetzt glaubte ich ihm. Obwohl ich mich selbst für den mystischen Weg der Reise in die Natur entschieden hatte, plante Pan die Stationen meiner Reise. Mit einem Gefühl leiser Ironie erkannte ich, daß ich jetzt absolutes Vertrauen zu ihm hatte.

Als sich ein goldgelber Schmetterling auf meinem Handtuch niederließ und seine Flügel mit goldenem Funkeln öffnete und schloß, begriff ich es noch nicht sofort. Doch einige Sekunden später, als ich die Hand nach ihm ausstreckte, war mir klar, daß Pan immer noch in meiner Nähe war.

# 7

# Sterben heißt geboren werden: Verwandlung in einen Delphin

«Du wirst alles hier verlassen müssen.»

Mit feuchten Augen blickte ich flußaufwärts. Daß ich an dem Fluß hing, lag auf der Hand. Eine Woche war vergangen, seit Pan mir beigebracht hatte, aus meinem Körper herauszuspringen, und seitdem hatte ich jeden Tag Stunden auf meiner alten Brücke zugebracht. Die Schatten des Abends zeigten mit dunklen Fingern über das Wasser, als Pan auftauchte. Wir plauderten eine Weile, ehe er seine Bombe platzen ließ.

«Aber warum? Warum soll ich von hier fort?»

«Nachdem du erkannt hast, wie sehr du an diesen Ort fixiert bist, sollte dir der Grund eigentlich klar sein. Du mußt deine Wurzeln aus der guten alten Mutter Erde ziehen. Du mußt ein freier Geist werden, der zwar auf diesem Planeten lebt, aber nicht an ihm hängt. Du kannst nicht über die Schwelle gehen, wenn du an etwas fixiert bist.»

«Und wo sollen Treenie und ich hingehen?»

«Das Leben wird dir deine nächste Heimstätte schon zum richtigen Zeitpunkt zeigen. Du brauchst diesen Prozeß nur zu unterstützen, indem du Vertrauen hast.»

«Wirst du mich denn überhaupt finden können, wenn ich von hier fortziehe?» fragte ich ziemlich beklommen.

Pan warf den Kopf zurück und lachte schallend. Als er seine goldenen Augen auf mich richtete und mir zuzwinkerte, sah ich, daß das Licht in ihnen seine Augenlider beleuchtete. In der Abenddämmerung sah das ziemlich beängstigend aus, wie eine Faschingsmaske.

«Michael, ich könnte dich überall finden.»

«Das ist mir ein großer Trost.»

Er lächelte nur. Seine beleuchteten Augen faszinierten mich und lenkten meine Gedanken ab.

«Vielleicht überrascht es dich zu erfahren, daß du als nächstes mit intelligenten Lebewesen in Verbindung treten wirst.»

«Aber die Menschen sind doch die einzigen intelligenten Lebewesen auf der Erde», begann ich. Dann erkannte ich meinen Irrtum und korrigierte mich: «Du meinst die Delphine, nicht wahr?»

«Genau die meine ich.»

«Aber ich habe schon Dutzende Male versucht, mit Delphinen Kontakt aufzunehmen. Auf unseren Strandspaziergängen sehen Treenie und ich manchmal welche, aber so sehr ich mich auch bemühe, mit ihnen zu kommunizieren, es tut sich nie etwas!»

Pan schob meinen Vorbehalt mit einer eleganten Handbewegung beiseite. «Das ist wie immer nur eine Frage des richtigen Zeitpunkts!»

Schon ein paar Tage später eröffnete Lance Rose, unser Vermieter, Treenie und mir, daß man ihm einen guten Preis für das Grundstück am Fluß geboten hatte, auf dem wir wohnten. Er hatte eigentlich gar nicht daran gedacht, es zu verkaufen, und daher war das Angebot ziemlich überraschend gekommen. Aufgrund einer früheren Vereinbarung bot er das Grundstück zuerst uns zum Kauf an. Er hätte sich sehr gefreut, wenn wir es gekauft hätten, denn wir waren gute Freunde geworden, und er besuchte uns gern in dem Haus, in dem er und seine Frau Enid einen großen Teil ihres Lebens verbracht hatten.

«Also gut, dann verkauf es», sagte ich etwas widerstrebend zu ihm. «Treenie und ich haben das Gefühl, daß es allmählich an der Zeit ist, aus diesem Tal fortzuziehen. Und da wir nun die Wahl haben, würden wir lieber in einem Haus auf einer Anhöhe leben.»

Treenie und mir wurde klar, daß das Leben uns tatsächlich sagen wollte: «Geht weiter!» Also begaben wir uns ein paar Wochen später auf eine Reise in den Süden von Queensland. In diesem Stadium beschlossen wir, nicht nach einem Zuhause zu suchen, sondern einfach nach einer Gegend, die die richtigen Schwingungen für uns hatte. Wir fuhren von Ort zu Ort und übernachteten zwischendurch immer wieder bei Freunden. Schließlich entschieden wir uns für eine besonders exotisch wirkende, schöne Gegend. Glücklich über das Ergebnis unserer Suche fuhren wir wieder heimwärts und besuchten unterwegs unsere guten Freunde Mike und Rosemary Nicholas in Brisbane, um dort die Nacht zu verbringen und ihnen unsere Neuigkeit mitzuteilen.

«Bist du einmal auf den Kiel Mountain hinaufgestiegen?» fragte Mike mich. «Er liegt in der Nähe der Gegend, die dir so gut gefällt, und ist sehr schön. Du wärst begeistert von ihm.»

Unsicher blickte ich Treenie an. «Der Name kommt mir bekannt vor. Warst du schon einmal dort?»

«Wir waren vor ungefähr sechs Jahren da, aber nur ganz kurz.»

Ich habe ein schlechtes Ortsgedächtnis und konnte mich gar nicht mehr an diesen Berg erinnern. Ich hatte auch nicht die Absicht, noch einmal zurückzufahren, um mir irgendeinen Berg anzusehen. Wir waren sehr zufrieden mit der Gegend, die wir uns ausgesucht hatten.

Am nächsten Tag fuhren wir nach Hause.

Während unserer Reise hatte sich der Verkauf des Grundstücks, auf dem wir lebten, zerschlagen. Trotzdem hatten wir das Gefühl, daß das Leben uns zu einer Veränderung drängte. Doch da wir jetzt nicht mehr unter Zeitdruck standen, beschlossen wir, unsere Entscheidung in aller Ruhe zu treffen. Ein paar Tage später sagte ein Mann, mit dem ich mich zufällig über unsere Reise unterhielt: «Ah! Diese Gegend kenne ich sehr gut. Hast du dir den Kiel Mountain einmal angesehen, als du dort warst? Das ist wirklich eine schöne Gegend.»

Ich sah ihn überrascht an. «Merkwürdig, daß du das erwähnst. Mir hat schon einmal jemand gesagt, wir hätten auf diesen Berg steigen sollen.»

Drei Wochen später rief Russell, unser jüngster Sohn, an und erzählte uns, er habe die Tochter eines befreundeten Ehepaares kennengelernt. Das Mädchen hatte nach uns gefragt und im Lauf des Gesprächs erwähnt, daß ein Haus zu verkaufen sei – und zwar auf dem Gipfel des Kiel Mountain!

«Diese Telefonnummer solltest du mir geben, Russ. Und vielen Dank», sagte ich.

Ich erzählte Treenie von dem Gespräch. «Das Leben sagt laut und deutlich: Kiel Mountain! Dreimal dürfte wohl genügen. Nach drei Malen hätte es jeder begriffen!» Ich war begeistert.

«Ich finde, du solltest erst einmal anrufen und dich über alle Einzelheiten informieren», schlug sie vor.

Das tat ich auch. Man erklärte mir, der Kiel Mountain gelte als Energiepunkt auf einer Ley-Linie. Ley-Linien sind für unseren Planeten das, was die Meridiane für unseren Körper sind. Viele alte europäische Kirchen, Kathedralen und Klöster wurden auf Ley-Linien erbaut, und es heißt, daß sich an bestimmten Punkten dieser Linien Energie ansammelt. Man sagte mir auch, daß der kleine Berg nur ein paar Autominuten vom Meer entfernt liege und das Klima dort sehr mild sei – es gebe weder extreme Hitzeperioden noch zu große Luftfeuchtigkeit. Das Grundstück, dessen Name nicht genannt wurde, umfaßte 80 Ar direkt auf dem Gipfel des Berges und war von lichtem Wald bedeckt. Alles in allem hörte es sich an, als sei dieser Ort ein Paradies, und die

Fotos, die uns ein paar Tage später mit der Post zugeschickt wurden, schienen diese Vermutung zu bestätigen.

Als wir das Grundstück besichtigten, kam es uns schlichtweg ideal vor. Von dem Augenblick an, in dem Treenie und ich die Auffahrt betraten, die zu dem zwischen Eukalyptusbäumen versteckten Haus hinführte, hatten wir einstimmig beschlossen, daß es uns gehören sollte.

Die Formalitäten des Verkaufs liefen rasch und reibungslos ab. In einem Monat konnten wir das Haus übernehmen.

Der Monat verging rasch, da wir vollauf mit Packen beschäftigt waren. An unserem letzten Tag konnte ich nicht fortgehen, ohne meinem geliebten Fluß Lebewohl zu sagen. Das Herz wurde mir schwer, als ich langsam und vorsichtig die steilen Stufen hinabstieg. Es hatte vor kurzem heftig geregnet, und daher waren sie naß und rutschig.

Mir stand ein gehöriger Schrecken bevor. Meine Brücke war fort! Durch einen einwöchigen heftigen Regen war der Fluß über die Ufer getreten; und als der Regen am heftigsten war, hatte der Fluß, der jetzt rasch und reißend dahinströmte, meine alte Brücke mit sich genommen . . . meinen alten, treuen Freund. Wie merkwürdig das Leben ist! Als wir vor sechs Jahren hierher gezogen waren, war das alte, vom Wasser verwaschene Brett kurz danach bei einer Überschwemmung genau an der Stelle ans Felsufer gespült worden, an der ich jetzt saß. Und jetzt hatte der Fluß das große, schwere Brett ebenso mühelos wieder weggeholt, wie er es mir vor sechs Jahren gebracht hatte. Was für ein unheimliches Zusammentreffen! Ich hatte das Gefühl, daß der Fluß mich damals mit dem Brett willkommen geheißen hatte und mir jetzt Lebewohl sagte.

Als ich ins Wasser blickte, drängten sich in der Nähe der Felsen, auf denen ich saß, Schwärme winzig kleiner, brauner Fische, die sich sanft im Wasser dahinschlängelten. Von einem Zweig über meinem Kopf flog ein Fliegenschnäpper hoch und stieß auf die Wasseroberfläche herab, um ein Insekt zu fangen. Dann ließ er sich auf einem herabhängenden Grashalm nieder.

Der auffallende Farbfleck des schwarzweißen Vogels in dem dunkelgrünen Blattwerk war ein vollendetes Kunstwerk der Natur. Trotz des geringen Gewichts neigte sich der schmale Halm unter dieser kleinen Vogellast beängstigend tief zum Fluß hinab. Ich beobachtete die Kapriolen des Fliegenschnäppers mit einem Gefühl, das dem Neid sehr nahe kam. Dieser Vogel war so frei, war sich jeder seiner Bewegungen so sicher, so völlig dem Augenblick verhaftet. Er hatte nur Fressen im Sinn – und damit stand er sicherlich nicht allein! Unter dem Zweig, auf dem der Vogel saß, huschte eine kleine Felsagame über den an der Sonne trocknenden Schlamm, den das Hochwasser an Land gespült hatte, und stürzte sich mit zuschnappenden Kiefern auf eine Märzfliege nach der anderen. Sie war kleiner und schmaler als ihre Cousine, die Wasseragame, und ihr Kopf zuckte hin und her wie an einem Drehgelenk, das sich in ständiger Bewegung befindet. Während sie ihre Beute verfolgte, hielt sie ein mißtrauisches Auge auf mich gerichtet.

Mit nervösem Flügelgeflatter kam ein zweiter Fliegenschnäpper herbeigeflogen, und ein paar atemlose Sekunden lang saßen die beiden Vögel nebeneinander, und ihre Schnäbel berührten sich beinahe in einem kurzen Augenblick der Vertrautheit, ehe ihre flatternde, unbezähmbare Energie sie tiefer in das Gras am Ufer hineinfliegen ließ.

Ich tauchte, schwamm, machte meine Kapriolen im Wasser und fand mich allmählich damit ab, daß ich Abschied nehmen mußte. Als ich wieder aus dem kalten Wasser auftauchte, löste sich ein Zweig von einem der Baumwipfel und fiel platschend vor mir ins Wasser. Ich blickte hoch und sah zwei blaßgraue Reiher auf langen, stelzenähnlichen Beinen, die hoch oben auf dem Ast einer Flußeiche saßen.

Das war einer jener Augenblicke natürlicher Eleganz, in denen alles Schöne wie durch einen glücklichen Zufall zusammentrifft und ein Bild herrlicher Anmut bietet. Die große bronzefarbene Libelle, keineswegs ein häufiger Besucher, schwirrte majestätisch vorbei, und der Fluß strömte mit Allmacht über die überfluteten Felsen und bildete kleine gurgelnde Strudel.

Eine einsame graue Feder, die auf der Wasseroberfläche dahintrieb, war mehrmals vom Rand der Strömung, den leichte Wellen kräuselten, in eine seitliche schmale Bucht zurückgetrieben worden und im Kreis herumgeschwommen; da kam plötzlich eine leichte Brise auf und trieb sie quer über die Wasseroberfläche mitten in die Strömung hinein. Ich sah ihr zu, wie sie sich auf ihre Reise flußabwärts begab: eine einzelne graue Feder, die nicht mehr zum Federkleid des Reihers gehörte und ganz allein dem Unbekannten entgegentrieb. Die Botschaft war eindeutig: Zeit zum Aufbruch!

Unsere erste Woche auf dem Kiel Mountain war eine Zeit fieberhafter Aktivität. Treenie, die beim Abschied von unserer Heimat am Flußufer Tränen vergossen hatte, war jetzt ein wahres Energiebündel und ging systematisch an alle neuen Aufgaben heran. Ich dagegen war in Hochstimmung abgereist, fühlte mich aber jetzt völlig fehl am Platze. Ich hatte mich darauf gefreut, in dem neuen Haus zu leben; doch jetzt kam es mir unpersönlich vor wie ein Motel. Und schmerzlich vermißte ich auf dem Berg einen Fluß – meinen Fluß!

Erst als mir klar wurde, daß ich jeden Tag nach dem Fluß suchte, konnte ich mich schließlich mit unserem Abschied abfinden. Bewußt konzentrierte ich mich darauf, das Schöne an unserem neuen Zuhause zu akzeptieren und zu würdigen. Und es gab schöne Dinge in Hülle und Fülle. Eukalyptusbäume, die jedes Jahr ihre Rinde abwarfen, verblüfften uns mit der leuchtend ocker-orangefarbenen Tönung, die die junge Rinde an den Stämmen hatte, wenn sie naß wurde. Auf dem Berg herrschte eine Atmosphäre tiefen Friedens – die ideale Umgebung für einen Schriftsteller –, und wenn die Natur auch weniger üppig und farbenprächtig war als am Fluß, so war sie doch keineswegs weniger aktiv. Hier gab es zwar keine Schnabeltiere, die unserem Fluß seinen besonderen Reiz verliehen, aber dafür den Ameisenigel, ein stacheliges, ameisenfressendes Beuteltier, das in unserem baumbestandenen Garten umherstreifte. Doch erst als mir eines sonnigen Morgens am Rand unseres Swimmingpools ein goldgelber Schmetterling langsam mit seinen zarten Flügeln zuzwinkerte, wußte ich, daß ich mich an meine neue Heimat gewöhnt hatte.

Eines Tages kam ein Brief von der Westküste Australiens. Christine Olsen und Keith Nightingale hatten *Mit der Natur reden* gekauft und gelesen, und da sie sich von diesem Buch sehr angesprochen fühlten, luden sie Treenie und mich ein, eine Reihe von Seminaren in ihrer Gegend zu halten. Mit geradezu unheimlichem Scharfblick lockten sie mich mit einem Köder, dem ich nicht widerstehen konnte: Wenn wir wollten, schrieben sie, würden sie mit uns für ein paar Tage nach Monkey Mia fahren!

Ich kannte weder Christine noch Keith, aber Monkey Mia war mir sehr wohl ein Begriff. Ich wollte schon seit Jahren einmal dorthin reisen und hatte nur auf eine günstige Gelegenheit gewartet. Jetzt war sie gekommen! Wir nahmen die Einladung an und flogen zum vereinbarten Termin nach Perth.

Ein Gepäckträger trug ein Schild mit der Aufschrift «Herzlich willkommen, Michael und Treenie!» vor sich her, und im Nu verband uns eine enge Freundschaft mit Jack und Barbara Bailey, unseren Gastgebern in Perth. Bei Gesprächen und Seminaren verging die Zeit sehr rasch, und der Tag, an dem wir Monkey Mia besuchen sollten, rückte näher. Monkey Mia ist nichts weiter als ein abgelegener Campingplatz in der Shark Bay. Er liegt Hunderte von Kilometern von jedem bewohnten Ort entfernt in einer rauhen, unwirtlichen Landschaft, die ebensogut auf einem anderen Planeten liegen könnte. Das einzige, was einen mit dieser Umgebung versöhnt, ist die Tatsache, daß in dieser Bucht eine Herde Delphine lebt, die sich jeden Tag zutraulich Hunderten von Menschen nähert.

Unsere Gruppe bestand aus Christine, Keith, ihrem entzükkenden anderthalbjährigen Kind Amy, zwei Freundinnen, Marie und Sonia, und Treenie und mir. Wir fuhren mit einem Auto, ihrem Landrover und einem Wohnwagen nach Monkey Mia. Die Fahrt dauert zwei Tage und führt von Perth in Richtung Norden auf einer schnurgeraden, monotonen, schier endlos erscheinenden Küstenstraße entlang, doch der Gedanke an die Delphine und die in der Landschaft aufblitzenden Farbflecken der eigenartigen, unglaublich schönen Wildblumen Westaustraliens ließen die Zeit rasch vergehen. Leider war es noch zu früh, so daß die Blumen nicht in voller Blüte standen; wir bekamen lediglich eine Ahnung von der herrlichen Farbenpracht, die sich in ein paar Monaten hier entfalten würde.

An der Abzweigung, die nach Monkey Mia führte, bogen wir von der großen Küstenstraße ab und fuhren noch ungefähr weitere hundertfünfzig Kilometer an der Halbinsel entlang, auf der Monkey Mia liegt. Schließlich fuhren wir, in eine rote Staubwolke eingehüllt, auf den überfüllten Campingplatz und suchten nach dem Platz, den wir reserviert hatten.

Es gibt nur zwei Gründe, nach Monkey Mia zu fahren: um zu fischen und um die Delphine zu sehen! Natürlich gäbe es ohne Fische keine Delphine, und die Bucht ist berühmt dafür, daß sie sich hervorragend zum Fischen eignet. Wegen der geschützten Lage ist die See in der Bucht meistens ruhig; das Wasser wird nur selten von hohen Wellen aufgewühlt. An den einsamen Stränden erstrecken sich endlose goldene Sandflächen, die ganz anders aussehen als der weiße Sand an unserer Küste. Von einem der nahegelegenen kleinen Hügel aus betrachtet, wirkt der Campingplatz wie eine häßliche Ansammlung von Wohnwagen, die in die natürliche Schönheit der Landschaft eingedrungen sind. Der Blick auf die kahle, ausgedörrte, wüstenähnliche Shark Bay ist überwältigend. Aber der Besucher muß diese Landschaft so nehmen, wie sie ist, und darf ihr nicht seine eigenen Maßstäbe auferlegen. Wenn ihm das gelingt, schimmert ihre Schönheit durch und überdeckt den anfänglichen Eindruck, daß es sich um kahles, unfruchtbares Land handelt. Es ist wirklich ein Ort voller Kontraste, rauh und heiß zugleich, von dornigem, stacheligem Gestrüpp überwuchert, und doch sind die Blüten, die diese wohlbewaffneten Pflanzen zieren, von einer einzigartigen, zarten Schönheit.

Eine Flotte kleiner Fischerboote schaukelt sanft auf dem wogenden Meer hin und her, und Pelikane fliegen in würdevoller Anmut zwischen ihnen umher. An der Küste stehen Menschen, alt und jung, reich und arm, dick und dünn – Menschen, die auf den ersten Blick keinerlei Gemeinsamkeiten zu haben scheinen. Es sind wahrscheinlich ebenso viele Besucher aus Übersee da wie aus unserem eigenen schönen Land, doch trotz ihrer offenkundigen Verschiedenheit haben sie alle eines gemeinsam: sie sind wegen der Delphine hier.

Nachdem wir unseren Wohnwagen abgestellt und unser Zelt aufgeschlagen hatten, aßen wir zu Abend und gingen schlafen. Es war mitten im Winter, und daher war es jetzt trotz der mittäglichen Wärme kalt geworden. Am nächsten Morgen ging ich schon kurz vor sieben Uhr an den Strand, begierig auf meine erste physische Begegnung mit den Delphinen. Ich war allein; Strand und Meer waren kalt und menschenleer. Nach ein paar Minuten ging über einer tiefhängenden Wolkenwand blutrot die Sonne auf. Ein schnatterndes Geräusch inmitten der Fischerboote kündigte die Ankunft der Delphine an. Ich watete ins Wasser und rief leise nach ihnen. Fünf Delphine kamen aus den grünlichen Tiefen des Wassers bis an die Stelle geschwommen, an der es nur noch knietief war. Ihre Anführerin bot mir ein kleines Büschel Seegras dar. Als ich das Geschenk entgegennahm, rollte sie sich ein wenig auf die Seite und suchte mit einem rosaroten Auge bewußt den Blickkontakt mit mir. Ich merkte sofort, daß es sich um intelligente Tiere handelte, und Pans Worte kamen mir wieder in Erinnerung: «Als nächstes wirst du mit intelligenten Lebewesen in Verbindung treten.» Ich starrte das Delphinweibchen an. Die offensichtliche Intelligenz seines prüfenden Blicks flößte mir Ehrfurcht ein. Es zeigte keinerlei Anzeichen des Unbehagens, das Tiere normalerweise empfinden, wenn man sie längere Zeit unverwandt anstarrt, nur lebhafte Neugier und die Andeutung einer tiefen Bewußtheit. Mit dem Büschel Seegras hatte es mich in eine unendlich freudige Erregung versetzt. Ich empfand die Begeisterung eines Kindes, dem man ein unerwartetes Geschenk in die Hand drückt.

Nachdem unser Blickkontakt dem Delphinweibchen alles verraten hatte, was es wissen mußte, legte es sich auf die Seite und bot sich mir in einer stummen Aufforderung dar, die ich nicht ignorieren konnte. Ein Gefühl des Staunens durchfuhr mich, als ich seine warme Haut streichelte, die sich wie nasses Gummi anfühlte. Was für ein Privileg! Dieser Kontakt war viel faszinierender, als ich erwartet hatte. Für einen solchen Augenblick wäre ich bereitwillig all die vielen Kilometer von Perth zu Fuß hergewandert!

Binnen Minuten hatten andere Frühaufsteher unter den Delphinliebhabern unsere kleine Gruppe entdeckt, Kinder und Erwachsene, die sich herandrängten und um die Aufmerksamkeit der Delphine wetteiferten. Jeden Tag strömen die Leute zu Hunderten hierher, manche nur für ein paar Stunden, andere bleiben tage-, wochen-, ja sogar monatelang. Vom Morgengrauen bis zur Abenddämmerung scharen sich fünfzig bis mehrere hundert Menschen am Strand und im seichten Wasser und strecken ihre Hände nach den Delphinen aus, begierig darauf, mit diesen freundlichen, geduldigen Meerestieren Kontakt aufzunehmen. Und jeder Mensch, der sich den Delphinen nähert, wird einer sorgfältigen Musterung unterzogen, als könnten die Delphine in unser Inneres hineinschauen. Selbst wenn hundert Leute um die Aufmerksamkeit von einem halben Dutzend Delphine werben, nimmt einer dieser Delphine jeden Neuankömmling genau in Augenschein.

Später am Morgen stellte ich auf dem kleinen Landesteg in der Nähe des Delphinstrandes einen Klappstuhl auf. Ich war jetzt bereit für einen tieferen Kontakt mit den Delphinen – falls er mir vergönnt sein sollte! –, eine Verbindung unseres Bewußtseins auf spiritueller Ebene.

Eine Zeitlang betrachtete ich die Szene vor mir: Menschen, die die Hände ausstreckten, die Delphine streichelten und vor Aufregung laut aufquietschten, lächelnde Gesichter, klickende Kameras und ein Aufsichtsboot, das im Wasser auf und ab fuhr und aufpaßte, daß den Delphinen nichts geschah; und auf der Seite der Delphine ein ununterbrochenes Lächeln, graue Haut und blitzende Schwanzflossen. Die Tiere schwammen im knietiefen Wasser an einem Strand von neunzig Metern Länge auf und ab – ein erstaunlicher Vertrauensbeweis!

Auf dem Landesteg drängten sich die Menschen; daher beschloß ich, meinen Körper lieber nicht mit Hilfe von Pans Methode zu verlassen! Statt dessen ließ ich mein Ichbewußtsein langsam über mein physisches Wahrnehmungsvermögen hinauswachsen. Schon während dieses Prozesses war ich mir einer erstaunlichen Woge der Unterstützung bewußt, die von Pan kam und eine spirituelle Realität hervortreten ließ, während meine physische Realität immer mehr zurückwich.

Mir wird bewußt, daß ich vom Ozean verschlungen werde. Irgendwo liegt ein einsamer Delphin, ein älteres Delphinweibchen, im Sterben. Das weiß ich genau, denn ich spüre das Tier – ich *bin* es, wenn auch nur zu einem Teil. Ich weiß, daß das Delphinweibchen sich meiner bewußt ist, und selbst in seinen letzten Minuten teilt es seine Realität bereitwillig mit mir. Es ist fast so, als hätte es mich erwartet! Ich spüre, wie seine Lungen sich zum letztenmal ausdehnen, als es noch einen Atemzug tut, und ich sehe durch seine Augen, als es noch einen letzten Blick auf den merkwürdig nahen, fast greifbar wirkenden blauen Himmel wirft, an dem tiefhängende Wolken entlangtreiben, ehe es zum letzten Mal untertaucht und sein Körper in die Wellen gleitet. Das ist kein kalter, abschreckender Ozean, sondern eine warme, behagliche und sehr vertraute Umarmung.

Mein Ich ist mit dem des Delphinweibchens verflochten, als es hingebungsvoll und anmutig in die lockenden Tiefen hinabsinkt. Es ist ruhig und ganz auf sein Ziel konzentriert und empfindet keinen Schmerz; es scheint alles in Ordnung zu sein. Erschrocken spüre ich, wie das Meerwaser in seine Lungen hineinströmt, nachdem es ein letztes Mal heftig ausgeatmet hat – eine Ansammlung großer Luftblasen, die rasch zu der hoch über uns liegenden Wasseroberfläche aufsteigen. Dann sinkt sein physischer Körper, jetzt nur noch eine leere Schale, sanft zum Meeresboden nieder. Die Ruhe des Tieres dämpft meine panische Angst.

Ein Gefühl der Verwirrung überwältigt mich. Genau in dem Augenblick, in dem das Bewußtsein des Delphinweibchens seinen Körper verlassen hat, wird an irgendeiner anderen Stelle in dem riesigen Ozean mit einem gewaltigen Druck ein Delphinbaby aus dem Schoß seiner Mutter in das wartende Wasser hinausgestoßen. Sofort drängt ein zweites Delphinweibchen es zur Wasseroberfläche empor, wo es zum erstenmal Luft in sein Atemloch einsaugt.

Bei diesem Zusammentreffen von Tod und Geburt fühle ich, wie ein Teil der Essenz des sterbenden Delphins sich mit der des Neugeborenen vermischt und verschmilzt. Ich spüre in dem jungen Delphin die Identitäten anderer Delphine, und doch verbinden sie sich sofort zum Gefühl einer Einheit. Ich bin verwirrt.

Nun, da ich bewußt mit dem Delphinweibchen in Verbindung stehe, das seinen Körper verlassen hat, scheine ich mich rasch in einem schwachen goldenen Licht auszudehnen und schwimme mit einer Freiheit und Grazie dahin, die der des Fluges gleichkommt. Das Gefühl des freien Dahinfliegens wird immer intensiver. Ich habe das Gefühl zu fallen, fürchte mich aber nicht davor, und wir durchstoßen irgend etwas und landen in einem Ozean aus intensiv goldenem, flüssigem Licht. Von Freude überwältigt sitze ich auf dem Landesteg. Tränen fließen aus meinen physischen Augen, und Liebe überschwemmt und durchströmt mich, eine köstliche Welle nach der anderen. Es ist ein überströmendes Gefühl der Freude. Gemeinsam mit einem Delphin in einen Lichtkörper gehüllt, tauche ich in eine Flüssigkeit ein, die nicht mehr Substanz hat als ein frühmorgendlicher Nebel.

«Wo bin ich?» Diese stumme Frage geht mir durch den Sinn.

«An keinem Ort. An keinem Ort, der sich in menschlichen Begriffen beschreiben ließe, sondern an einem Ort der Substanz. Nennen wir es doch einfach eine andere Realitätsebene als die, an die du gewöhnt bist.»

Es war ein Schock für mich, als ich die unhörbare Stimme erkannte. «Pan?» fragte ich erstaunt.

Doch nur das Gelächter der Glockenspiele antwortete mir, ein Klang, der an diesen Ort voller Wunder merkwürdig gut zu passen schien.

«Ja, das war Pan, nicht ich.» Ehrfurcht schwang in den Worten des Delphins mit.

«Du kennst Pan?»

«Warum nicht? Wir kennen das Wesen, aber nicht unter diesem Namen. Der Name ist nur ein Etikett, er hat keine Bedeutung – außer der Bedeutung, die ihr Menschen ihm gebt, und die ist im allgemeinen falsch.»

«Aber wie kannst du ihn denn kennen?»

«Warum nicht?» entgegnete der Delphin. «Ein Wesen kennenzulernen, das sich mit völliger Mühelosigkeit durch sämtliche Realitäten bewegt, ist nicht nur der menschlichen Erfahrung vorbehalten. Wir kennen dieses Wesen auch, aber wir nennen es anders.»

«Wie?»

Ich spüre ein leises, merkwürdiges Pfeifen, das leicht ansteigt, in ein Tremolo verfällt, zögert und schließlich in einem Seufzen endet. Schon der Klang erfüllt mich mit Freude. Trotz seiner Schönheit und Einfachheit weiß ich, daß mir der Name *Pan* nie wieder hundertprozentig angemessen erscheinen wird.

Eine Zeitlang herrscht Stille. Schweigend nehmen wir die Bewegungen des goldenen, flüssigen Lichts, in dem wir baden, in uns auf. Merkwürdigerweise bewegen wir uns nicht in diesem Licht; es scheint eher um uns herum- und durch uns hindurchzufließen. Ich habe das Gefühl, daß dieses Leben, das sich so sehr von meiner gewohnten Existenz unterscheidet, mich lebt, daß ich es nicht nur selbst erfahre, sondern daß ich gleichzeitig erfahren werde!

Ich erinnere mich an den Tod und die Geburt, die ich gleichzeitig miterlebt habe. «Wie konnte das geschehen?» frage ich.

Erst als der Delphin zu antworten beginnt, wird mir klar, daß ich meine Frage eigentlich nicht klar formuliert habe. Aber der Delphin und ich sind *eins*, obwohl wir voneinander getrennt sind! Keinem bleiben die Gedanken des anderen verborgen.

«Ein Delphin unterscheidet sich vom Menschen auf eine Art, die dir vielleicht unbegreiflich erscheint. Der Mensch erfährt in jedem Leben nur ein einziges Ich. Wir dagegen erleben jedesmal, wenn wir zur Welt kommen, mehrere verschiedene Identitäten.»

«Das verstehe ich nicht.»

«Die Menschen erfahren das Leben mit Hilfe intellektueller Vorgänge. Eure sinnlichen Wahrnehmungen sind verhältnismäßig unterentwickelt. Wir dagegen erfahren das Leben durch viele äußerst intensive Sinneswahrnehmungen. Unser intellektuelles Fassungsvermögen ist viel weniger ausgebildet als eures.»

Allmählich ging mir ein Licht auf. «Also wurde unsere Entwicklung im Grunde genommen durch unsere Umgebung bestimmt?»

«Das ist wahr. Allerdings suchen wir uns die Umgebung, in der wir leben wollen, selbst aus, damit wir die Fähigkeiten weiterentwickeln können, die wir für wichtig halten. Es ist keine willkürliche Entscheidung.»

«Könnte meine Anwesenheit hier in diesem Augenblick bedeuten, daß ich in einem früheren Leben einmal ein Delphin war?»

«Nein, ich will damit sagen, daß du spirituell mit uns in Verbindung stehst, wie alle Menschen. In unserem Bewußtsein sind wir nicht voneinander getrennt.»

In einer Gesprächspause, die sich endlos lang hinzuziehen scheint, sich aber nicht mit menschlichen Zeitbegriffen messen läßt, versuche ich den tieferen Sinn dessen zu verarbeiten, was ich gerade gelernt habe. Ich habe das Gefühl, daß der Hinweis des Delphins auf die verschiedenen Identitäten, die diese Tiere durchleben, wichtig ist, aber mir wird beim besten Willen nicht klar, *warum*. Ich spüre, daß es hier für mich etwas sehr Wichtiges zu lernen gibt, aber ich kann es noch nicht richtig erfassen. Es hat etwas mit Identität zu tun, vielleicht sogar mit meiner eigenen Identität – mit der Erkenntnis, «wer ich bin».

Die nächsten Worte des Delphins könnten meine eigenen Gedanken sein. «Es gibt hier eine Wahrheit, die du finden mußt. Denke einmal über die Methoden nach, mit denen du nach der Wahrheit suchst. Menschen müssen logische Schlüsse ziehen, um etwas begreifen zu können; wir dagegen erfahren die Dinge einfach, indem wir sie wahrnehmen. Diese Wahrnehmung führt uns nie in die Irre, selbst wenn sie uns nur einen Bruchteil der Wahrheit offenbart; aber der Verstand kann sich durchaus irren und einen Blick auf einen solchen Bruchteil falsch interpretieren.»

Noch eine lange Pause, die sich mit unserer menschlichen Zeit nicht messen läßt! Ohne Hilfe, ohne Worte weiß ich, daß das Bewußtsein dieses Delphins und die menschliche Erfahrung zusammen etwas viel Größeres, Umfassenderes ergeben als jedes für sich allein. Ich weiß, daß ich hier bin, um mehr über mich selbst zu erfahren, denn bei jedem Schritt auf meinem Weg zur Selbsterkenntnis komme ich offensichtlich mit einer höheren Ordnung bewußter Naturlebewesen in Berührung. Ich war Wasser, Mineral, Pflanze und Tier; jetzt bin ich für kurze Zeit ein Delphin, ein Tier von unermeßlicher Intelligenz. Bis jetzt kamen mir alle meine Erlebnisse vertraut vor; aber dieser Delphin teilt mir ein Wissen mit, von dem ich keine Vorstellung habe. Ich habe das Gefühl, daß die Lektion, die ich hier zu lernen habe, etwas mit *Identität* zu tun hat – und mit der Fähigkeit, eher durch Wahrnehmung als einzig und allein durch den logischen Verstand zu lernen.

«Die Menschen sind ein unsterblicher Ausdruck der Göttlichen Liebe; die Identitäten sind nur ein kurzlebiger Ausdruck der menschlichen Individualität. Erkenne die Wahrheit dieser Worte, dann wirst du auch die Wahrheit deines Ich entdecken, nach der du suchst.» Die Worte des Delphins erklingen in meinem Inneren. Wir sind ein Doppelwesen – miteinander verbunden und doch ausgeprägte Individuen. Ich bin weder überwältigt noch überrumpelt und kann jederzeit fortgehen. Doch obwohl ich die Worte des Delphins höre, bewahre ich leider einen großen Teil ihrer Bedeutung lediglich als theoretisches Wissen in mir, das ich nicht interpretieren kann. Es übersteigt mein Fassungsvermögen. Hier geht es um eine Seinsebene, die ich nicht ergründen kann. Mir wird schmerzlich bewußt, daß meine intuitive Wahrnehmung im Vergleich zu der des Delphins nur schwach ausgebildet ist – und doch habe ich das Gefühl, daß wir einander ebenbürtig sind.

Ohne daß mir eine Veränderung zum Bewußtsein kommt, hat mein Ich sich wieder von dem des Delphinweibchens getrennt. Ich sehe seinen Lichtkörper wie Silber schimmern, als es in dem goldenen, flüssigen Licht dahinschwimmt. Seine Augen sind auf mich gerichtet, und ich lese in ihnen ein deutliches Versprechen.

Plötzlich blickte ich wieder aus meinen physischen Augen auf ein glattes, geschmeidiges Delphinweibchen, das inmitten des Menschengedränges dahinschwamm. Seltsamerweise wandte es sich von all den ausgestreckten Händen ab und schwamm plötzlich mit unglaublicher Geschwindigkeit auf den Landesteg zu. Für einen langen Augenblick trafen sich unsere Blicke;

dann steuerte es mit kraftvoller Beschleunigung aufs offene Meer zu. Ich fragte mich, ob dieses Delphinweibchen oder einer der anderen Delphine hier wohl eine Ahnung davon hatte, was gerade passiert war.

Später machte ich einen langen Spaziergang an der sanft geschwungenen Bucht entlang. Felsen mit versteinerten Muscheln lagen in großen Platten auf dem glitzernden Sand, und die verschiedensten Muschelfossilien ragten daraus hervor. Dann kam die Ebbe und gab riesige Sandflächen frei. Austernfischer pickten darin herum und stellten dabei ihr schwarzweißes Gefieder und ihre glänzenden orangefarbenen Schnäbel zur Schau. Ein paar Dutzend große Pelikane beäugten mich mißtrauisch, als ich vorbeischlenderte, aber ich erschien ihnen nicht so bedrohlich, daß sie sich beim fieberhaften Putzen ihrer Schwung- und Brustfedern hätten stören lassen. Wie Blätter, die ein plötzlicher mutwilliger Windstoß vor sich hertreibt, trippelten Strandläufer in einer dünnen, fransigen Welle vor mir über den Strand.

Ich sah zu, wie die Natur der australischen Westküste mir ihre Schönheit enthüllte, aber meine Gedanken waren woanders. Ich erinnerte mich an die Leichtigkeit, mit der das Delphinweibchen sich im Augenblick des Todes von seinem Körper gelöst hatte. Diese Leichtigkeit zeugte von einem Wissen, das größer und umfassender war als das des Menschen. Das Tier war nicht an dem Wasser erstickt, das in seine Lungen eingedrungen war, sondern hatte einfach ruhig und mühelos seinen Körper verlassen. Es hatte seinen Körper mit der gleichen Leichtigkeit aufgegeben, mit der ich aus meinem Auto steige – und schien auch nicht stärker an ihn gebunden zu sein! Es lag auf der Hand, daß der Tod für einen Delphin keinerlei Geheimnisse barg.

Dann staunte ich über die Gleichzeitigkeit von Geburt und Tod. Wie seltsam! Mir war noch nie der Gedanke gekommen, daß irgendeine Lebensform mehr als eine einzige Identität auf einmal erleben konnte. Das war keine kollektive Seele, sondern ein Einzelwesen, das mehr als eine Identität umfaßte. Was für ein Widerspruch! Der sterbende Delphin hatte seine Identität beibehalten und gleichzeitig einen Teil seines Bewußtseins in das neugeborene Baby projiziert. Ich hatte gespürt, wie noch sechs andere Delphinidentitäten in das Baby eingedrungen und miteinander verschmolzen waren. Waren das alles sterbende Delphine gewesen?

«Nimm die Realität einfach in dich auf, ohne sie allzusehr zu analysieren.»

«Pan!» Ich freute mich so, ihn an meiner Seite zu sehen, daß ich mich ihm zuwandte, um ihn zu umarmen, aber – wie seltsam! Er war neben mir und doch nicht neben mir! Ich konnte ihn sehen, aber er hatte keine physische Substanz. Noch ehe ich die Arme ausstreckte, um ihn physisch zu umfassen, wußte ich, daß seine Körperlichkeit eine Illusion war. «Pan?»

Er lachte leise – ein menschliches Lachen, das sich mit den fernen Klängen von Glockenspielen mischte. «Das genügt. Ich bin bei dir. Löse dich von deinem logischen Verstand, und laß die Essenz deiner Erfahrung einfach deine Sinne durchtränken. Laß das, was ist, doch einfach *sein*. Das Nichtwissen gibt dir Zugang zum *Wissen*. Wie wäre es, wenn du einmal *darüber* nachdenkst?» Glockenklänge und Gelächter trieben aus der Stille in die Realität hinüber.

Er ging – oder schwebte – weiter an meiner Seite dahin, und mir war klar, was er von mir erwartete: Ich sollte aufhören zu denken und statt dessen . . . fühlen? Allmählich kehrte Klarheit in mir ein. Ohne zu wissen wie, begann ich zu begreifen, wie mehrere Delphine eine einzige Realität innerhalb eines einzigen physischen Körpers miteinander teilen konnten. Sie nehmen das Leben alle auf die gleiche Weise wahr: Sie erfahren es einfach, ohne Schlußfolgerungen daraus zu ziehen. Logische Schlüsse gibt es für sie nicht. Die Menschen dagegen *denken* logisch über das Leben *nach* und leiten aus allem ihre Schlußfolgerungen ab. Wenn mehrere menschliche Seelen in einem Körper leben müßten und alle logisch über das Leben nachdächten, wäre das Ergebnis Chaos, Wahnsinn. Die Delphine dagegen intensivieren durch ihre gemeinsame Wahrnehmungsweise ihre Erfahrung und erweitern sie irgendwie. Es gibt keine Konflikte, keine Verwirrung.

«Du siehst, es ist alles möglich, wenn du die Möglichkeit des Unmöglichen akzeptierst!» Wieder erklang dieses Lachen, nicht spöttisch, sondern so voller Freude und Liebe, daß mir Tränen in die Augen stiegen.

«Aber Pan, was hat all das, was der Delphin mir erzählt hat, zu bedeuten?»

«Was ... empfindest du?»

«Ich weiß es nicht. Wirklich nicht. Der Sinn geht so weit über meinen Erfahrungsbereich hinaus. Ich weiß es einfach nicht.»

«Wunderbar. Schon wieder eine Gelegenheit, etwas durch Nichtwissen zu erfahren.»

Seufzend löste ich mich von dem Problem. Ich würde einfach auf eine andere Gelegenheit warten müssen ... und wieder kam Klarheit in meine Gedanken!

Der Tod und das Verlassen des Körpers waren ein müheloser, vertrauter Vorgang gewesen; das Delphinweibchen hatte sich uneingeschränkt wohl gefühlt und den Prozeß unter Kontrolle gehabt. Es «wußte», was ihm bevorstand. Es war in dem goldenen Lichtmeer ebensosehr – oder noch mehr – zu Hause gewesen wie in dem physischen Ozean, der seinen physischen Körper beherbergt hatte. Wir Menschen wissen im allgemeinen nicht, was wir vom Tod zu erwarten haben, und daher variiert unsere Todeserfahrung dem Grad unserer spirituellen Entwicklung entsprechend. Dadurch, daß mehrere Delphine ihre Wahrnehmungen innerhalb eines Individuums miteinander teilten, befanden sie sich auch auf derselben spirituellen Entwicklungsebene. Was *einer* wußte, wußten *alle*.

Der Ozean aus goldenem Nebel existierte auf einer anderen Realitätsebene. Er schien ein Ort bewußter Synthese zu sein, an dem zwei Bewußtseinsströme miteinander verschmolzen und dadurch in jedem dieser Bewußtseinsströme offenbar eine größere Ganzheit schaffen können, als es die Erfahrung eines einzelnen Individuums vermag.

An dem Geschehen waren nur verhältnismäßig wenige Delphine und Menschen beteiligt gewesen, doch ich hatte das Gefühl, daß eine wohlüberlegte Auswahl getroffen worden war. Mir war bewußt, daß nicht ich allein dieses Erlebnis gehabt hatte, denn in dem Lichtmeer hatte ich die Gegenwart anderer Beteiligter gespürt. Wenn man in Begriffen der Ganzheit dachte, dann wurde die Erfahrung dieser wenigen Menschen zur Erfahrung des Alls, selbst wenn sie sich dessen nicht alle bewußt waren. Bewußtsein ist *eins.* Als Menschen trennte unsere Individualität uns voneinander. Delphine dagegen machen die Erfahrung, daß mehrere Individuen ihre Wahrnehmung miteinander teilen können; also wird die Individualität zu einem ganzheitlichen Erlebnis. Das ist Einheit!

Die Unterschiede zwischen den Delphinen und den Menschen türmten sich groß und bedrückend vor mir auf... und wichen dann zurück. Wir waren so verschieden wie Erde und Wasser und einander doch so nah wie Brüder und Schwestern.

Später am Abend erzählte ich den anderen in der Gruppe von meinem Erlebnis. Sie glaubten es mir ohne weiteres. Trotzdem hatte ich immer noch das Bedürfnis nach einer Bestätigung. Im Vergleich zu dem wenigen, was ich über Delphine gelesen hatte, erschien mein Erlebnis mir so ungeheuerlich, daß ich mich scheute, auch noch anderen Menschen davon zu berichten.

An unserem fünften Tag in Monkey Mia machten Treenie und ich schon frühmorgens einen Spaziergang am Strand. Wir unterhielten uns über die Zeit, die wir bei den Delphinen verbracht hatten. Nach ungefähr einer Dreiviertelstunde kehrte Treenie wieder um, aber ich ging weiter. Während ich weiterschlenderte, versuchte ich den Delphinen mein Bedürfnis nach Bestätigung mitzuteilen, aber ich hörte und spürte nichts. Nach etwa zweieinhalb Stunden war ich wieder am Campingplatz angelangt. Am Strand wartete eine aufgeregte Treenie auf mich.

«Was glaubst du, was passiert ist?» rief sie mir zu, als ich näher kam. «Vor ungefähr einer Stunde ist eine Delphinmutter mit einem neugeborenen Baby in die Bucht gekommen.» Sie hielt inne. Ihre Augen funkelten vor Erregung. «Die Aufseher schätzen, daß es erst fünf Tage alt ist.»

«Oh», sagte ich verdutzt. «Wie schön.»

«Begreifst du denn nicht?» rief Treenie ungeduldig. «Vor fünf Tagen hattest du das Erlebnis mit dem Tod und der Geburt des Delphins. Das ist deine Bestätigung! Wenn das Delphinweibchen erst morgen gekommen wäre, wäre es zu spät gewesen.»

Treenie strahlte über das ganze Gesicht, während ich allmählich begriff.

«Wach auf! Morgen früh reisen wir ab. Der Delphin hat deinen Wunsch nach Bestätigung erfüllt», sagte sie geduldig.

Während Treenie fortging, um Kaffee zu kochen, lief ich zu der Menschenmenge hinüber, die aufgeregt auf das neugeborene Baby zeigte. Staunend sah ich zu, wie Mutter und Kind völlig vertrauensvoll zwischen den Menschen umherschwammen. Das Baby war etwas über einen Meter lang und das Ebenbild seiner Mutter. Als sie dicht nebeneinander dahinschwammen, streckte ich die Hand aus und streichelte das Baby, das sich kurz von der Seite seiner Mutter entfernte. Sofort wußte ich, daß dies das Baby war, dessen Geburt ich miterlebt hatte. In diesem Augenblick spürte ich die vertraute Gegenwart eines Delphinweibchens, das mit einem Lichtkörper in einem goldenen Nebelmeer dahintrieb – und das im Körper des Babys in einem physischen Ozean an der Seite seiner Mutter schwamm.

«Wir freuen uns, daß wir dein Bedürfnis nach einer Bestätigung erfüllen konnten. Wir akzeptieren, daß dieses Bedürfnis weder aus Zweifel noch aus mangelndem Glauben erwachsen ist, sondern aus dem ehrlichen Wunsch, uns den anderen Menschen gegenüber wahrheitsgetreu darzustellen.» Mit flüchtiger Geschwindigkeit strömten diese Worte durch meinen Geist, und die Anwesenheit des Delphins in seinem Lichtkörper verlieh ihnen Nachdruck. Dann verhallten die Worte, und es waren nur noch die bewundernden «Ooohs» und «Aaahs» der Menschen zu hören, als der kleine Delphin neben dem glatten, geschmeidigen Körper seiner Mutter im Wasser auf und ab schnellte. Binnen Minuten waren die beiden davongeschwommen und steuerten auf die große Delphinherde zu, die sich in der Nähe der Küste im Wasser tummelte.

Ich stieß einen Seufzer der Freude aus. Als Treenie und ich nach Monkey Mia gekommen waren, hatte ich gar nicht mit außergewöhnlichen Vorkommnissen gerechnet. Mir hätte es vollauf genügt, wilde Delphine zu sehen und zu streicheln; alles andere war eine erfreuliche Zugabe gewesen. Mit Pan hatte ich überhaupt nicht gerechnet – und daß die Delphine ihn kannten, erschien mir unbegreiflich. Wie immer war mein Erlebnis ein weiterer Schritt auf meinem Entwicklungsweg gewesen, doch die Realität der Selbsterkenntnis und die Möglichkeit, die Membran zu durchdringen und über die Schwelle zu treten, schienen immer noch in weiter Ferne zu liegen. Vom Bewußtsein der Tiere hatte ich gelernt, mich selbst nicht mehr zu beurteilen, und ich hatte auch die bedingungslose Liebe meiner Hunde erfahren; doch leider konnte ich mich immer noch nicht voll und ganz akzeptieren. Es war wichtig für mich, die Notwendigkeit bedingungsloser Liebe zu erkennen; aber noch wichtiger für meinen Fortschritt war es, dieses Wissen nun auch in die Realität umzusetzen. Ich hatte erlebt, daß bei den Delphinen ein Individuum mehrere verschiedene Wesen umfassen kann. Was für eine erstaunliche Erfahrung! Mir war bewußt, daß ich in meiner jetzigen Identität eingesperrt war; aber wie konnte ich mich von ihr befreien? Diese Identität bin zwar ich – aber es ist nur mein persönliches Ich. Ich hatte Sehnsucht nach meinem Größeren Ich. Ist das ein anderes? Der Delphin hatte mir einen Anhaltspunkt gegeben, wo es – ich? –

war, aber ich war außerstande, dem weiter nachzugehen. Ich stieß einen verwirrten Seufzer aus. Ich konnte nur eines tun: Pan erlauben, daß er mich auf seine mystische Art und Weise belehrt. Ich hatte ihn einmal als meinen Guru bezeichnet; also wollte ich ihm jetzt auch vertrauen. Wenigstens das hatte ich gelernt!

# 8

# Im Zauberreich der Feen und Elfen

«Bin ich jetzt bereit, wieder in den Leitstein einzutreten und durch die Tür zu gehen?»

Pan schüttelte geistesabwesend den Kopf. Sein Blick war auf die Zweige hoch über uns gerichtet.

«Aber warum nicht? Ich habe doch jetzt alle Bereiche der Natur erfahren, von denen du gesagt hast, ich müßte sie erforschen. Ich habe viel gelernt. Was hindert mich jetzt noch?»

Er zeigte in das Geäst des Baumes empor, an dem ich lehnte. «Das ist so schön», murmelte er. Neugierig starrte ich hinauf, folgte mit den Augen jedem Ast und jedem Zweig und bemühte mich vergeblich, das Lebewesen zu entdecken, das seine Bewunderung und Aufmerksamkeit erregt hatte. Systematisch suchten meine Augen den Baum ab; aber ich konnte nichts finden. Schließlich gab ich mich geschlagen und fragte: «Was denn?»

Er wandte sich mir zu, und in der goldenen Kuppel seines Kopfes schien sich die aufgehende goldene Sonne widerzuspiegeln. «Schau, wie sich die Blätter vom Himmel abheben. Beobachte das Spiel ihrer Bewegungen. Sie leben.»

Wieder blickte ich in die Baumkrone empor. Ach ja! Er hatte recht. Jetzt konnte ich die Bewegung der hübsch geformten, graugrünen Blätter, die sich vom klaren blauen Himmel abhoben, erkennen und ihre Schönheit würdigen. Vielleicht herrschte dort oben in den Zweigen ein Windhauch; doch jedes der Blätter bewegte sich, als führe es ein Eigenleben und unterhalte sich mit seinem Nachbarn.

*«Deshalb.»*

«Wie? Was *deshalb?*»

«Deshalb bist du noch nicht bereit.»

«Was! Nur weil mir die Blätter nicht so aufgefallen sind wie dir?»

«Nein. Weil du dich so sehr auf die Form konzentrierst, daß du das Formlose nicht wahrnimmst. Die Blätter, von denen du so leichthin behauptest, daß sie vom Wind bewegt werden, sind in Wirklichkeit von ganz anderen Kräften beseelt, an die du dich hättest erinnern sollen.»

Ich runzelte verwirrt die Stirn.

«Durchlebe es noch einmal. Erinnere dich.»

Ich begann bei meiner Begegnung mit den Delphinen und arbeitete mich unsicher durch die Vielfalt der außergewöhnlichen Erfahrungen hindurch, die Pan mir in der letzten Zeit eröffnet hatte. Als ich schließlich bei meinem Erlebnis mit dem Brombeerstrauch angelangt war und die Beziehung zwischen dieser Pflanze und den winzigen Wesen noch einmal erlebte, begriff ich den Zusammenhang. «Und was nun?»

«Vor kurzem bist du wieder mit einer weiteren Form intelligenten physischen Lebens in Verbindung getreten. Jetzt mußt du deine Verbindung zur metaphysischen Intelligenz auf diesem Planeten erweitern und ausdehnen.»

«O Gott! Nimmt das denn nie ein Ende?»

«Das mußt du selbst entscheiden.»

«Ich habe es nicht so gemeint.»

Pan lachte spitzbübisch in sich hinein. «Bist du bereit?»

In der Eile überstürzten sich meine Worte. «Warte-einen-Augenblick-ehe-du-mich-wieder-aus-meinem-Körper-herausreißt. Laß mich selbst hinausspringen.» Ich war ganz außer Atem.

Es war ein Vergnügen, sein Lächeln zu sehen. «Das hatte ich ohnehin vor.»

Mit aller Kraft sprang ich in die Höhe und ließ mich ein paarmal schwer wieder zu Boden fallen. Dann hatte ich plötzlich meinen Körper verlassen und schwebte in die Höhe.

Zu meinem Erstaunen balanciere ich auf den schmalen Zweigen eines abgefallenen Astes entlang. Normalerweise hätte ich sie unter meinem Gewicht platt gedrückt; doch jetzt tragen sie mich mit Leichtigkeit über einen Meter hoch über dem Boden. Um mich her ist Licht, das aus irgendeiner inneren Quelle strömt. Mir kommt der Gedanke, daß ich dieses Licht bin.

Als ich die Zweige wieder verlasse, eröffnet mir meine Schwerelosigkeit eine ganz neue Erfahrung. Ich hebe die Arme und treibe sanft nach oben. Dann strecke ich die Arme in Schulterhöhe aus und schwebe. Die Zeitlosigkeit ist deutlich erkennbar; ich kann sie spüren. Kein Älterwerden trübt dieses wunderbare Reich. Es gibt keine Eile – man muß nichts tun, nichts zu Ende bringen –, nur ein zeitloses Gefühl des Seins.

Ich betrachte den Baum durch Augen, die zweifellos meine eigenen sind, aber normalerweise geschlossen sein müßten. Was für ein Dilemma! Ich versuche eine metaphysische Erfahrung mit Worten zu beschreiben, die für eine physische Realität geschaffen worden sind. Der Baum, an dem ich meine Augen ergötze, ist etwas Physisches und gleichzeitig mehr als das. Ihn als schön zu bezeichnen wäre banal. Er geht über unsere Vorstellungen von Schönheit hinaus; er *lebt* auf eine Weise, die unser Verständnis dieses Begriffs weit übersteigt. Zum Beispiel der abgefallene Ast, auf dem ich stehe: Nach unserer normalen Definition ist er totes, lebloses Holz, und doch sehe ich jetzt, daß er vor Energie geradezu überquillt. Er wird zwar nicht mehr vom Lebenssaft des Baumes ernährt; trotzdem pulsiert in ihm ein Leben, das nicht von dem Baum und seinem Wachstum abhängig ist. Trotz seines Fäulnisprozesses ist das «tote» Holz ein Kraftfeld in sich: Es beherbergt eine unglaubliche Schar winzig kleiner, beinahe durchsichtiger Lebewesen.

Und erst der Baum, von dem der Ast abgefallen ist! Nach unserem Verständnis ist es ein ganz normaler Eukalyptusbaum, dessen Form und Blätter nicht besonders schön sind. Doch in dem Bereich, in dem ich mich jetzt befinde, ist der Baum von atemberaubender Schönheit. Er ist ein lebender Regenbogen, der sich säulenförmig aus der Erde hervorschiebt und in die Form des physischen Baums hineinfließt. Dieser Energie-Regenbogen ist von einer Hülle pulsierender, weißer, regungsloser Bewegung umschlossen.

«Hübsch, nicht wahr?»

«*Hübsch!* Das ist wirklich untertrieben.» Erwartungsvoll drehe ich mich nach Pan um, aber er ist nicht mehr bei mir. Statt dessen ruht mein Blick auf einem Elfen, einem typischen Elfen, so wie ich ihn aus den Büchern meiner Kindheit in Erinnerung habe, nur mit einer Ausnahme: Er ist fast einen Meter groß!

«Es hat keinen Sinn, nach Pan zu suchen. In diesem Reich bin ich dein Führer.»

«Oh, äh . . . Danke.»

«Hast du etwa Angst?»

«Nein. Ich glaube nicht. Ich bin nur ein bißchen außer Fassung.»

«Ja? Warum?»

«Aus mehreren Gründen. Erstens wußte ich nicht, daß Elfen so groß werden können. Zweitens: Pan hat mit keinem Wesen meiner Vorstellungskraft Ähnlichkeit; du dagegen bist ein typischer Elf, so wie er in den Märchen vorkommt. Das finde ich – gelinde gesagt – ein bißchen seltsam. Du trägst sogar das typische Elfenkostüm.» Ich muß lächeln. «Du bist eine Überraschung und auch wieder keine!»

Der Elf lacht – ein Klang, der eine erschreckende Ähnlichkeit mit den Glockenspielen hat –, und ein Verdacht steigt in mir auf. «Du bist doch nicht etwa Pan und nimmst mich auf den Arm?»

Da ertönt noch lauteres Gelächter, in das Myriaden winziger Lebewesen einstimmen, die kleiner sind als Wasserjungfern. Sie fliegen um meinen Kopf herum und tauchen mit offensichtlichem Vergnügen in meine Lichtaura ein. Ich habe den Eindruck, daß sie ebenso in mir herumschwimmen, wie ich in dem Fluß geschwommen bin.

«Nein, wirklich nicht! Ich bin nicht Pan. Er ist ein eigenständiges Wesen.»

Verwirrt betrachte ich den Elfen wieder. Ich habe den Eindruck, daß er weder ein weibliches noch ein männliches Wesen ist. Er gehört beiden Geschlechtern und doch gleichzeitig keinem an! Er trägt ein kleines grünes Käppchen auf zarten goldgelben Locken und ist vom Hals bis zu den Hand- und Fußgelenken in ein hauteng anliegendes Gewand eingehüllt. An den winzig kleinen, schmalen Füßen trägt er braune Stiefel, die vorn spitz sind. Das Gesicht, das mich jetzt mit belustigter Toleranz betrachtet, ist schön – die Gesichtszüge sind fein, und dennoch spricht Stärke aus ihnen. Über den schmalen, klar umrissenen Lippen sitzt eine winzige Nase von vollendeter Form. Blaue, sehr eindringliche Augen blicken in die meinen, und ich fühle mich auf eine Art und Weise mit diesem Wesen verbunden, die ich nicht begreife. Eine sehr lächerliche Frage drängt sich mir auf. Wie hat er eigentlich diese Kleidungsstücke anbekommen? Sie haben keine Knöpfe und keine Reißverschlüsse! Der Elf und seine Kleider sind untrennbar miteinander verbunden. Merkwürdig.

Offensichtlich sind meine Gedanken so leicht zu durchschauen wie immer!

«Ich ziehe diese Kleider nicht an. Ich ziehe sie zu mir her. Ich kann alle Formen anziehen, die ich anziehen möchte . . . mit gewissen Einschränkungen. Meine Kleider *sind* einfach *da*.

Meine jetzige Gestalt habe ich durch dich bezogen; sie entstammt der Vorstellung, die du von Elfen hast.»

Aha! Das erklärt vieles. «Du kannst also auch eine andere Gestalt annehmen, wenn du möchtest?»

Im Nu verschwindet der Elf, und an seiner Stelle steht ein Faun von ungefähr der gleichen Größe und Statur vor mir – ein weiteres wunderbares Geschöpf. Sein Kopf ist aus dem eines Kindes und einer jungen Ziege zusammengesetzt; die beiden Gesichter gehen so ineinander über, daß sie vollkommen natürlich wirken. Auch das ist der typische Faun, wie man ihn aus alten Sagen kennt. Er hat den Körper eines Jungen und die Beine und Füße eines Zickleins.

«Gefalle ich dir?»

«Ich finde dich wunderbar. Ich *liebe* dich.» Das überrascht mich zwar, aber es ist die Wahrheit.

Der Faun verschwindet, und an seine Stelle tritt wieder der Elf. «Welche Gestalt ist dir lieber?»

«Heißt das, ich darf selbst entscheiden?»

«Wenn du das Bedürfnis danach hast.»

«Habe ich nicht. Mir ist jede Gestalt recht, die du annehmen möchtest. Auch wenn du deine Form veränderst, bleibt deine Energie doch immer dieselbe. Ich weiß zwar nicht genau, wie, aber ich erkenne dich an deinem Wesen.»

Sofort verschwindet der Elf wieder, und diesmal erscheint an seiner Stelle ein funkelndes Licht, das ungefähr so groß ist wie ein Pingpongball. «Fühlst du dich auch jetzt wohl in meiner Nähe?» Die Worte dringen mir durch das gleiche innere Gehör ins Bewußtsein, und ich spüre das Sein des Lichts.

«Ja, vollkommen. Hast du eigentlich auch einen Namen?»

«Nicht in der menschlichen Sprache. Gib mir einen.»

«Wie wäre es mit Ping?»

«Der Name gefällt mir. Hast du noch Fragen?»

«Nein.»

«Dann bist du also bereit.»

«Bereit, durch das Tor zu gehen?» frage ich aufgeregt.

«Ach du lieber Himmel, nein. Bereit für unser Reich, meine ich.»

«Ich denke, ich bin schon in eurem Reich!»

Ping lacht leise in sich hinein. «O nein. Bis jetzt hast du noch gar nichts davon gesehen!»

«Oh! Wo müssen wir denn dann hingehen?»

Ping fliegt um mich herum, ein blitzender, funkelnder Lichtkreis. «Wir befinden uns erst an der Grenze meines Reichs – gewissermaßen noch halb in deinem und schon halb in meinem. Folge mir und tue, was ich dir sage.»

Ich sehe eine große Kugel aus blaßsilbernem Licht in meiner Nähe. Wie ich dort hingekommen bin oder wo sie hergekommen ist, weiß ich nicht. Sie sieht so aus, als sei der Mond auf die Erde gefallen, und befindet sich an der Grenze zwischen Durchsichtigkeit und Undurchsichtigkeit. Ping fliegt schon darauf zu, und nach kurzem Zögern folge ich ihm. Halb schwebe, halb fliege ich. Jetzt wird mir klar, daß Pan mir damals geholfen haben muß, ohne daß ich es merkte, als er mich auf der Wasseroberfläche schweben ließ. Zuerst fühle ich mich noch ein bißchen unsicher, als ich Ping nachfliege, doch ich bekomme meine Bewegungen immer besser unter Kontrolle.

Als ich durch die silberne Kugel hindurchschwebe, spüre ich, wie ein kurzes Frösteln mein Sein durchdringt; dann ist es wieder verflogen. Was ich sehe, fühle, bin, ist ein reines Wunder. Es ist zwar noch Tag, aber das Licht ist kein Sonnenlicht, sondern wirkt eher silbern. Zarte, feine Schemen aus glühendem Licht werfen Schatten, die keine Ähnlichkeit mit normalen Schatten haben. Diese Schatten sind irgendwie durchsichtig und ätherisch; sie erhellen alles, worauf sie fallen, statt es in Dunkel zu hüllen. Das Licht ist faszinierend – es kommt eher von innen als von außen und ist eindeutig eine Energie. Ich weiß, daß auch das normale Licht auf der Erde eine Energie ist, aber das hier ist etwas ganz anderes – dieses Licht kann man *spüren*. Es prickelt durch meinen ganzen Körper. Meine Substanz, mein Essen, meine Getränke, ja sogar meine Atemzüge – alles ist Licht.

Ich atme nicht; ich verspüre kein Bedürfnis danach. Das Licht ist alles, was ich brauche, alles, was ich bin. Ich empfinde dieses Licht als mein Sein, und was noch wunderbarer ist – ich spüre mein Sein in dem Licht. Wo dieses Licht scheint und dieses ätherische Reich erleuchtet, da bin ich.

Ich bin Ping, eine Seinserfahrung, die sich grundlegend von der des Menschseins unterscheidet; und doch umfaßt sie dieselben Noten eines kosmischen Liedes. Unsere innere Melodie ist *eins*, aber der Sänger und das Lied unterscheiden sich sehr voneinander.

Vor mir liegt ein kleiner, leuchtend grüner Hügel. Ich könnte auch sagen: erleuchtet grün oder lebendig grün. Alle Begriffe wären zutreffend. Jenseits des Hügels ist alles in ein silbernes Licht eingehüllt; man kann nicht in die Ferne sehen. Alles ist hier und jetzt. Ich bin in alles mit einbezogen, was ich sehe; etwas anderes gibt es nicht. Auf dem Hügel wachsen kleine Bäume, erstaunliche Bäume. Die physische Baumform ist deutlich zu erkennen; und doch befinden sich innerhalb und außerhalb des Baumes weitere Baumdimensionen. In allen Bäumen strömt ein ähnliches fließendes, sich ausbreitendes Regenbogenlicht, das von unzähligen bienengroßen Wesen durchdrungen ist, die ebenfalls aus intensivem Licht bestehen. Ich kann an ihnen keine Form erkennen, nur Licht . . . und Energie. Aber was für eine Energie! Schon in der Nähe dieser Myriaden winziger Wesen zu stehen ist, als träfe einen ein Windstoß hitzeloser Energie, so wie in dem Gemach im Leitstein.

«Ohne deine Unterstützung könnte es keine Bäume geben.» Pings Stimme und sein Lichtkörper sind ganz in meiner Nähe. Natürlich sehe ich das, was ich wahrnehme, nicht mit meinen physischen Augen! Ich nehme es spirituell, ganzheitlich in mich auf. Auf unerklärliche Weise bin ich alles, was in diesem Reich geschieht. Ich sehe es nicht – ich *bin* es. Darüber hinaus kann ich es nicht erklären.

Die winzig kleinen Energieflecken, Naturgeister, flitzen ständig aus dem Baum heraus und wieder in ihn hinein. Offensichtlich hat der physische Baum für sie keine dichtere Substanz als das Regenbogenlicht. Aber das ist noch nicht alles. Ich sehe noch ein anderes Wesen, das den Baum umschließt und gleichzeitig von ihm umschlossen wird. Mir ist bewußt, daß der Baum sterben müßte, wenn man die beiden trennen würde; doch der Geist des Baumes ist ewig, unsterblich, und der Baum auch. Selbst wenn der Baum gefällt wird oder an Altersschwäche zugrunde geht, sind der physische Baum und der Geist des Baums immer noch eins. Der Tod ist die große Illusion unserer physischen Realität. Dieses Wesen, das häufig als Deva bezeichnet wird, hat einen Einfluß, der über den physischen Bereich des Baumes hinausgeht. Das spüre ich. Alle Bäume derselben Art sind von dem ätherischen Körper eines Deva umschlossen, so weit sie in physischer Hinsicht auch voneinander getrennt sein mögen.

Ich spüre Pings Zustimmung, als ich und der Deva in unserem Bewußtsein miteinander verschmelzen. In diesem Reich gibt es nur das Jetzt und das Hier; alles andere ist in silbernes Nichts eingehüllt. Das gilt auch für die Realität des Deva. Für diesen Naturgeist existieren Zeit und Entfernung nicht. Die Erde ist nicht mehr als meine Handfläche; Anfang und Ende sind nicht mehr und nicht weniger als das Jetzt. Das ist die Realität des Deva. Selbst der Hügel umschließt ein Geistwesen und wird von ihm umschlossen. Dieses Geistwesen unterscheidet sich von dem des Baumes insofern, als der Deva den Baum mit der Luft verbindet, während der Geist des Felsens ihn mit der Erde in Verbindung bringt. Und die Bäume? Sie sind eine Energieleitung, die die Sterne mit der Erde verbindet. Sie sind für unser Wohlbefinden, unser Gleichgewicht und unsere universelle Schau von unschätzbarer Wichtigkeit.

Ping bewegt sich auf den Hügel zu und hält am Gipfel inne. Als ich ihm folge, entfaltet sich eine ganz neue Szene vor mir. Auf dem Gipfel des Hügels drängen sich verschiedene Arten von Naturgeistern. Viele hundert Elfen bewegen sich in einer Ordnung und mit einem Zielbewußtsein, das irgendwie poetisch und verwirrend zugleich ist. Alle strahlen vor allem Sanftmut und Freundlichkeit aus. Über den Elfen schweben winzige Lichtmuster, die sich abwechselnd in eine Spirale verflechten und wieder von ihr lösen. Als ich sie mir genauer ansehe, erkenne ich, daß es winzig kleine, durchsichtige Gestalten sind, die ebenso anmutig wirken wie ... Feen! Bezaubert sehe ich, wie sie mir zublinzeln – es sind tatsächlich winzig kleine, durchsichtige Feen. Dann verwandeln sie sich in intensive Lichtflecken – und dann wieder in Feen. Sie haben die Anmut und Leichtigkeit von Schmetterlingen, die ihre zarten Flügel im Sonnenlicht entfalten und wieder schließen.

Ping schwebt ganz in meiner Nähe und kümmert sich um mich, statt sich an den Aktivitäten auf dem Hügel zu beteiligen. Ich schaue zu, völlig gebannt von dem Zauber dieses anderen Reichs, das sich gleichzeitig innerhalb und außerhalb unseres menschlichen Reiches befindet.

Allmählich verblassen die Elfen, verwandeln sich in Licht und erscheinen nach kurzer Zeit wieder, als sei nichts geschehen. Das ist verwirrend, wirkt aber keineswegs unnatürlich. Inzwischen habe ich den Eindruck, daß die meisten Elfen von dem Licht aufgesogen worden sind, und sie beginnen einen komplizierten Tanz aufzuführen, bei dem sie sich in einem ständig wechselnden Muster elastischer Linien ineinander verflechten. Sie schmiegen sich jetzt nicht mehr an die Umrisse des Hügels an und wirken wie ein multidimensionaler Lichttanz. Eine Lichtlinie verglüht einfach, um an einer anderen Stelle wieder aufzutauchen und das schöne Tanzmuster fortzusetzen. Über diesem Tanz, der einer genauen Ordnung zu folgen scheint und doch ein Ausdruck völliger Freiheit ist, wirbeln Myriaden winzig kleiner bunter Lichter mit ungeheurer Geschwindigkeit im Kreis herum. Auch sie sind ein Teil dieser komplexen Verflechtung unzähliger Energien.

Zehn der Elfen haben ihre typische Elfenform beibehalten.

Jetzt fassen sie sich an den Händen und bilden vor Ping und mir einen Kreis.

«Sie möchten, daß du dich in die Mitte des Kreises stellst», sagt Ping aufmunternd.

«Muß ich irgend etwas tun?» frage ich.

Ping lacht leise. «Eigentlich nicht. Du tust schon etwas, indem du dich hineingibst.»

Leicht wie eine Feder trete ich einen Schritt nach vorn. Der Kreis öffnet sich, um mich einzulassen, und schließt sich dann wieder um mich. Allmählich werden die Körper der Elfen immer heller und lichter, bis ihre Gestalten in einer mächtigen inneren Erleuchtung aufgehen. Allmählich wird der Lichtkreis immer kleiner und kommt immer näher, bis er mich berührt..., und da sehe ich plötzlich alles mit ganz neuen Augen.

Ein schwach schimmernder, violettrosa Lichtstrahl strömt vom Himmel herab und hüllt den Hügel ein, auf dem ich stehe. Merkwürdigerweise kann ich erkennen, daß dieses Licht aus unendlich winzigen Farbteilchen besteht. Sie wirbeln unaufhörlich im Kreis herum, nach dem gleichen Bewegungsmuster wie der Tanz der Naturgeister. Mir ist bewußt, daß dieses herabströmende Licht ununterbrochen von der Erde aufgenommen wird und eine Energiequelle für sie darstellt.

Ich habe den Eindruck, daß im Zentrum dieses wirbelnden Lichts winzig kleine Schneeflocken ziellos herumtanzen, als würden sie von einem inneren Windstoß angetrieben, der zu dem geordneten Muster der natürlichen Energie im Widerspruch steht. Schwach hallt der Klang ferner Glockenspiele, der einen nicht losläßt, über den Hügel. Dann verdichten sich die Schneelichtflocken auf eine Art und Weise, die sich jeder Logik entzieht, und vor mir steht Pan.

Er sieht mich an und lächelt, und in diesem Lächeln liegt mehr Liebe, als ich je für möglich gehalten hätte. Eine Liebe, die über jedes menschliche Fassungsvermögen hinausgeht, überströmt mich und badet mich in reiner Güte. Nur in seiner Essenz ist er derselbe Pan, der mich in unserer physischen Realität immer besucht. Er *ist* das violettrosa Licht, die Energie der Erde, der Geist der Natur.

«Erkennst du deine Umgebung?» Seine Stimme erklingt in mir – kristallklar und unverwechselbar die Stimme Pans.

«Nein. Muß ich das?»

«Das ist der kleine Berg, auf dem du wohnst. Sicherlich ein tieferer Einblick, aber derselbe Ort, der dieselben Energien zum Ausdruck bringt.»

«Du lieber Himmel!»

Pan stößt ein dumpfes Lachen aus. «Das finde ich gut. Denn es ist tatsächlich der Himmel – du mußt ihn nur sehen können. Ebenso ist die Erde der Himmel, jetzt und hier – vorausgesetzt, daß du diese Realität akzeptieren kannst.»

«Und wie soll ich das machen?»

«Du mußt wissen, wer du bist.»

«Ja – wer bin ich denn?»

«Man kann niemandem sagen, wer er ist. Das ist eine Erfahrung, eine Veränderung der Realität und des Bewußtseins. Der Delphin hat dir verraten, wer du bist, aber erfahren kannst du es erst, wenn du dieses Größere Ich bist.» Er lachte leise. «Das ist die Ironie der Wahrheit. Die Erkenntnis, wer du bist, umfaßt alles, was du im Augenblick erlebst; aber dieses Erlebnis steht unter meinem Einfluß. Erst wenn du zu diesem Größeren Ich wirst, erst dann wirst du erfahren, daß du das schon immer gewesen bist.»

«Ist das der Grund, warum Treenie und ich hierhergezogen sind? Wegen des Berges?»

«Es gibt keine einzelnen Gründe. Alles ist in einen großen Zusammenhang eingebettet. Der Berg ist für diesen Zeitpunkt *euer* Zuhause. Es gibt ebensowenig einen einzigen *Grund* für etwas, wie es eine einzige Realität gibt. Das Leben ist so wie der Kristall mit vielen Facetten, den du auf dem Plateau erlebt hast. Jede Facette umfaßt das Ganze, und doch ist die menschliche Sicht des Lebens nur eine einzige Facette. Erkenne den Kristall als Ganzes, dann weißt du, wer du bist.»

«Das ist sehr schwierig. Ich habe die Erfahrungen der Natur durchlebt, wie du es von mir verlangt hast, aber ich weiß immer noch nicht, wer ich bin – jedenfalls nicht auf die Art und Weise, von der du gesprochen hast. Was gibt es denn außerdem noch?»

«Die Facetten des Ich.»

«Und wie soll ich mein ... Ich in den Griff bekommen?»

Die Glockenspiele und ein köstliches Lachen durchdringen die Dunkelheit.

«Ich bin sicher, daß du es schaffen wirst – auf deine unnachahmliche Art und Weise.»

Traurigerweise ist der Klang der Glockenspiele das einzige Geräusch, das bleibt, während die ganze übrige Szene um mich her allmählich verblaßt. Erst jetzt merke ich, daß ein schwacher Klang von Schönheit, die einen nicht losläßt, mein ganzes Erlebnis durchdrungen hat. Dieser Klang ist mir so fremd und doch so vertraut, daß ich ihn erst wahrnehme, als er verklingt – oder, um es genauer auszudrücken, als ich nicht mehr in der Lage bin, ihn in mich aufzunehmen. Als ich wieder in eine dichte physische Realität hineingezwungen werde, geht mir der Klang der Ewigkeit verloren.

Alles verschwindet. Nur allzubald ist nur noch Ping da, und mich beschleicht ein Gefühl verzweifelter Traurigkeit – ich bin traurig, weil sich nichts verändert hat. All diese unerwarteten Wunder bestehen weiter, aber ich bin durch die Natur meiner physischen Realität von ihnen ausgeschlossen. Sie befinden sich außerhalb meiner Reichweite.

«Das ist es ja gerade!»

Selbst als Pings Worte in mein Bewußtsein dringen, bin ich mir gleichzeitig auch noch meiner eigenen Gedanken bewußt. Ich bin gar nicht wirklich aus dieser Realität ausgeschlossen, obwohl sie etwas Nichtphysisches ist. Eines der Ziele dieser Reise in die Natur besteht darin, daß ich etwas über andere Realitäten erfahre und mich auch in ihnen zu Hause fühle. «Ist das der eigentliche Zweck des Lebens?» frage ich Ping.

«Ja und nein. Das ist eine Realität des Lebens, nicht *die* Realität. Und zufällig befindet sie sich nicht außerhalb deiner Reichweite. Das, was du gerade erlebt hast, ist ein Teil deiner Aufgabe auf dieser Erde.»

«Und worin *besteht* meine Aufgabe auf der Erde?»

Ping erscheint jetzt wieder in Gestalt eines typischen Elfen und schwebt ein paar Zentimeter über dem Boden. «Es hat nur einen Sinn oder einen Wert, wenn du deine Aufgabe selbst entdeckst.»

Ich gebe es auf.

Ping schwebt zu mir herüber, und wieder nehme ich den Wald so wahr wie vorhin, als Säule aus Licht und Farben, die jeden Baum umschließt und gleichzeitig von ihm umschlossen wird.

«Kann ich dir einen Rat geben?» fragt Ping.

Gespannt wende ich mich ihm zu. «O ja. Ich warte darauf!»

«Versuche dir die Erkenntnis zu bewahren, daß alles, was du um dich herum siehst, *du* bist. Es gibt kein Nicht-Ich. Nichts ist von dir getrennt. Wenn du einen Strauch pflanzt oder eine Blume abpflückst, dann bist du dieser Strauch und diese Blume – einzig und allein du. Zwar in einer anderen Form, in einer anderen Verkleidung – aber du bist es.»

Ich bin von Pings Aufrichtigkeit und Eindringlichkeit beeindruckt. Er legt auf jedes *Du* besondere Betonung, als wolle er mir seine Gedanken förmlich einhämmern.

Ping verschwand, und mit ihm wich die ganze metaphysische Realität von mir. Tränen liefen mir über die Wangen, als ich blind auf die kahle physische Schönheit der umstehenden Bäume starrte. Noch nie im Leben hatte ich mich so blind, so benommen, so lebendig begraben, so dicht gefühlt.

Lange Zeit saß ich so da und versuchte wieder mit meiner normalen Realität zurechtzukommen. Ich ließ meine Blicke über die Landschaft schweifen, in der ich noch vor kurzem ein Erlebnis ungeheurer Euphorie gehabt hatte, und versuchte vergeblich, mir diese Bilder wieder ins Gedächtnis zurückzurufen. Unsicher stand ich auf und ging mit meinem schweren Körper und meinen schweren Beinen zu der Stelle hinüber, an der das violettrosa Licht in die Erde geströmt war – oder, genauer gesagt, immer noch strömte. Ich ließ mich niedersinken und legte mich flach auf den Boden in der Hoffnung, einen Teil der Energie in mich aufzunehmen, von der ich wußte, daß sie hier existierte.

Ich blickte zum Himmel empor. Das war das unglaublichste aller Erlebnisse, die ich gehabt hatte. Pings letzte Worte klangen mir noch in den Ohren: «Alles, was du um dich herum siehst, bist *du.*» Jetzt, nach allem, was ich im Bewußtsein der Natur erlebt hatte, konnte ich das glauben und verstehen, aber Ping hatte es mit seinen Worten zusammengefaßt. Das menschliche Bewußtsein wohnt in allem Leben.

Warum hatte Pan mich ins Reich der Naturgeister geschickt? Das konnte nur einen Grund haben: Er wollte mich durch meine eigenen Erfahrungen erkennen lassen, daß diese unsere Welt nicht ganz so ist, wie sie zu sein scheint. Er wollte meine Sicht, mein inneres Wissen erweitern. Und ebenso wie vorher wurde meine Erfahrung mit diesem Reich zu einer Erfahrung des gesamten menschlichen Bewußtseins. Ich hatte auch gelernt, daß unsere Welt nicht *nur* uns gehört. Wir teilen sie uns nicht nur mit der Natur, sondern auch mit Lebewesen einer Dimension, die wir mit unseren physischen Augen nicht erkennen können. Dann erinnerte ich mich an meinen begabten Freund Kinsley und seine Naturgeisterzeichnungen. Es lag auf der Hand, daß manche Menschen diese Dimensionen sehen können. Wo sollte das alles hinführen? Sicherlich gab es in der Natur für mich jetzt nichts mehr zu erfahren – außer der Menschheit!

# 9

# Unterwegs zum Größeren Ich: Wanderungen durch viele Erdenleben

Es dauerte mehrere Wochen, bis ich mein Gleichgewicht wiedergefunden hatte. Jeder Tag schien in Wolken eingehüllt zu sein. Nicht einmal die Sonne konnte mein Gefühl zerstreuen, etwas Wertvolles verloren zu haben. Die Schwere der physischen Welt war mühselig, doch der Normalzustand hatte sich durchgesetzt, der Alltag ging weiter, und allmählich verblaßte der Eindruck, den mein Erlebnis auf mich gemacht hatte.

Pan ließ sich nicht blicken, aber ich hatte das Gefühl, daß er nie weit von mir entfernt war. Ping hätte ich mit offenen Armen willkommen geheißen, aber dieses kleine Wesen war für mich jetzt unerreichbar.

Ich diskutierte mit Treenie ausführlich über das letzte Ereignis. Sie war wie immer eine gute Zuhörerin; aber auch sie konnte mir mein Erlebnis nicht wiederbringen.

Trotzdem gab sie mir einen praktischen Rat. «Ein zentrales Thema deiner Erfahrung war das völlige Aufgehen im Hier und Jetzt. Und es ist doch eigentlich klar, daß du nicht im Hier und Jetzt lebst, solange du darüber nachgrübelst und dich damit herumquälst.»

«Ja, das ist mir klar. Es ist nur – ach, was hat das alles für einen Zweck!»

Die Zeit löste mein Problem. Nach ein paar Wochen zwangsläufiger Teilnahme an den banalen, alltäglichen Realitäten des Lebens war mein Gleichgewicht wiederhergestellt. Ich konnte die Natur wieder in ihrem physischen Erscheinungsbild schön finden und schätzen; aber etwas hatte sich doch verändert. Wer einmal ein solches metaphysisches Erlebnis gehabt hat, dessen Einstellung und Beziehung zum physischen Leben verändern sich zwangsläufig. Meine Fähigkeit, über das Sichtbare hinaus auch das Unsichtbare wahrzunehmen, verstärkte und aktivierte sich. Jetzt wußte ich, daß die Intelligenz, die ich spürte, wenn ich den schweigenden Stimmen der Natur lauschte, nichts Abstraktes war. Wesen aus einer anderen Realität waren die Architekten der Form, die Erbauer unserer physischen Natur. Eine der Erkenntnisse, die ich gewonnen hatte, kam mir erst hinterher zum Bewußtsein. Als ich den übernatürlichen Tanz der Naturwesen beobachtete, war mir irgend etwas daran vertraut vorgekommen. Als ich später darüber nachdachte, wurde mir meine Gedankenverbindung klar. Der Tanz hatte die Form der Doppelspirale der DNA. Jetzt wußte ich, daß es über die DNA hinaus eine Intelligenz einer Rangordnung gab, die sich einer physischen Nachforschung niemals erschließen würde. Ich würde mehr einsetzen müssen als nur meinen Intellekt. Auf der Reise zu meinem wahren Ich würde ich durch Tun und Sein lernen müssen; ich würde mein Wissen durch Nichtwissen erlangen müssen wie die Delphine!

Es war ein Vergnügen, auf unserem kleinen Berg in der Nähe des Meeres einen Garten zu planen und anzulegen. Die nächsten Monate vergrub ich mich in diese Arbeit und schleppte Eisensteinblöcke herum, bis sie die Anordnung hatten, die Treenies und meinem Geschmack entsprach. Den lichten Wald ließ ich unberührt, ebenso das Unterholz, die umgestürzten Bäume und die verfaulten, hohlen Baumstümpfe. Wir entdeckten auch mehrere heimische Orchideen- und andere Wildblumenarten, die uns große Freude bereiteten.

Allmählich begann ich unseren neuen Wohnort zu lieben. Ich fühlte mich jetzt mit dem Geist des Berges verbunden, fühlte mich zu Hause in einem außersinnlichen Teil der Natur, der mich immer mehr erfüllte. Obwohl Treenie und mir sofort intuitiv klargeworden war, daß das *unser* Zuhause war, als wir den Berg zum erstenmal betraten, hatte ich mehrere Monate gebraucht, um mich vom Fluß zu lösen und den Berg zu akzeptieren. Ich empfand zwar jetzt eine stärkere Verbundenheit mit der Natur als jemals zuvor, war aber gleichzeitig viel weniger an sie gebunden. Meine Beziehung zum Land war tiefer, aber auch ausgeglichener und wurzellos geworden.

Trotzdem hatte ich während Pans langer Abwesenheit immer stärker das Gefühl, daß ich nicht das tat, was ich eigentlich tun sollte. Ich begann unruhig zu werden und mich nach jenen Erlebnissen zu sehnen, die er mir ermöglicht hatte. Aber Monate vergingen, und es geschah nichts! Endlich beschloß ich, es allein zu versuchen. Ich dachte lange darüber nach und versuchte mir darüber klarzuwerden, wie, wann und wohin ich sollte. Unter Pans Führung hatte ich immer ein Ziel und einen Bestimmungsort gehabt und außerdem die Gewißheit – oder Hoffnung –, daß er mir helfen würde, wenn ich in zu große Schwierigkeiten geriete. Jetzt stand ich ganz allein da.

Aber mir fiel kein Ziel ein, zu dem es mich innerlich mit unwiderstehlicher Macht drängte. Schließlich strengte ich mein Gehirn bis zum äußersten an, und da kam mir ein neuer Gedanke. Vielleicht war ich jetzt bereit für den Leitstein? Warum sollte ich nicht selbst versuchen, mein Größeres Ich zu entdekken? Sicherlich konnte ich dann durch die Tür gehen und ins Jenseits gelangen. Warum sollte ich meine Einweihung nicht selbst in Gang bringen?

Die Idee begeisterte mich. Es gab keine Antwort auf meine Spekulationen. Ich mußte einfach versuchen, selbst herauszufinden, ob es ging oder nicht.

Ich muß zugeben, daß die Aussicht, es ganz allein zu versuchen, mir Angst einjagte. Meine erste und bisher einzige Reise in den Leitstein war ein nervenaufreibendes Erlebnis gewesen, und eine Wiederholung erschien mir nicht verlockend. Also schob ich es noch einen Monat hinaus und hoffte, daß Pan auftauchen und die Dinge in die Hand nehmen würde. Aber er tat es nicht. Dann versuchte ich mich eine Woche lang davon zu überzeugen, daß es keinen Sinn hatte, mit Dingen herumzuexperimentieren, von denen ich nichts verstand; aber es gelang mir nicht. Während dieser Zeit versenkte ich den Leitstein für ein paar Tage in einem Eimer mit frischem Regenwasser und legte ihn dann in die pralle Sonne, damit er sich mit Energie aufladen konnte, wie ich es früher schon einmal getan hatte. Ich suchte sogar nach dem kleinen, senfkorngroßen Loch, aber es war vergeblich. Auf physischer Ebene existierte es nicht.

Dann kam der unvermeidliche Augenblick. Ich wartete, bis Treenie einkaufen gefahren war, nahm den Leitstein mit hinaus in den Garten zu der Stelle, an der damals das violettrosa Licht in die Erde geströmt war – ich hielt es für besser, mir einen sicheren Ort auszusuchen –, setzte mich bequem hin und lehnte meinen Rücken an einen angenehm runden, glatten Felsblock.

Eine Zeitlang starrte ich den Leitstein an, halb in der Hoffnung, aus meinem Körper herausgezogen zu werden wie damals, aber eigentlich glaubte ich nicht so recht daran und wünschte es mir auch gar nicht. Der Stein lag ungefähr einen Meter von mir entfernt auf einem winzig kleinen Hügel und wirkte genauso unschuldig wie die anderen auf dem Berg verstreuten Steine und Felsbrocken, von denen er sich nur durch seine Honigfarbe und seine Eiform unterschied. Eine halbe Stunde verging, und nichts geschah. Entschlossen, daß es jetzt oder nie passieren sollte, sprang ich heftig auf, warf mich mit aller Kraft dem Himmel entgegen und sank dann wieder an meinem Platz zusammen. Ich sprang auf und nieder, bis ich erschöpft war, und blieb doch völlig an die Erde gebunden. Schließlich gab ich meine Bemühungen voller Ärger auf. Nach zehn Minuten fieberhaften Springens keuchten und pfiffen meine Lungen wie ein alter Blasebalg.

Als ich wieder normal atmete, legte ich mich rücklings ins Gras, schob das Problem bewußt beiseite und entspannte mich. Ich beobachtete einfach, wie die Blätter der Eukalyptusbäume sich sanft in der zärtlichen Brise wiegten, und alle Gedanken wichen von mir. Ganz unabsichtlich beschwor ich vor meinem inneren Auge das Gemach des Leitsteins herauf... und ohne jede Anstrengung fühlte ich mich sofort in den riesigen Raum versetzt.

Wieder bin ich von den hitzelosen Flammen und dem unaufhörlich im Hintergrund wispernden Gesang *«lauf, lauf, lauf»* umgeben. Aber dieses Mal habe ich keine Angst. Sicheren Schrittes gehe ich vorwärts, dringe tiefer in das riesige Gemach ein und suche nach den gewaltigen Türen, die schon damals eine Herausforderung für mich gewesen waren. Ich spüre die Anwesenheit des Torhüters, aber er ist keine Bedrohung mehr für mich. Ich fühle mich nicht bedroht, bin mir nur intensiv einer Gegenwart bewußt. Nach einer Zeit, die mir sehr lang erscheint und in der ich weiter in das Gemach eindringe, beginne ich mich zu fragen, ob die Türen überhaupt noch da sind. Ich bleibe mehrmals stehen und blicke mich suchend in dem sanft beleuchteten Gemach um, das mich umgibt. Das Licht kommt von den immerwährenden Flammen; aber sie versperren mir auch die Sicht auf alles, was vielleicht interessant für mich sein könnte. Mir bleibt nichts anderes übrig, als unermüdlich auszuharren. Mich beschleicht der unangenehme Gedanke, daß ich nicht weiß, wie ich hier wieder herauskommen soll, aber ich schiebe ihn einfach beiseite, denn jetzt habe ich nur noch die Absicht, weiter vorwärtszugehen und die Schwelle zu überschreiten.

Obwohl ich das Gefühl habe, schon seit einer Ewigkeit durch dieses Gemach zu gehen, spüre ich keine Müdigkeit. Es ist zwar paradox, aber selbst in diesem Zustand der Zeitlosigkeit ist mir bewußt, daß ungeheuer viel Zeit vergeht. Ich kann das nicht erklären; es ist einfach so! Ich habe das Gefühl, daß Jahre vergehen, während ich durch das Gemach wandere; aber in Wirklichkeit sind es vielleicht nur Sekunden.

Als ich mich verbissen weiterkämpfe, werden die Flammen um mich herum immer höher. Aus irgendeinem Grund ermutigt mich das, und ich bin gar nicht überrascht, als ich schließlich die riesigen Türen vor mir aufragen sehe.

Sie sind geschlossen; doch wie damals lege ich in der Mitte auf jede Tür eine Hand und schiebe. Sie öffnen sich mit ebensolcher Sanftheit und Leichtigkeit, mit der eine Libelle am Flußufer vorbeifliegt.

Vor mir sehe ich eine andere Erde, die in unberührter Schönheit ihre Kreise zieht – unseren Planeten Erde. Ich brauche nur durch die geöffneten Türen zu gehen, um in dieses Jenseits zu gelangen.

Behutsam strecke ich eine Hand aus, und wie damals stoße ich auf Widerstand. Obwohl ich an diesem mystischen Ort gar kein körperliches Herz habe, spüre ich, wie mein Herz hämmert. Ich drücke heftig gegen diesen Widerstand, aber es ist zwecklos. Je kräftiger ich drücke, um so stärker wird er. Da kommt mir eine Idee. Ich drehe mich um und wende der Türöffnung den Rücken zu. So stehe ich eine Zeitlang lässig da und lehne mich dann wie zufällig zurück gegen die unsichtbare Membran. Doch sie läßt sich nicht überlisten!

Ich versuche mit allen Mitteln, durch diese offene Tür zu gelangen. Ich klettere, springe, krieche, renne sogar einmal zaghaft auf die Membran zu, um mir gewaltsam einen Weg zu bahnen, aber es hilft alles nichts.

Ich gebe mich geschlagen, und wieder schleicht sich dieser hinterhältige, unerwünschte Gedanke in mein Gehirn ein wie ein abscheulicher Wurm: Wie komme ich hier wieder heraus? Ich weiß nicht, wie oder an welcher Stelle ich von hinten in das Gemach eingedrungen bin, und vorn an der Tür komme ich nicht heraus!

Während ich darüber nachgrüble, wird mir plötzlich bewußt, daß sich ganz in meiner Nähe eine bösartige Energie befindet, und ein Schreckensschauer durchfährt mich. Ich sehe mich um und versuche über die Flammen hinauszublicken – da werden sie mit ungeheurer Plötzlichkeit kleiner, und mich umgibt nur noch ein meterhohes, flackerndes Feuer. Meine Besorgnis wächst.

Einem neuen Hoffnungsschimmer folgend, beginne ich an einer der großen Türen entlangzugehen in der Erwartung, an der Stelle, wo sie in die Wand des Gemachs übergeht, Rettung zu finden. Ich habe das unbehagliche Gefühl, daß das ein Trugschluß ist, aber irgend etwas zu tun ist immer noch besser, als einfach tatenlos dazustehen.

Nach ein paar Schritten wird die bösartige, eisige Kälte, die ich empfinde, noch intensiver, und vorsichtig spähe ich nach vorn. Da sehe ich eine leibhaftige, in lebendige Düsternis gehüllte Hexe. Sie starrt mich an. Ihre Augen sind kaltes Feuer, durch und durch böse. Entsetzt ringe ich nach Luft, drehe mich um und renne blindlings los, nur von dem einen Gedanken besessen, von hier fortzukommen.

Da überschwemmt mich plötzlich ein Schwall kalter Hitze. Ich werde in einer totalen Schwärze unablässig im Kreis herumgewirbelt und schluchze vor Entsetzen. Ich bin mir der bösen Gegenwart des alten Weibes bewußt, kann aber nicht mehr rennen. Ich treibe an einem Nichtort dahin, verloren in einer grauenvollen Dimension der Verwüstung und Isolation. Ich weiß nicht, ob Jahrhunderte oder Sekunden vergehen, aber die grauenerregende Dunkelheit weicht allmählich einer gräulichweißen Düsternis. Ich habe meinen Schrecken inzwischen zum großen Teil aus mir herausgeschluchzt. Die Gegenwart der alten Hexe flößt mir zwar immer noch Angst ein, aber sie befindet sich wenigstens nicht mehr in meiner unmittelbaren Nähe.

Ich werde zuerst langsam aufgehoben, dann verstärkt sich die Kraft deutlich, und ich werde in einen großen, elegant eingerichteten Raum geschleudert.

Ich bin ein sechzehnjähriges Mädchen, ziemlich groß für mein Alter, mit langen, blonden Flechten, die mir über den Rücken herabhängen. Ich bin unglücklich, habe Schmerzen und liege im Sterben. Ich heiße Jandine und hatte schon von klein auf das tiefe, leidenschaftliche Bedürfnis zu singen. Das Singen ist mein Leben und meine Liebe, mein einziges Bestreben. Daher war es ein vernichtender Schlag für mich, als mein Vater mir an meinem fünfzehnten Geburtstag das Singen verbot. Er hielt mir einen langen Vortrag darüber, daß eine Familie von unserem sozialen Rang und Wohlstand ein so unfeines Hobby unmöglich dulden könne. Er erklärte mir, er werde seine Position und die Gunst des Königs verlieren, wenn ich mich so herabwürdigte, und drohte mir an, mich nicht nur aus der Familie, sondern auch aus dem Land zu verbannen, wenn ich es weiterhin täte. Das konnte ich nicht hinnehmen. Ich bat meine Mutter um Hilfe, aber sie ist schwach. Er beherrscht sie unbarmherzig, und so ungern ich es auch zugebe, bei Hof ist sie nichts anderes als seine verwöhnte Frau Gemahlin.

Einmal drohte ich sogar, ich würde den König um Erlaubnis bitten, bei Hof zu singen, aber da schlug mein Vater mich und sperrte mich so lange ein, bis ich versprach, ihm keine solche Schande zu machen. Er ist für mich immer eine ferne, unnahbare Gestalt gewesen, die selten etwas gab und mir meine Bitten meistens abschlug; trotzdem habe ich meinen Vater bisher geliebt. Jetzt hasse ich ihn. Und meine Mutter verachte ich. Wie kann so viel Schwäche im Leben so reich belohnt werden? Sie ist ein verabscheuungswürdiges Geschöpf, und ich weiß, daß sie eine heftige Abneigung gegen mich hat. Ich glaube, das liegt daran, daß ich so viel stärker bin als sie. Sie geht mir aus dem Weg – jetzt allerdings aus einem anderen Grund als früher. Früher hatte sie Angst vor meinem Zorn, wenn wir eine Auseinandersetzung hatten, was häufig vorkam; jetzt meidet sie mich, weil sie mir nicht mehr in die Augen sehen kann.

Langsam schiebe ich den seidenen Schal beiseite, den ich um meinen Hals geschlungen habe, und schaue mir wieder das schreckliche Geschwür an, das darunter zum Vorschein kommt. Es ist, als bohre sich eine geballte Faust vom Hals her durch meinen Nacken hindurch. Das Geschwür ist rot, entzündet und bösartig. Ich habe Angst davor, denn ich weiß, daß ich sterben muß. Ich fürchte den Tod nicht allzusehr; ich hatte genug Zeit, mich damit abzufinden. Aber ich bin traurig, weil sich viele meiner Hoffnungen und Träume jetzt nicht mehr erfüllen können. Früher, als ich noch sang, von einem Gefühl der Freude durchdrungen, spürte ich tief in mir ein Wissen, als wolle ein inneres Ich mir etwas sagen. Ich habe das Gefühl, daß ich mehr bin als nur ein sterbliches Wesen, aber ich weiß nicht, mit wem ich gefahrlos über solche gotteslästerlichen Ideen diskutieren kann. Solche Gedanken interessieren mich schon seit langem. Es ist eine Ironie des Schicksals, daß ich nun bald Gelegenheit habe, zu erfahren, ob ich ein unsterbliches Ich besitze, das meinen Tod überleben kann. Manchmal sehe ich in meinen tiefsten, unruhigsten Träumen eine alte Frau auf mich zukommen. Sie hat grauenerregende Augen, die mir die Seele versengen, und ich wache schreiend auf. Ich weiß, daß sie der Tod ist.

Eines Tages, als ich mich besonders krank und schwach fühle, beschließe ich, in den Tempel zu gehen und um Hilfe zu beten. Ich merke, wie der Lakai zurückschaudert, als die Kutsche vor meiner Tür vorfährt, als hätte er Angst, ich könnte ihn anstecken. Ich kann ihm verzeihen, denn so widerwärtig es mir auch ist: Je tiefer sich das Geschwür in mein Fleisch hineinfrißt, um so fauliger riecht mein Atem.

Als ich durch die großen, gerillten Türen des Tempels trete, habe ich ein schlechtes Gewissen, weil ich schon so lange nicht mehr hier gewesen bin. Ich spüre, wie mir ein kühler, frischer Windhauch entgegenweht. Seit das Geschwür sich in meinem Hals festgesetzt hat, war ein kleines, abgelegenes Tal in den dichten Eichenwäldern auf dem Gut meines Vaters mein einziger Zufluchtsort. Dort sang ich ungehört und ungehindert; nur die Vögel und Tiere des Waldes hörten mir zu. Ich sage «sang», denn jetzt kann ich überhaupt nicht mehr singen. Und je mehr meine Stimme versagt, um so schwächer und elender fühle ich mich. Ich bin traurig; es gibt so vieles, was ich bedaure. Wenn meine Mutter doch nur in der Lage gewesen wäre, mir eine Schwester oder einen Bruder zu schenken, dann wäre vielleicht alles anders gewesen; aber das konnte sie nicht. Als ich noch kleiner war, hörte ich einmal zufällig mit, wie eine der Dienerinnen sie als «unfruchtbar wie ein Stück Lehm» bezeichnete. Erst Jahre später verstand ich, was das bedeutete.

Ich trete tiefer in die Kühle des Tempels hinein und nähere mich dem Altar. Außer mir ist niemand da, und dankbar knie ich nieder, um zu beten. Ich bin jetzt so dünn, daß meine Knie fast nur noch aus Haut und Knochen bestehen. Seit Monaten lebe ich nur von dünnflüssigem Haferschleim, weil ich keine feste Nahrung mehr hinunterschlucken kann. Vor kurzem habe ich die Gegenwart dieser todbringenden Frau gespürt, aber ich habe jetzt keine Angst mehr vor ihr. Der Tod ist unausweichlich, und ich akzeptiere ihn ... er ist mir sogar willkommen, obwohl ich nicht weiß, was ich hinterher zu erwarten habe. Ich kann nur hoffen, daß meine tiefsten Gedanken und Empfindungen der Wahrheit entsprechen. Wenn ich ein Ich habe, das über meinen Tod hinaus weiterleben kann, dann ist es auch möglich, daß ich eines Tages wieder in einem anderen Körper lebe. Darum bete ich.

Der Gang zum Altar hat mich alle Energie gekostet, die mir noch geblieben ist. Ich habe ein schwaches Gefühl in den Knien. Da faßt eine Hand sanft nach meiner Schulter. Ich blicke erschreckt auf und sehe einen reisenden Weisen in langem Gewand, der neben mir kniet und mich stützt. Erschöpft und dankbar lehne ich meinen Kopf an seine Schulter, und meine Hand fährt unwillkürlich zu dem seidenen Schal hin, um mich zu vergewissern, daß mein Hals auch bedeckt ist.

Mit einer Sanftheit, die ich noch nie zuvor erlebt habe, nimmt der Weise meine Hand in die seine und zieht mit der anderen den Schal von meinem Hals. Er achtet nicht auf meine schwachen Proteste, und zu meinem erschreckten Erstaunen beugt er sich über mich und küßt meinen Hals. Er küßt mich direkt auf das Geschwür.

Da geschieht etwas Wunderbares. Ich spüre, wie eine Wärme sich in meinem Körper ausbreitet, ein köstliches Gefühl der Entspannung und des Friedens, das alles übersteigt, was ich bisher erlebt habe – und ich schwebe, schwebe, schwebe.

Mir ist bewußt, daß mein Ich dahinschwebt, ein wenig erschüttert von der Art und Weise, wie ich gerade gestorben bin. Wie ich diesen unbekannten Weisen liebe, während ich an einem Nicht-Ort dahintreibe, nirgends, ohne Zeit! Mit einem inneren Glühen der Befriedigung wird mir bewußt, daß ich den Tod tatsächlich überlebt habe.

Ich schwebe, treibe in zeitlosem Raum dahin, von blassem Licht umgeben und umschlossen. Ich treibe, falle, überschlage mich immer wieder... habe Angst... falle... auf Bäume zu... Da ist ein Mann.

Mit raschen Schritten laufe ich durch die tiefen Wälder nach Hause und bin ziemlich zufrieden mit mir. Ich heiße Joaquín. Unter dem Arm trage ich sechs in feuchtes Sackleinen eingewickelte Pflanzen, die die Wissenschaft noch nicht kennt. Bei diesem Gedanken verfinstert sich mein Gesicht, und ich fasse unwillkürlich nach meinem Nacken. Wissenschaftler! Was wissen die denn schon? Wichtigtuerische, aufgeblasene Idioten, die immer zusammenhalten und eine ignorante Elite bilden. Ich koche innerlich vor Zorn, als meine Gedanken ihren gewohnten Gang nehmen und meine Finger sich immer fester um meinen Hals klammern. Ich bin mit einem verkrümmten Nacken und verzerrten Gesichtszügen zur Welt gekommen. Auf meinen Schultern sitzt ein großer Buckel aus knorpeligem Fleisch, und ich muß zugeben, daß ich kein schöner Anblick bin.

Meine Eltern ließen sich durch meine körperliche Mißbildung nicht abschrecken, und der Hauslehrer, den sie für mich anstellten, erklärte, ich sei ein brillanter Gelehrter. Seitdem habe ich auf dem Gebiet der Botanik enorme Entdeckungen gemacht, und dennoch erkennt man mich nicht an. Für die anderen Menschen bin ich eine Mißgeburt!

In den letzten Jahren habe ich das menschliche Wissen über die Natur ungeheuer erweitert. Ich habe entdeckt, daß ich die Fähigkeit besitze, mit der Natur in Verbindung zu treten. Mir ist schon einmal der Gedanke gekommen, daß Gott mich dadurch vielleicht für meine körperliche Behinderung entschädigen wollte. In letzter Zeit fließen mir laufend neue Gedanken, Ideen und Konzepte zu, die mit der Natur zu tun haben, meine Experimente haben diese Erkenntnisse bestätigt. Ich zweifle nicht mehr daran, daß die Natur Ausdruck einer Intelligenz ist; doch solche Spekulationen gelten als Gotteslästerung. Die Natur hat mich gelehrt, daß ich wie alle Menschen unsterblich bin. Manchmal, wenn die Leute mich verspotten, wünsche ich mir, die Unsterblichkeit möge nur mir vorbehalten sein! Im Augenblick suche ich nach einer Möglichkeit zu beweisen, daß jeder Mensch Teil eines Gesamtbewußtseins ist, das auch die Natur mit einschließt; doch ich fürchte, das ist Zeitverschwendung. Es wird mir nur noch mehr Spott eintragen. Ich bin beinahe sicher, daß wir alle ein Größeres Ich haben – oder sind –, aber um diesen Teil unseres normalen, alltäglichen Ich entdekken zu können, bedarf es einer völligen Hingabe an dieses Ziel. Deshalb werde ich meine Theorie vielleicht nie beweisen können.

Ich habe meine Erkenntnisse ein paar Freunden mitgeteilt, und immer mehr Menschen besuchen die Versammlungen, bei denen ich meine Ideen darlege. Das freut mich, denn es ist doch wenigstens eine gewisse Anerkennung.

Ich trete aus dem Schutz der hohen Bäume hervor, die mein Grundstück umgeben, und betrete das Haus. Zu meinem Schrecken wartet ein halbes Dutzend Soldaten auf mich! Sie stürzen sich brutal auf mich. In meinem Haus wurde alles auf den Kopf gestellt, und meine Einrichtungsgegenstände liegen zertrümmert auf dem Boden. All meine botanischen Experimente sind vernichtet, und ihre Bestandteile liegen verstreut umher.

Seit über einem Monat bin ich im Gefängnis. Meine Lage ist aussichtslos. Man hat mich durch Folterungen gezwungen, zuzugeben, daß ich ein Hexenmeister bin. Ich blute und bin an Leib und Seele gebrochen. Man hat mir die Beine ausgerenkt, die Arme gebrochen und das Gesicht verstümmelt. Heute steht mir eine letzte Folterung bevor, in die auch meine wenigen Freunde mit hineingezogen werden sollen; aber dazu bin ich nicht bereit. Diese Folterung wird die letzte sein, weil ich heute sterben werde. Meine Verunstaltung hat mir mein Leben lang Spott und Ablehnung eingetragen. Die wenigen treuen Freunde, die ich habe, sollen für ihre Liebe und Toleranz nicht auch noch leiden müssen.

Ich liege auf eine Folterbank gespannt da, und mein Körper wird langsam gestreckt. Ein heftiger, sengender Schmerz durchfährt meinen Leib wie Feuer. Zu meiner Überraschung steht ein altes Weib in der Ecke und schaut meiner Folterung zu. Sie flößt mir mehr Angst ein als alles, was die Folterknechte mir antun können. Sie verursachen mir nur Schmerz; aber das alte Weib macht mir angst. Sie ist die einzige Bedrohung für mein Gefühl, daß es ein Leben nach dem Tod gibt – und keine physische Qual könnte schlimmer sein als die Gewißheit, daß nach dem Tod *nichts* kommt. In ihren Augen lodert ein böses Feuer, und als der Schmerz sich bis zur Unerträglichkeit steigert, stürze ich langsam kreisend in ein blasses, graues Licht hinein.

Ich schwebe, treibe dahin, mein Schmerz ist zu Ende, meine Wunden heilen ... Ich habe überlebt. Ich hatte recht: Es gibt ein Leben nach dem Tod, aber wer bin ich? Ich bin Jandine ... Nein, ich bin Joaquín ... oder ... bin ich? Ich schwebe, treibe in einem Nebel gedämpften Lichtes dahin, und Bilder flackern und blitzen in meiner Erinnerung auf. Ich falle, stürze auf diese Bilder zu, die ich vor mir sehe ... falle ...

Erschöpft und unglücklich blicke ich zu den Palmwedeln hinauf, die sich an langen, biegsamen Stämmen hin- und herwiegen, und weine leise. Ich bin hilflos, ein winzig kleines schwarzes Baby. Man hat mich ausgesetzt, ehe ich überhaupt laufen konnte. Ich bin geschwächt, habe Hunger und Durst, und mein Bauch ist aufgebläht. Schon seit drei Tagen liege ich unter den Palmen. Jetzt ist meine Zeit abgelaufen. Aus den großen, nässenden Wunden in meinem Körper kriechen Maden, und vom heftigen Zittern tun mir alle Glieder weh.

Ich starre zu den Palmwedeln empor. Unter meinem unverwandten Blick verblassen sie allmählich, und ich falle ins Licht hinein. Ich schwebe und schwebe dahin und frage mich, wer das Kind wohl war? War ich das? Wer bin ich? Ich bin verwirrt. Bin ich Joaquín? Wer ist Jandine? Ich weiß nicht mehr weiter. Wo bin ich? Wer bin ich? Ich *muß* doch irgend jemand sein, aber wer?

Wieder treibe ich dahin. Bilder flackern vor mir auf. Ich erkenne das Bild eines Mannes . . .

Diesmal hören die Menschen mir zu. Es ist nicht leicht, sie von ihrem frömmlerischen, armseligen Gottesglauben abzubringen, aber sie hören wenigstens zu. Sie achten ebensosehr auf die Begeisterung, mit der ich meine Ideen vorbringe, wie auf meine Worte, und das ist gut so. Die Menschen möchten ihre Gottesvorstellung nicht aufgeben. Sie klammern sich an sie, bar jeder Vernunft, blind, aber unnachgiebig.

Es erschreckt sie, daß ihr Gott Urteile über die Menschen fällt und daß man Angst vor ihm haben muß, und doch glauben sie daran. Ich spreche von einem Gott der Liebe, einem Gott des Mitleids; da geht ein Raunen durch die Menge, und ich höre das Wort «Ketzerei». Lehre ich sie denn nicht das gleiche, was auch Jesus gelehrt hat? Ich seufze. Man weiß ja, was mit Jesus passiert ist! Wenn es überhaupt etwas gibt, wovor ich Angst habe, dann ist es die Folter – und doch spiele ich tagtäglich mit dem Feuer.

Ich wünschte, ich könnte ihnen die ganze Wahrheit über

Gott sagen, statt mich hinter verschleierten Andeutungen verschanzen zu müssen. Gott ist in *allem* Leben, in *allen* Dingen. Das weiß ich. Der Himmel ist ein Seinszustand, kein Ort, an den die sogenannten guten Menschen kommen. Ich bin Pantheist, aber der Pantheismus gilt als Teufelsanbetung; also verheimliche ich meinen wahren Glauben. Wie gern würde ich von meiner Suche nach dem Unsterblichen Größeren Ich sprechen. Aber leider spüren nur sehr wenige Menschen den Hunger nach der Wahrheit. Ich versuche ihn in meinen Mitmenschen zu wecken, aber sie hungern nur nach mehr Besitz, mehr Geld. Die wenigsten haben das Verlangen, Gott in ihrem Inneren zu suchen.

Ich reise durch viele kleine Städte und Dörfer und spreche mit immer größerer Leidenschaft und Begeisterung von Gott. Allmählich breitet sich bei der Bevölkerung ein Gefühl der Unzufriedenheit darüber aus, in einem blinden Glauben und in Gottesfurcht gefangen zu sein. Angst hat die Menschen geschwächt. Ich biete ihnen die Kraft der Liebe und die Vergebung Gottes, und davon fühlen sie sich angesprochen. Die Kirchen hetzen und verfolgen mich unablässig, denn sie sehen ihren Einfluß schwinden.

In einer Stadt – diesmal ist es eine größere – versammeln sich meine Zuhörer zu Hunderten. Man warnt mich, daß es Schwierigkeiten geben könnte. Ein paar meiner Anhänger sind schon festgenommen worden, und das ängstigt mich, aber ich kann trotzdem nicht aufhören. Letzte Nacht habe ich von meiner eigenen Festnahme und Folterung geträumt. Im Traum hat eine Stimme zu mir gesagt: «Gib nicht auf, Michael, verlier nicht den Mut. Deine Zeit ist bald herum. Jetzt wirst du auf die Probe gestellt. Sei dir deines Glaubens sicher. Was für Wunden man dir auch zufügen mag – sie werden wieder heilen. Wenn du durchhältst, bin ich wirklich und wahrhaftig dein Gott.»

Es ist also unvermeidlich. Ich habe zwar keine Frau oder Kinder, die mich betrauern könnten. Trotzdem bin ich traurig.

Vor der Folter habe ich eine unerträgliche Angst, die über alle normalen menschlichen Ängste hinausgeht.

Noch ehe ich zu Ende gesprochen habe, kommen ein paar Priester auf mich zu und beschuldigen mich in aller Öffentlichkeit, mit dem Teufel im Bund zu stehen. Ich werde wegen Ketzerei festgenommen und ins Gefängnis geworfen.

Morgen soll ich auf die Folterbank gespannt werden. Ich habe zwei Möglichkeiten. Ich kann meine Lehre verraten, bekennen, daß ich ein Bündnis mit dem Teufel geschlossen habe, und sterben; oder ich kann an der Liebe zu meiner Lehre festhalten, nichts bekennen – und ebenfalls sterben! Ich zweifle nicht daran, daß mein Tod unausweichlich ist, aber die Angst droht mich beinahe zu ersticken. Warum habe ich so große Angst? Fürchte ich, daß sie meinen Willen brechen werden? Die Worte des Engels kommen mir wieder ins Gedächtnis. Ich danke Gott für diesen Trost; aber leider lindert er meine Angst ganz und gar nicht. Ich werde versuchen durchzuhalten. Stellt Gott meinen Glauben auf die Probe?

Dann werde ich an der Folterbank festgeschnallt. Ich habe das verrückte Gefühl, schon einmal hier gewesen zu sein, schon einmal auf der Folterbank gestorben zu sein, aber es müssen Halluzinationen sein, die die Angst mir eingibt. Meine Gedanken schweifen vom Druck der Furcht ab, der auf mir lastet.

Die Folterknechte strecken meine Glieder immer mehr, und der Schmerz in meiner Wirbelsäule wird größer. Aus jeder Pore meines nackten Körpers bricht Schweiß aus; er läuft mir in die Augen und blendet mich. Urin spritzt mir über die Oberschenkel, und meine Eingeweide explodieren, als ein blendender Blitzstrahl der Todesqual meinen Körper durchzuckt. In meinem Gehirn tost und brodelt es, doch ich spüre und höre deutlich, wie mein Rückgrat bricht. Mit weit aufgerissenem, schmerzverzerrtem Mund schreie ich: *«Gott ist Liebe!»* und stürze in ein mich umhüllendes Licht vollkommenen Friedens hinein.

Kein Schmerz mehr. Ich bin geheilt. Ich lebe. Ich sehe Bilder durch das gedämpfte Licht springen, in dem ich dahintreibe.

Ich sehe eine Gefängniszelle, riesige Steinblöcke, grausam und unerbittlich, und stürze voller Schrecken auf den Schmerz zu...

Schweiß brennt mir in den Augen und vermischt sich mit dem verkrusteten Schmutz an meinem Körper. In meinen Handgelenken hämmert der Puls mit unglaublicher Heftigkeit. Ich stoße ein langgezogenes, wildes Stöhnen aus. Ich bin ein kleiner, gelenkiger junger Mann; meine Kleider hängen in Fetzen an mir herunter. Mein Gesicht und meine Kleidung sind blutbeschmiert. Ich sitze auf einem schmutzigen, verlausten Strohhaufen. Um mich herum herrscht eine bösartige Düsternis. Ich habe die Finger in den Mund gesteckt und wiege vor Schmerz meinen Körper vor und zurück.

Ich bin ein Taschendieb, und der Richter hat angeordnet, mir meine Werkzeuge wegzunehmen. Sie haben mir nacheinander lachend die Fingernägel herausgezogen! Nur die Daumennägel hat man mir gelassen.

Ein paar Tage lang dämmere ich in furchtbarem Elend dahin. Ich kann nichts essen; die widerlichen Reste und Abfälle, die sie mir in meine Zelle werfen, würde nicht einmal ein Hund anrühren. Plötzlich höre ich eine Stimme, und knarrend öffnet sich die Tür meiner Gefängniszelle. «Du bist frei. Komm raus.»

Ich wandere durch die Straßen von London, und das Kopfsteinpflaster, das sich früher so angenehm anfühlte, erschüttert meinen Körper jetzt bei jedem meiner unsicheren Schritte. Unbeabsichtigt gerate ich in die Hafengegend, ein schmutziges, gefährliches Viertel, das ich bisher immer gemieden habe. Ich werfe einen Blick auf meine blutverkrusteten Hände und beschließe, sie im Wasser zu waschen. Ich muß sehen, wie verletzt sie sind, obwohl ich weiß, daß sie sich nie wieder leicht wie eine Fliege auf den Geldbeutel einer vornehmen Dame legen werden.

Mit Mühe erreiche ich den Rand eines Stegs aus verfaulenden Holzbrettern, knie nieder und strecke meine Hände ins Wasser. O Gott! Ist das kalt. Ich lehne mich weiter vor. Da gibt eine der morschen Holzplanken lautlos nach.

Ich lande im Wasser und zappele schwach in der betäubenden Kälte umher. Ich greife nach den Holzbrettern und schreie in neu erwachendem Schmerz auf, als meine verstümmelten Finger an das Holz schlagen. Ich kann nicht greifen. Vergeblich rufe ich um Hilfe, und das Wasser strömt mir in den Mund. Es ist niemand in der Nähe, aber für einen kurzen Augenblick sehe ich wieder das alte Weib mit den Todesaugen vor mir. Sie war auch da und schrie laut und anklagend, als ich meine letzte Brieftasche stahl.

Schluchzend versuche ich ein letztes Mal vergeblich, nach der Kante des Landestegs zu greifen, bevor ich untersinke. Ich schlucke Wasser, und mein Körper versinkt dick und schwer in der Themse.

Ich treibe dahin. Jetzt weiß ich, wer ich bin. Ich bin Darfred. Ich bin gerade ertrunken, aber wer ist Michael? Ich treibe weiter. Wer ist Darfred?

Wer bin ich? Ich treibe. Ein junger Mann schlendert durch die Straßen . . . Der möchte ich nicht sein . . . Nein.

Fröhlich vor mich hinpfeifend verlasse ich die Handelshäuser meines Vaters und schlendere in die Stadt – fort von all dem Wohlstand und in die ärmeren Viertel, in denen es viele Bettler gibt. Seltsam, denke ich – die Bettler in den Slums bekommen von den Armen mehr Geld als die Bettler, die in den reicheren Stadtvierteln ihre Hand aufhalten. Wahrscheinlich wird das Mitleid erst aus Schmerz und Not geboren!

Was mich in diese üble Gegend zieht, weiß ich selbst nicht genau, aber ich komme oft hierher. Bettler scheinen mich zu faszinieren. Um mich zu amüsieren, stecke ich manchmal Geld in einen Beutel und befestige ihn an meinem Gürtel. Dann wandere ich durch die Straßen der Slums und warte auf die federleichte Berührung eines Taschendiebs. Wenn er kommt, tue ich so, als merkte ich nichts, und der Dieb bekommt meinen Geldbeutel. Es macht mir nichts aus. Ich bin reich, und sie sind arm. Auf diese Weise ernähre ich viele Familien, und das freut mich. Auch den Kindern gebe ich Geld. Sie wissen, daß man mich leicht anbetteln kann. Ich habe großes Mitleid mit hungernden Kindern. Ich kann den Anblick eines hungrigen Kindes mit seinem aufgetriebenen Bauch einfach nicht ertragen.

Die Leute in den Slums lächeln mir zu. Sie haben nichts mehr gegen mich, obwohl ich mit meinem Reichtum ein Schlag ins Gesicht ihrer Armut bin. Sie kennen mein Spiel, und wir spielen es mit Würde und Geschick. Einmal sah ich ein junges Mädchen mit einem Geschwür am Hals. Ganz unerwartet brach ich in Tränen aus, und sie flüchtete in ihre armselige Hütte. Ein paar Tage später ließ ich eine silberne Münze auf die Straße fallen, als sie gerade hinschaute. Dann versteckte ich mich hinter der nächsten Straßenecke und wartete darauf, daß sie es sich holte. Sie tat es, und ein ungeheures Gefühl der Freude stieg in mir auf.

Ich höre auf, vor mich hinzupfeifen, als sich ein Bettler nähert, den ich noch nie gesehen habe. Die meisten kenne ich schon. Er kommt direkt auf mich zu, was für einen Bettler sehr ungewöhnlich ist. Er ist ganz besonders schmutzig, geht aber nicht gebückt. Es ist etwas sehr Seltsames an ihm, und ich beobachte ihn mit lebhaftem Interesse.

Er streckt beide Hände aus, sieht mir in die Augen und bittet: «Eine Münze, D'avid?»

Aber seine Augen! Noch nie habe ich solche Augen gesehen. Ein Bettler schaut einen meistens nur verstohlen an, und in der Regel erkennt man an seinen Augen, daß er krank ist. Aber dieser Mann blickt mir ganz freimütig und offen ins Gesicht. Es sind die Augen Gottes, der Unsterblichkeit, die einen Blick in die sterbliche Welt werfen.

Erschüttert wanke ich vor diesem Blick zurück. Da hat er sich auch schon wieder umgedreht, und binnen Sekunden ist er in der Menschenmenge verschwunden.

In den nächsten zwei Jahren gehe ich immer wieder in die Slums und suche unablässig nach diesem Mann; denn ich weiß, daß es Gott war. Warum er sich so gekleidet hat, verstehe ich nicht. Ich weiß gar nichts über ihn, aber seine Augen haben mich entflammt, und meine Suche nach Gott wird nie, nie mehr aufhören, bis ich ihn gefunden habe. Obwohl ich noch jung bin, hatte ich stets ein Gefühl der Kontinuität. Ich fühlte immer, daß alles Leben *eins* und daß jedes Individuum ein Teil des Ganzen ist. Ich habe das feste Gefühl, schon einmal gelebt zu haben – eine Empfindung, die noch intensiver wird, wenn ich unter Druck stehe.

Meine Eltern sind außer sich über meine ständige Suche nach dem Gott-Menschen, und es ärgert sie, daß ich so viel Zeit in den Slums verbringe. Wie könnten sie das auch verstehen? Sie sind reiche Händler in einer großen Stadt in Nordfrankreich. Nun, da ich einundzwanzig Jahre alt bin, möchten sie mir ihr Geschäft übergeben, aber es bedeutet mir nichts mehr. Früher habe ich nur für das Geschäft gelebt; aber das war, bevor ich diesen Mann sah. Sie versuchen es mit Argumenten, Drohungen und Bitten; doch nichts kann mich von meinem Vorhaben abbringen. Ich muß diesen Bettler, der Gott ist, wiedersehen. Also streife ich weiter durch die Slums.

Viele halten mich für verrückt. Niemand außer dem kleinen Mädchen mit dem Geschwür am Hals hat den Mann gesehen, den ich ihnen beschreibe. Eines Tages liegt das Mädchen zusammengebrochen in einer engen Gasse. Als ich es nach Hause trage, phantasiert es von einem Bettler mit Sternen im Kopf..., und da weiß ich, wen es meint.

Am nächsten Tag stirbt die Kleine, aber ich kann ihren Tod nicht betrauern. Irgendwie weiß ich, daß sie jetzt bei ihrem Sternenmann ist.

Wieder wandere ich voller Hoffnung durch die Slums. Da sehe ich einen zerlumpten Menschen am Straßenrand liegen. Die Menschen gehen an ihm vorbei, aber ich kann das nicht. Ich muß helfen. Ich knie neben dem leblos daliegenden Körper nieder und erkenne, daß es ein Mann ist. Er sieht mich an, und es ist der, den ich gesucht habe! Seine Augen haben den Tod nie gekannt und werden ihn auch niemals kennen.

«Warum?» stoße ich hervor. «Warum siehst du so aus? Bist du denn nicht Gott?»

Seine Stimme ist sanft, aber klar. «Ich bin Gott in Gestalt eines Sterblichen. Ich bin ein Spiegel. Um mich zu finden, mußt du in dich selbst hineinschauen. Tu es, denn es ist dein Schicksal.»

«Aber wie kommt es, daß dich noch kein anderer Mensch gesehen hat?» frage ich mit tränenerstickter Stimme.

«Sie sehen das Leben nicht. *Ich bin* das Leben.»

Sein Kopf fällt nach hinten, und er ist tot – und straft seine Worte damit Lügen!

Doch schon in dem Augenblick, als ich sein friedliches Gesicht betrachte, wird mir klar, daß ich mich geirrt habe. Er ist nicht tot; er hat sich nur zurückgezogen. Er ist ebenso aus seinem Körper ausgestiegen, wie ich aus meiner Kutsche steige – und mit derselben Leichtigkeit!

Eine Woche später trete ich in ein Kloster ein. Es heißt, daß Klöster heilige Orte sind. Hier werde ich ihn finden.

Vierundzwanzig Jahre sind vergangen, und ich habe dieses Kloster noch kein einziges Mal verlassen. Ich habe Tuberkulose und liege im Sterben. Aber ich habe keine Angst vor dem Tod, denn erst jetzt, in den letzten Stunden meines Lebens, erkenne ich, wie sehr ich mich getäuscht habe. Gott ist nicht in den Mauern eines Klosters gefangen und wohnt auch in keiner Kirche und keiner anderen Institution dogmatischen Glaubens. Damals, als ich durch die Slums wanderte, hatte ich die innere Freiheit eines Mannes erkannt, der mir das Leben demonstrierte – nicht den Tod oder die Armut. Offensichtlich hatte er eine Botschaft für mich, aber ich hatte sie nicht richtig deuten können. Ich hatte Mitleid mit den Armen gehabt und dadurch Gott gefunden. Doch ich merkte es gar nicht, gab den

Seinszustand, der Gott ist, wieder auf und begab mich auf die Suche nach dem, was ich doch schon längst war. Durch meine Suche hatte ich das verleugnet, was ich bereits besaß!

Während meiner Jahre hier im Kloster ist mir die Kontinuität des Lebens zur Gewißheit geworden. Ich weiß, daß ich schon viele Menschenleben auf der Suche nach Gott verbracht habe. In einem Zustand tiefer Meditation bin ich mit einigen meiner früheren Inkarnationen in Verbindung getreten. Ich war eine junge Frau, die an einem Tumor im Hals starb. Ich war ein buckliger Gelehrter, dessen Leidenschaft der Botanik und der Suche nach der Einheit galt. Ich war viele Menschen, die elend zugrunde gegangen sind, und mein jetziger Tod wird sicherlich auch nicht viel besser sein. Aber diesmal muß ich wenigstens keine Schmerzen leiden. Mir ist klargeworden, daß ein Motiv sich wie ein roter Faden durch meine vielen Leben zieht – die endlose Suche nach meinem Ich, die Suche nach der wahren Erkenntnis, wer ich bin.

Heiß steigt mir der Schleim in den Hals, und ich huste. Obwohl ich schon seit so vielen Jahren einem geistlichen Orden angehöre, bin ich innerlich stets meinen eigenen Weg gegangen. Ja, ich habe gebetet wie ein Mönch; aber es war nur ein Lippenbekenntnis. Im Herzen habe ich auf meine eigene Art zu Gott gesprochen. In diesen langen Stunden des Schweigens habe ich gelernt, in mein tiefstes Inneres einzudringen, und hier habe ich Michael gefunden. Er war ein Heiliger. Er – ich – lebte in der Wahrheit und wird in ihr sterben. In diesen Augenblicken der Meditation erfuhr ich, daß ich wieder auf die Welt kommen werde, und zwar als ein anderer Michael. Ich freue mich auf mein nächstes Leben, denn ich habe vieles gelernt, was ich in meine nächste physische Existenz mitnehmen kann. Ich weiß jetzt, daß man das Größere Ich nicht in voneinander getrennten Identitäten, sondern nur in der Ganzheit finden kann. Dieses Wissen wird in meinem nächsten Leben zum Vorschein kommen, und ich werde endlich wissen, *wer ich bin.*

Ein Hustenanfall schüttelt meinen Körper, und ich wische

mir den blutigen Schleim von den Lippen und lächele müde vor mich hin. Was für ein Witz, daß ich Gott ausgerechnet in einem düsteren, strengen, lieblosen Kloster gesucht habe! Gott ist *Liebe!*

Ich liege auf einer dünnen Strohmatratze in einem Holzbett. Meine Zelle – eine Zelle an einem langen, kahlen Korridor mit lauter leeren, einsamen Zellen – hat keine Tür. Selbst wenn in diesen Zellen Menschen wohnen, sind sie leer, denn ohne Liebe besitzt der Mensch nichts, weniger als nichts. Hustend tue ich meine letzten Atemzüge, allein an diesem trostlosen Ort, und empfinde plötzlich eine solche Freude, wie ich sie nie für möglich gehalten hätte. Ich bin erregt und voller Erwartung. In der letzten halben Stunde meines Lebens höre ich ganz schwach, als komme sie von einem weit entfernten Engel, eine Stimme immer wieder *«Michael, Michael»* rufen. Das bestätigt alles, was ich bisher über mein künftiges Ich erfahren habe. D'avid erlischt, und ich fühle mich zu diesem ätherischen, anderen *Michael* hingezogen.

Ohne Angst oder innere Erschütterung spüre ich, wie ich sanft aus meinem Körper herausschwebe. Ich bin voller Freude. Als ich in reinem, schimmerndem Licht dahintreibe, umfangen mich die Arme eines kleinen Mädchens, und ich blicke ihr in die Augen. Kein Geschwür entstellt ihren Hals, und ihre Augen sind die Augen Gottes. Ich lache über diesen Scherz. Kein Wunder, daß ich ihren Namen niemals erfahren habe! Kein Wunder, daß ich Ihn nicht finden konnte. Gott reicht ja durch uns hindurch!

Ich schwebe und treibe in Frieden dahin. Wer oder wo ich bin, weiß ich nicht. Ich finde mich nicht zurecht, aber trotzdem habe ich keine Angst mehr. Bin ich Jandine, Darfred oder D'avid? Ich habe mich in meinen vielen verschiedenen Identitäten verirrt, und ich lache, denn ich habe keine Angst. Ich bin *Liebe* . . . das weiß ich genau.

«*Michael* . . . Michael!»

Krampfhafte Zuckungen schüttelten meinen Körper, und ich schlug die Augen auf. Treenie kniete neben mir, und aus ihrem Gesicht sprachen Besorgnis und Liebe. Ich streckte die Arme aus, umschlang sie, hielt sie lange, minutenlang an mich gedrückt und weinte leise. Sie sagte nichts – dazu war hinterher noch genug Zeit. Sie hielt mich einfach fest, weil sie wußte, daß ich das im Augenblick am dringendsten brauchte.

Ich weinte in Erinnerung an die Leiden und Schmerzen, die ich in meinen früheren Leben erdulden mußte. Ich weinte über mein Leiden als Ganzes und über das Leiden, das keinem Individuum erspart bleibt, wenn es versucht zu begreifen. Und ich weinte, weil ich wußte, daß alle Menschen eine ähnliche Schmerz- und Leidensgeschichte durchlebten wie ich. In meinen Tränen lag die Heilung.

10

# Jenseits der Schwelle

Wir lagen nebeneinander im weichen Gras. All die verschiedenen Identitäten, die ich erlebt hatte, purzelten in meinem Gedächtnis durcheinander.

«Warum hast du mich nicht einfach geschüttelt und aufgeweckt?» flüsterte ich mit zitternder Stimme.

«Das habe ich nicht gewagt. Es war deutlich zu erkennen, daß du woanders warst, und ich dachte, vielleicht ist es gefährlich, dich zu wecken. Ich konnte dich nur rufen.»

«Und wie lange hast du gerufen?»

«So lange, bis ich allmählich Angst um dich bekam.»

«*Wie* lange?» beharrte ich.

«Oh, fast zehn Minuten lang.»

«Nur zehn Minuten!» wiederholte ich erstaunt. «An mir ist in diesen Minuten ein ganzes Leben vorbeigezogen. Ein langes, langweiliges Leben voller Kirchengesänge, Gebete, Meditationen und Elend. Ich habe gefroren, ständig gefroren, außer im Hochsommer. Mein Gott! Steine können unglaublich kalt sein. Mein einziger Trost war die Meditation. Nur in der Meditation konnte ich in einen Zustand der Liebe ... und neuer Entdeckungen eintreten.»

Ich erzählte ihr von D'avid, seiner Begegnung mit dem

Bettler, der Gott war, und den darauffolgenden Jahren im Kloster. Sie hörte mir mit ernstem Gesicht zu.

Wir gingen wieder hinein, und bei ein paar Tassen Tee erzählte ich Treenie meine Geschichte. Jede Einzelheit hatte sich mit einer solchen Intensität in mein Gedächtnis eingegraben, daß ich bei meinem Bericht immer wieder zusammenzuckte.

«So viele Menschen», sagte sie. «Jandine, Joaquín, ein unglückliches schwarzes kleines Baby, noch ein Michael, der arme Darfred und dann D'avid . . ., und das warst alles du.»

Ich lächelte wehmütig. «Es klingt wie eine Schmerzenslitanei. Eigentlich sind Schmerz und Leiden das einzige, was diese Leben miteinander verbindet.»

«Du weißt genau, daß das nicht stimmt. Die eigentliche Verbindung zwischen diesen Leben ist eine spirituelle. Du *warst* all diese anderen Menschen. Wir alle teilen dieselbe Wahrheit miteinander. Jeder Mensch auf diesem Planeten ist irgendwie die Gesamtheit oder zumindest ein Teil aller Identitäten, die er jemals besessen hat. Und in all dem wohnt das Größere Selbst – die Ganzheit unserer Identität.» Sie redete sich in Begeisterung. «Erkennst du das nicht? Das Größere Ich kann man nicht in einer einzigen Identität finden. Wenn man in sich hineinblickt, muß man das Ganze betrachten, nicht nur eine einzige Ansammlung von Gedanken.» Sie sah mich erwartungsvoll an.

«Du hast recht. Ich weiß, daß meine Suche nach dem Größeren Ich viele Menschenleben umfaßt. Einige davon habe ich gerade erlebt. Manche dieser Verbindungen haben mich erschreckt, und doch hätten sie das eigentlich nicht tun sollen. Jener andere Michael, der Wanderprediger, war ein Pantheist. Ich bin auch einer. Wir haben beide den gleichen Glauben: daß Gott in *Allem* wohnt und keine von uns getrennte Gottheit ist. Übrigens an der Stelle, wo das Rückgrat von diesem anderen Michael brach, bekomme ich immer meine Rückenschmerzen. Und denk nur an die Finger des armen Darfred. Ich kaue schon seit meiner Kindheit an den Fingernägeln, und selbst später, als ich damit aufhörte, fuhr ich immer noch unwillkürlich mit den Fingern zum Mund – aber meine Daumennägel habe ich nie angerührt! Das ist mehr als nur eine Angewohnheit. Anscheinend brauchen meine Finger Liebe und das ständige beruhigende Gefühl, daß sie in Sicherheit sind. Unser Bewußtsein wohnt sogar in den Zellen unseres Körpers, und auch diese Zellen haben ihre Erinnerungen. Kannst du dir vorstellen, wie viele Menschen verkrüppelt oder verunstaltet sind, weil sie in ihrer Vergangenheit etwas so Erschütterndes erlebt haben, daß es sich in ihr körperliches Bewußtsein eingegraben hat? Irgendwie erinnere ich mich, daß Pan mir gesagt hat, alle ungelösten Konflikte der Vergangenheit blieben auch in der Gegenwart ungelöst.»

«Versuch doch einmal herauszufinden, was all deine verschiedenen Erfahrungen miteinander gemeinsam haben», schlug Treenie vor. «Dann finden wir vielleicht einen wichtigen Anhaltspunkt, der uns hilft, die Wahrheit unserer Identität zu erkennen. Ich bin auch daran interessiert, denn *die Wahrheit* gilt für alle. In ihrem Glauben unterscheiden sich die Menschen vielleicht voneinander, aber die Wahrheit der Identität ist etwas Allgemeingültiges.»

«Das ist eine schwierige Frage.» Ich dachte eine Weile nach. «Das erste, was mir dazu einfällt, hängt mit meinem Delphinerlebnis zusammen. Da habe ich erfahren, daß der Delphin in jedem Leben mehrere Identitäten gleichzeitig durchlebt, während wir Menschen nur eine erleben. Aber dafür erfahren wir in einer Reihe aufeinanderfolgender Menschenleben verschiedene Identitäten. Das einzige Problem besteht darin, daß diese Leben voneinander isoliert zu sein *scheinen*. In Wirklichkeit ist die Gesamtsumme dieser Leben ein *ganzes* Leben. Also erleben wir die Dinge anders als die Delphine, kommen aber zum gleichen Ergebnis. Wir versuchen im Lauf dieser vielen Identitäten herauszufinden, wer wir eigentlich sind. Der Witz dabei ist nur, daß wir keine dieser Identitäten und doch gleichzeitig *alle* diese Identitäten sind. So viel habe ich gelernt. Mein Verstand wußte es schon vorher, aber es war nicht meine Realität. Der Delphin hat mir auch verraten, daß die Menschen ein unsterblicher Ausdruck der Göttlichen Liebe sind, unsere Identitäten aber nur kurzlebige Ausdrucksformen menschlicher Individualität. Ja – wenigstens diese Realität habe ich inzwischen kennengelernt. Ich habe sie soeben erlebt!»

Ich dachte noch eine Weile nach. «Abgesehen von meinen Erlebnissen in dem Leitstein hat das Tor zum Jenseits in meinen Erfahrungen bisher noch keine Rolle gespielt. Zu diesen Türen muß es offensichtlich einen Schlüssel geben, wie zu allen anderen Türen. Aber der Schlüssel zu diesem Tor ist etwas ganz Besonderes. Ich bin sicher, daß dieser Schlüssel die Selbsterkenntnis ist – das Wissen, *wer ich bin*. Mit anderen Worten: Der Schlüssel ist ein Seinszustand. Wenn man ihn nicht besitzt, gibt die Membran nicht nach. Es kommt nicht darauf an, was wir wissen, sondern was wir *sind!*»

«Da bin ich deiner Meinung», erwiderte Treenie. «Wenn man bedenkt, daß diese Tür die Schwelle zu anderen Realitäten ist, dann ist es sehr wahrscheinlich, daß der Schlüssel zu ihr im Bewußtsein liegt. In dieser unsichtbaren Membran schwingt vielleicht auch ein Teil der menschlichen Liebe mit.»

Ich nickte. «Da hast du recht.»

«Erstaunlich, wie alles miteinander zusammenhängt», sagte Treenie nachdenklich.

«Ich glaube, jede meiner Erfahrungen im mystischen Bereich der Natur hat mir ein wenig mehr darüber offenbart, nach welchen Gesetzen das Leben auf der Erde sich richtet. Jedes Erlebnis schien eine Vorbereitung auf den nächsten Schritt zu sein. Könnte es sein, daß ich mich jetzt in einem Stadium befinde, in dem ich das Größere Ich erkennen und die Membran an der Tür durchdringen kann? Ich vermute, daß mir die Möglichkeit, die Schwelle zu überschreiten, erst jetzt offensteht. Meine anderen Leben waren nur eine Vorbereitung darauf. Ich kann mir nicht vorstellen, was Pan als nächstes mit mir vorhaben könnte. Mir ist nur klar, daß jedes meiner Erlebnisse mit dem Ganzen in Verbindung steht. Als Pan mich zum Beispiel von dem Felsplateau ins Zentrum des riesigen Kristalls hineinführte, sah ich, daß all die kleinen flimmernden Lichter voneinander getrennt waren. Erst als meine Wahrnehmung sich weiter entfaltete, erkannte ich, daß jedes dieser Lichter Teil eines großen Lichts war. Das ist vielleicht auch ein Weg, das tägliche Leben zu erfahren – indem man Verstand, Intuition und Wahrnehmung miteinander verschmelzen läßt. Vielleicht werden uns diese drei Fähigkeiten gemeinsam eine umfassendere Sicht unserer Realität vermitteln, als wir im Augenblick haben.»

«Das interessiert mich sehr», sagte Treenie ermunternd.

«Ja. Im Bewußtsein des Wassers habe ich die Einheit erfahren. Das Bewußtsein des Brombeerstrauchs hat mir offenbart, daß die Individuen einer Art zwar physisch voneinander getrennt, aber im Geiste doch *eins* sind. Der Brombeerstrauch hat mir also bestätigt, was ich vom Wasser gelernt hatte, und es auf eine physische Realität ausgedehnt. Dann vor allem Ping! Ping hat mir gesagt, daß ich in all den Pflanzen um mich herum mich selbst wiederfinden kann. Das bedeutet, daß ich auch in jedem *Menschen* bin. Wir alle sind in allen Menschen. Das ist Einheit! Die Natur und die Menschheit sind *eins*. Wir können nichts über eine ganzheitliche Natur erfahren, wenn wir die Menschheit aus ihr ausschließen, und wir können auch nichts über die Menschen lernen, wenn wir die Natur ausklammern. Um das wahre Ich zu finden, müssen wir offensichtlich das *ganze* Leben in uns aufnehmen.»

Meine Gedanken kehrten wieder zu der Nacht zurück, in der jener grauenvolle Sturm gewütet hatte. Ich erinnerte mich an die letzten Worte des Sturmwesens: «Nur indem du dich dem Sturm hingibst, kannst du ihn besiegen.»

Eine faszinierende Erkenntnis dämmerte in mir auf. Ich sah Treenie erfreut an. «Das Sturmwesen hat mir verraten, wie ich frei werden kann. Es hat gesagt: Nur indem du dich hingibst, kannst du siegen. *Jetzt* begreife ich! Endlich verstehe ich, worum es geht. Die Antwort lautet: Laß dein Größeres Ich einfach zum Vorschein kommen! Laß es in dir aufsteigen, indem du all deine Bindungen an eine bestimmte Identität aufgibst! Wir müssen zu Individuen werden, die sich des Alls *bewußt* sind. Wir müssen das Eine in Allem, das Alles in Einem *sein.*» Jetzt war ich wirklich aufgeregt. «Begreifst du nicht? Wir *sind* schon längst das, wonach wir suchen! Wir ... wir ...»

Ich blickte Treenie flehend an. «Ich spüre es in meinem Herzen, ich weiß es schon beinahe, aber irgendwie schaffe ich den letzten Sprung nicht. Etwas steht mir im Weg.» Ich seufzte ergeben. «Pan hat mir auch gesagt, Nachgeben bedeute, sich einfach fallenzulassen. Man kann es nicht erzwingen. Dadurch, daß man nachgibt, öffnet man sich seinem inneren Selbst. Vielleicht muß ich nachgeben. Nicht aufgeben, sondern nachgeben!»

Ehe ich an diesem Abend zu Bett ging, hatte ich das Gefühl, daß ich Pan bald wiedersehen würde. Ich erzählte Treenie von meiner Vorahnung.

«Das Gefühl habe ich auch», sagte sie. «Ich habe den Eindruck, daß die Ereignisse jetzt allmählich auf ihren Höhepunkt zusteuern. Ich bin gespannt, was passieren wird.»

«Machst du dir Sorgen deswegen?»

«Es beschäftigt mich, aber Sorgen bereitet es mir eigentlich nicht. Ich vertraue auf diesen Entwicklungsprozeß, und ich *weiß,* daß du in guten Händen bist. Und du?»

«Nein, ich mache mir auch keine Sorgen. Aber wenn ich daran denke, daß ich einige meiner vergangenen Erfahrungen noch einmal durchleben müßte ... Ich möchte lieber nicht darüber nachdenken.»

Eine Woche später sah ich Pan an der Stelle, wo ein unsichtbarer violettrosa Lichtstrahl in die Erde eindringt, auf dem Felsen sitzen. Er wirkte so körperlich und greifbar, daß ich mir kaum vorstellen konnte, daß er dasselbe ätherische Wesen war, dem ich vor einigen Monaten an dieser Stelle begegnet war.

«Herzlich willkommen, Michael.»

Jetzt konnte ich dem Blick seiner goldenen Augen standhalten, ohne Angst zu haben oder mich bedroht zu fühlen. Mein Gott, er war so schön! Zum erstenmal begriff ich die erschrokkene Reaktion der Menschen aus früheren Zeitaltern, die ihm begegnet waren. Wenn man eine so unirdische Schönheit nicht akzeptieren kann und sich innerhalb ihrer Aura unbehaglich fühlt, reagiert man zwangsläufig mit Angst und ist nur zu einer verzerrten Darstellung dieser Begegnung in der Lage. Die Grenzlinien zwischen Schönheit und Tierhaftigkeit, Liebe und Angst sind Erfindungen unseres persönlichen Bewußtseins.

«Hallo, Pan. Ich freue mich so, dich zu sehen.» Ich zögerte nur einen kurzen Augenblick, dann fügte ich hinzu: «Darf ich dich umarmen?»

Pan kam mit ausgestreckten Armen auf mich zu. Die Umarmung benahm mir den Atem. Mit Pan umschlang ich gleichzeitig den Himmel, das ganze Universum. Ich umarmte die Wälder meiner Jugend und eine Wildnis, deren Entdeckung mir erst noch bevorstand. Ich umarmte das Licht und ein nichtmenschliches Wesen innerhalb dieses Lichts. Pan war gleichzeitig fest und substanzlos, hatte eine Gestalt und war doch nur eine nebelhafte Erscheinung. Aber vor allem war er Liebe!

«Du hast sehr wichtige Erfahrungen gemacht.»

«Ich dachte, daß du vielleicht böse auf mich bist. Ich wußte nicht, ob ich es allein versuchen oder auf dich warten sollte; aber jetzt weiß ich es. Du hast mich gelenkt, nicht wahr? Du wußtest, daß ich es versuchen würde?»

«Natürlich. Ich habe dir doch schon einmal gesagt, daß ich dich besser kenne als du dich selbst. Ich kenne das Ich, nach dem du suchst! Was sollte ich denn tun? Dich auffordern, dich zu verirren? Erst vor kurzem habe ich dich gewarnt, daß du noch gar nicht wüßtest, was ‹verirrt› bedeutet. Aber du hast meine Warnung ignoriert. Nur indem du dich wirklich verirrst, kannst du dich finden. Erinnerst du dich nicht mehr an die Frage, die ich dir einmal gestellt habe? Wenn du dich einmal verlieren solltest, wie willst du dich dann wiederfinden, wenn du nicht weißt, wer du bist?»

«Aber ich habe das Ich, das ich suche, doch noch gar nicht gefunden.»

«Du bist aber schon recht weit gekommen. Du hast den roten Faden entdeckt, der sich durch all deine Identitäten zieht – die Suche nach dem Ich und nach der Ganzheit –, und du bist ihm gefolgt.»

«Wenn Treenie mich nicht herausgeholt hätte, dann wäre ich vielleicht für immer hilflos an diesem Ort umhergetrieben.»

«Ja, aber sie *hat* dich herausgeholt. Das wußten wir. Ich liebe dich, Michael. Ich würde dich nie im Stich lassen. Ich konnte zwar nicht bei dir sein – das ist Gesetz –, aber deiner Seelengefährtin durften wir es nicht versagen, dir zu helfen. Ohne sie hättest du diesen Ort nie betreten können.»

Seine Augen tanzten wie zwei Spiegelbilder der Sonne. Der Schalk blitzte aus ihnen – so deutlich und unmißverständlich wie aus den Augen eines Kindes.

«Du ärgerst dich ja gar nicht mehr darüber, daß ich dich wieder hinters Licht geführt habe!»

Ich lächelte ihn an. «Anscheinend habe ich meinen Zorn inzwischen abgelegt – und meine Angst. Als D'avid seine Angst verlor, da habe ich auch die meine verloren – und das ist gar kein Wunder, wenn man bedenkt, daß wir beide ein und dasselbe Wesen sind. Die Befreiung von meiner Angst war eine solche Erleichterung für mich, als hätte ich das bleischwere Gewicht eines riesigen Ankers abgelegt. Ich fühle mich viel *leichter!* Aber ich habe noch eine letzte Frage. Wer ist diese alte Hexe? Sie ist in so vielen meiner Existenzen aufgetaucht und war immer etwas Böses. Wer ist sie?»

«Darauf gibt es nur eine Antwort. Wir müssen gemeinsam in den Leitstein gehen.»

«Ich habe den Leitstein nicht hier. Er ist bei mir zu Hause.»

«Seine physische Gegenwart brauchen wir nicht. Der Leitstein ist in deinem Bewußtsein, ebenso wie du in ihm bist. Du brauchst dich nur zu entspannen und dir das Innere des Steins vorzustellen, und schon sind wir dort.»

«Mich entspannen! Du hast Humor. Hast du gesehen, wie ich herumgesprungen bin, um in den Stein hineinzukommen? Es muß ausgesehen haben, als hätte ich einen Anfall.» Ich lachte bei der Erinnerung an meine krampfhaften Bemühungen.

«Nein, ich habe dich nicht gesehen. Ich war in einer anderen Realität.»

«Erst als ich aufhörte, mich darum zu bemühen, gelang es mir», berichtete ich ihm. «Da sah ich das Gemach im Inneren des Leitsteins vor mir, und ohne etwas dazu tun zu müssen, war ich plötzlich dort!»

«Michael, du hast es gerade auf den Punkt gebracht, worin die Kunst des Lebens besteht. Die Menschen könnten viele der Dinge, um die sie sich krampfhaft bemühen, ganz einfach erreichen, indem sie sich entspannen. Das Geheimnis besteht auch hier wieder darin, einfach nachzugeben, sich fallenzulassen. Konzentriere dich auf das, was du erreichen willst, und dann entspanne dich. Das heißt nicht, daß du gar nichts tust; es bedeutet nur, daß die Erreichung deines Ziels sich von selbst entfaltet – als Ergebnis deiner Konzentrationsgabe. Das Ergebnis kommt durch Konzentration zustande.»

«Genau so ist es passiert! Ich nehme an, du findest den Weg in den Leitstein allein. Oder soll ich uns beide mit Hilfe meiner Vorstellungskraft hineinzaubern?»

Pan lachte – eine Mischung aus Glockenspielklängen und Glück.

«Wie du willst.»

Ich lehnte mich ins weiche Gras zurück und entspannte mich mit geschlossenen Augen. Ich hatte nicht das Gefühl, es eilig zu haben. Pan lebte im Reich der Nichtzeit, also gab es auch kein Warten. Was für ein Luxus! Eine Zeitlang konzentrierte ich mich auf das schrille Geschrei einiger Würgerkrähen in der Ferne; dann entspannte ich mich und ließ mich fallen.

Wieder floß mir völlig mühelos ein geistiges Bild des Gemachs im Inneren des Leitsteins zu, und schon war ich dort.

Zufrieden blicke ich mich um. Ich stehe vor den beiden Türen, und sie sind offen. Auf der anderen Seite – jenseits der Schwelle – wartet Pan. Er schwebt durch die Luft auf mich zu.

«Kann ich jetzt durch das Tor gehen?»

«Versuch es.»

Mit ausgestreckten Händen gehe ich einen Schritt voran und treffe wieder auf den altbekannten Widerstand. Ich zucke die Schultern. «Es hat sich nichts geändert.»

«In Wirklichkeit hat sich vieles verändert.»

«Aber ich kann immer noch nicht über die Schwelle gehen.»

«Bist du sicher, daß du es auch wirklich willst?»

«Ganz sicher. Nach allem, was ich durchgemacht habe? Auf jeden Fall!»

«Bist du nervös?»

«Nein. Das weißt du doch. Höchstens ein bißchen ängstlich. Ich habe hier schon ziemlich viel Unheimliches erlebt. Genaugenommen ist mir hier noch nie etwas Angenehmes passiert – außer meiner Begegnung mit dir! Aber ich vermute, das wiegt alles Negative wieder auf.»

«Wenn du noch vor irgend etwas Angst hast, dann sag es mir jetzt. Es ist wichtig.»

Ich konzentriere mich auf meine früheren Angstzustände und taste mich so tief wie möglich in meine Seele hinein.

«Nein. Ich habe keine Angst.»

«Warum nicht? Es ist dumm von dir, keine Angst zu haben.»

Pans Stimme klingt laut und drohend. Ich spüre in seiner Energie eine Bedrohung, eine unbekannte Macht. Aber ich bin mir meiner Sache sicher. «Ganz gleichgültig, was mit mir passiert – ich werde nicht aufgeben. Ich weiß zwar nicht, wer ich bin, aber ich weiß, daß meine Identität nichts Physisches ist. So schlimm und qualvoll die physische Existenz auch sein mag, ich bin mehr als nur mein physisches Leben – und ich werde durchhalten.»

Seine Stimme ist jetzt ein lautes Brüllen, ein mächtiger Windstoß. Auch sein Gesicht hat sich verändert; es wird immer länger. Seine Hörner haben jetzt etwas Bedrohliches, und ihn umgibt eine Aura des Bösen.

*«Bist du wirklich so sicher? Kann es nicht sein, daß ich der Teufel bin? Die Menschen sind so leichtgläubig. Vielleicht habe ich dich wirklich hinters Licht geführt!»*

Erst jetzt weiß ich es wirklich.

Ich lache ihm ins Gesicht und sage: «Tu dein Schlimmstes, Teufel. Verschlinge mich, und spuck mich in all meinen verschiedenen Identitäten wieder aus.»

Ein nackter, geschlechtsloser, goldener Pan mustert mich. Er strahlt eine so intensive Liebe und Reinheit aus – es erscheint mir unmöglich, daß das Böse jemals existiert haben soll. Und schon in dem Augenblick, als mir dieser Gedanke kommt, weiß ich die Wahrheit: Das Böse existiert *nicht.* Es hat noch nie existiert. Unser Unwissen beschwört das Böse aus unserem eigenen Bewußtsein herauf, und unsere Angst verleiht ihm Macht.

«Du hast die Schwelle überschritten. Ich freue mich darüber.»

Er winkt mich zu sich heran. «Komm, und schau dir deine alte Hexe an.»

Das Gemach ist von weißen, hitzelosen Flammen erhellt, und jetzt sehe ich es: An der Seite, wo ich beim letztenmal versucht hatte, einen Weg um die Tür herum zu finden, steht ein riesiger Spiegel. Ich blicke hinein und sehe mein eigenes Spiegelbild.

Es verschlägt mir den Atem. Was ich sehe, ist mehr als nur eine Widerspiegelung – viel mehr. Es ist ein holographisches Spiegelbild, ein perfektes dreidimensionales Abbild von mir.

«Ein physischer Spiegel gibt die physische Realität wieder; dieser metaphysische Spiegel dagegen spiegelt Bewußtseinszustände. Wenn dein Bewußtseinszustand Angst enthält, dann spiegelt sich die Angst darin wider. Das alte Weib war nichts anderes als deine eigene Angst. Und daß sie diese Gestalt angenommen hat, liegt an einem Zwischenfall in einem deiner Leben, das in der subjektiven Zeit schon lange zurückliegt.»

«Aber wie? Wohin bin ich gelaufen?»

Pan zeigt in die entgegengesetzte Richtung, auf einen weiteren makellos reinen Spiegel neben der anderen Tür. «Du bist durch den anderen Spiegel gelaufen. Ein physischer Spiegel kann nur widerspiegeln; aber ein metaphysischer Spiegel kann das, was vor ihm liegt, widerspiegeln und gleichzeitig in sich aufnehmen.»

«Wo? Wo war ich?»

«Genau dort, wo du zu sein glaubtest. Du warst in der Nichtzeit, im Raum zwischen den Realitäten, in der Allzeit.»

Ich wende mich wieder dem ersten Spiegel zu und betrachte mein Spiegelbild voller Zuneigung. Erst jetzt fällt mir auf, daß der Spiegel meine Umgebung nicht abbildet. Keine Flammen, nicht einmal Pan. Pan?

Hastig drehe ich mich um, aber er ist nirgends zu sehen. Er ist geräuschlos verschwunden.

«Pan! – Pan!» Nichts.

Aber ich habe keine Angst.

Ich schaue wieder in den Spiegel. Die Idee der metaphysischen Widerspiegelung fasziniert mich. Die makellose Reinheit des Spiegels ist überwältigend. Ich strecke die Hand aus und berühre die Oberfläche meines Spiegelbildes. Hastig ziehe ich sie wieder weg. Es ist warm, als ob es lebt! In getreuer Kopie gibt der Spiegel alle meine Bewegungen wieder. Das Spiegelbild wirkt beinahe echter als ich selbst. Wieder strecke ich die Hand aus, um das Spiegelbild zu berühren, aber diesmal ist nichts da!

Vorsichtig weiche ich zurück. Ob mit oder ohne Angst – ich

habe kein Bedürfnis danach, mich wieder in diesem Spiegel zu verirren!

Ich trete an den Rand des Spiegels in der Hoffnung, einen Blick dahinter werfen zu können. Getreulich geht auch mein Spiegelbild zur Seite und blickt um mich herum. Das ist sehr verblüffend – aber was hat es zu bedeuten? Was hat das alles für einen Sinn? Ich blicke mich noch einmal suchend nach Pan um, aber er bleibt verschwunden. Dann wende ich mich wieder dem Spiegel zu – und weiche erschrocken zurück. Ein kleines, dunkelhaariges Mädchen in einem dunkelgrünen Kleid aus dickem Stoff starrt mich an. In seinem Gesicht malt sich Erstaunen, als es ebenfalls vor mir zurückweicht. Neugierig trete ich näher an den Spiegel heran und blicke suchend in seine geheimnisvollen Tiefen. Da tritt auch das Mädchen einen Schritt näher und sieht mich durchdringend an.

Ich lächele, und sie lächelt zurück. Ich hebe meinen rechten Arm; sie tut das gleiche. Ich bewege den Kopf hin und her und zucke resigniert mit den Schultern. Sie spiegelt alles, was ich tue, mit vollkommener Exaktheit wider.

Was für ein Spiegel! Aber wer ist dieses Mädchen? Ist es mein Spiegelbild, ist es mein *wahres* Ich? Ich erschrecke, und auch mein Schrecken zeigt sich auf ihrem Gesicht!

Wieder wende ich mich von dem Spiegel ab und sehe mich nach Pan um. «Pan! –» Die Stille erstickt meinen Schrei. In diesem Gemach gibt es kein Echo. «Du, Pan, das ist nicht fair! Was soll ich denn jetzt tun? Und wer ist überhaupt dieses Mädchen? Ich habe es noch nie gesehen!»

Nichts! Ich sehe und höre nichts von Pan. Keine Antwort auf meinen Versuch, ein Gespräch in Gang zu bringen.

Ich wende mich wieder dem Spiegel zu, entschlossen, das Mädchen zu fragen, wer es ist. Vielleicht läßt sich wenigstens dieser Spiegel auf ein Gespräch mit mir ein.

Groß und blond steht Jandine vor mir und starrt mich an, den Mund vor Erstaunen geöffnet. Unwillkürlich trete ich noch einen Schritt zurück. «Um Gottes willen! Jandine!» Ihr

Mund öffnet und schließt sich lautlos. Schade. Ich kann nicht mit ihr – mir? – sprechen. Ich trete wieder näher heran und blicke sie durchdringend an. Sie erwidert meinen Blick mit der gleichen Intensität.

Nur langsam und mit großer Mühe kann ich die Vorstellung akzeptieren, daß dieses Spiegelbild ich selbst bin, nicht jemand anders. Was immer mir der Spiegel zeigt – das Spiegelbild bin *ich*.

Nachdenklich mustere ich die Jandine im Spiegel. Da macht sie eine kleine Bewegung, und ihre Umrisse verschwimmen, werden immer blasser, formen sich um, und vor meinen Augen ersteht die außergewöhnliche Häßlichkeit Joaquíns.

Der Kontrast ist ungeheuer groß. Ich stehe kerzengerade da, während Joaquín eine gebeugte, verrenkte Haltung einnimmt. Jandines Hals war von makelloser Schönheit und durch kein Geschwür entstellt; doch der arme Joaquín sieht aus, als habe ihm in seiner Kindheit ein Riese den Hals umgedreht, und er sei durch Zufall nicht daran gestorben.

Mit Tränen in den Augen schaue ich ihn an. Er erwidert meinen Blick voller Mitgefühl und Liebe.

Ich sehne mich danach, diese vierschrötige, gedrungene Gestalt, aus deren Augen eine unverkennbare Intelligenz leuchtet, in die Arme zu nehmen; doch als ich einen hilflosen Schritt vorwärts tue, verändert sie sich schon wieder . . ., und vor mir steht ein sehr großer, hagerer Ägypter.

Wieder trete ich rasch einen Schritt zurück! Dieses Ich sieht böse und arrogant, ja sogar grausam aus. Ich habe ein ungutes Gefühl. An dieses Ich kann ich mich gar nicht mehr erinnern. Das muß eine der vielen Identitäten sein, die ich vergessen habe. Ich trete wieder einen Schritt näher, und es verschlägt mir den Atem, als ich sehe, wie groß der Ägypter im Vergleich zu meiner jetzigen Gestalt ist.

Ich schaue weiter in den Spiegel und warte. Da verschwindet der Ägypter auch schon wieder, und es erscheint ein kleines Gassenmädchen und dann ein winzig kleines, hilfloses schwarzes Baby. Andere Identitäten kommen und gehen. Ein Indianer steht vor mir, stolz und ungeheuer würdevoll. An ihn erinnere ich mich sofort und mit großer Eindringlichkeit. Nach einem langen Leben spiritueller Entwicklung im Einklang mit der Natur wanderte ich in die Hügel der Prärie, um zu sterben. Aus eigener Entscheidung blieb ich nach meinem Tod als körperloses Wesen auf der Erde und schwebte noch ein Jahrhundert irdischer Zeit lang über die vertrauten Hügel und Täler. Meine Weisheit und meine Einsichten in die Natur aus der Perspektive einer anderen Dimension haben mir die Wahrheit enthüllt, daß Mensch und Natur *eins* sind. Und die Mitglieder meines Stammes haben ein solches Ausmaß spiritueller Erkenntnis erreicht, daß sie von mir wußten und mir einen Namen gaben, der große Liebe und Hochachtung symbolisiert. Sie wußten, wann ich unsichtbar durch ihre Dörfer schwebte und den Sterbenden beistand, und obwohl sie mich nicht sehen konnten, begrüßten sie mich. Sie hatten niemals Angst vor mir, denn sie wußten, daß ich nicht tot war, sondern nur keinen Körper hatte.

Inzwischen ist auch dieses Spiegelbild verschwunden und durch andere ersetzt worden, die abwechselnd Gestalt annehmen und wieder verblassen. Wie gebannt starre ich sie an. Die Bilder kommen und gehen jetzt mit immer größerer Geschwindigkeit. Manche rufen eine sofortige Gefühlsreaktion in mir hervor; andere sind mir unbekannt, und ich weiß gar nichts mit ihnen anzufangen.

Schneller und immer schneller erscheinen die Spiegelbilder, nehmen feste Gestalt an und verblassen wieder, bis ich schließlich von meinen vielen Identitäten förmlich überwältigt bin.

Ich muß von diesem verwirrenden Spiegel fortkommen. Ich versuche mich abzuwenden, aber es gelingt mir nicht. Solange ich in den Spiegel sehe und mich weder abwende noch fortzugehen versuche, kann ich mich frei bewegen; aber ich muß bei dem Spiegel bleiben und bin gezwungen, mir meine wechselnden Spiegelbilder anzusehen.

Während die Bilder mit unbarmherziger Entschlossenheit kommen und gehen, mache ich allmählich eine innere Wandlung durch. Ich leiste diesen Personen, die da nacheinander vor mir heraufbeschworen werden, keinen Widerstand mehr, noch akzeptiere ich sie. Ich kann es nicht. Ich bin völlig überwältigt. Mit verzweifelter Energie klammere ich mich an die eine Identität, von der ich weiß, daß ich das auch wirklich bin – Michael, oder war es D'avid? Nein, natürlich bin ich Michael! Nein! Wer bin ich wirklich? Plötzlich verschwinden die Bilder. Ich schaue ins ... Nichts. Nichts. *Nichts!* Erschrocken weiche ich zurück. Ich schrumpfe, schrumpfe in die Schwärze, in eine unendliche schwarze Dichte hinein. Dunkel. Für immer und ewig niemals endende ... Stille. *Alles ist dunkel.* Nur dunkel.

Da – ein Lichtfleck. In dieser totalen Finsternis ein winzig kleiner heller Fleck. Das kleine Licht wächst ... wird sehr schnell größer. Es dehnt sich aus. *Licht, das sich immer weiter ausdehnt.* Es verschlingt die ganze dunkle, verzehrende Schwärze, bis alles Licht ist. Überall Licht. Nur Licht!

Spiegel. Metaphysischer Spiegel. Spiegelbild. Der Mensch ist Licht! Licht des Seins. Licht der Schönheit. Alles Licht. Ich ... Ich bin.

Ich bin *Licht!* Ich sehe die Widerspiegelung des Lichts. Ich sehe das Licht des Bewußtseins. Das ist das menschliche Bewußtsein, und ich erkenne, daß ich *alle* Menschen und das Bewußtsein *aller* Menschen bin. Ich bin Eines in Allem, Alles in Einem, Alles in Allem. Jetzt weiß ich endlich, wer ich bin.

Der Spiegel vor mir ist von leuchtendem Glanz erfüllt. Ein Licht, das eine verschwommene menschliche Form besitzt, füllt die Spiegelfläche aus. In diesem Licht des Bewußtseins ist meine ganze Identität enthalten. Ich sehe Brombeersträucher, die an steilen Abhängen emporkriechen, und Hasen, die die jungen Gerstentriebe abnagen. Ich sehe eine große, bronzefarbene Libelle, die über dem kühlen Wasser eines frischen, klaren Flusses dahinschwebt, und ich sehe die Fische in den Tiefen des

Flusses. Ich sehe ein Schnabeltier – mein urtümliches Ich – und einen Adler, der sich vom Hintergrund eines endlosen blauen Himmels abhebt. Ich sehe durch den trügerischen Himmel hindurch in eine andere vertraute Welt hinein, die in einer weit entfernten Galaxis schweigend ihre Kreise zieht.

Und es sind auch menschliche Wesen da. All die Identitäten, für die ich mich jemals gehalten habe, blicken mich an. Und sie lächeln. Unverwandt betrachte ich meine Wahrheit, die der Spiegel mir zeigt. Ich bin nicht mehr in dem Irrtum befangen, daß unser physischer Körper unser Bewußtsein umschließt; das stimmt nicht. Der Spiegel offenbart mir das Gegenteil: Das Bewußtsein umschließt den Körper. So wie eine Wolke das Wasser enthält, das sich dann in einzelne Regentropfen verwandelt, so hüllt das Bewußtsein uns alle ein. Auch wenn wir zu Individuen werden, sind wir immer noch ein Teil dieses Bewußtseins. Das Bewußtsein kennt keine Grenzen; es gibt keine. Das Bewußtsein von dir und mir ist *eins*. Wir sind Individuen innerhalb dieses Bewußtseins und nicht voneinander getrennt. Wenn uns jemand einen Schlag auf den Kopf versetzt, ist uns das Bewußtsein nur nicht mehr bewußt. Aber es gibt nichts Unbewußtes! Das ist eine Lüge, ein Schwindel. Alles ist Bewußtsein. So wie wir uns gegenseitig behandeln, so behandeln wir auch unser eigenes Ich. Das Bewußtsein ist *alles*, es läßt sich nicht trennen, nicht in einzelne Bruchstücke zerteilen. Das Bewußtsein ist *das Ganze*, für immer und ewig *eins*.

«Kann man so etwas jemandem mitteilen? Es ist eine Erfahrung, die jeder selbst machen muß.»

Pan steht neben mir. Aus seinen goldenen Augen funkelt das Licht. Ich wende mich ihm zu und stelle fest, daß es nichts zu sagen gibt!

«Es kann nur eine Erfahrung sein. Dadurch, daß du all deine Identitäten kennenlernst, befreist du dich von der Illusion deines einmaligen Ichs und aller Dinge, mit denen dieses Ich sich identifiziert. Du mußt auch wissen, daß sich durch diese innere

Wandlung alle anderen Identitäten verändern, die du jemals gewesen bist, denn sie sind nicht von dir getrennt. Vergangenheit und Zukunft sind nichts als eine große Illusion.»

Ich lächele ihm zu. Mein Herz ist von Liebe erfüllt. «Sie wandeln sich, weil ich mich wandle. Wir sind *eins*. Und meine Wandlung wirkt sich gleichzeitig auf die ganze Menschheit aus, denn es gibt keine Trennung zwischen uns. Tief in jeder menschlichen Seele wird eine Flamme allmählich immer heller, denn alles, was einen Teil betrifft, wirkt sich auch auf das Ganze aus. Das ist die Wahrheit des Geistes.»

Vor mir eröffnet sich ein ganz neues Verständnis des Lebens, als ich es von meiner neuen Perspektive aus betrachte. Der Gedanke, daß meine vergangenen Identitäten jetzt eine Wandlung erfahren – wenn sie auch noch so subtil ist –, freut mich. Was für ein Witz! Die Vergangenheit ist in Wirklichkeit gar nicht vergangen. Pans Worte der Wahrheit haben viele verschiedene Ebenen: Alle ungelösten Konflikte der Vergangenheit bleiben auch in der Gegenwart ungelöst! Und was jetzt gelöst wird, das ist auch in der Vergangenheit gelöst.

All meine Sorgen und Ängste sind verschwunden. Jene Prägung des Unterbewußtseins, die unsere Sorgen vorprogrammiert, existiert nicht mehr. Ich weiß jetzt, daß ich keine zufällige Ansammlung von Genen bin, sondern ein «erleuchteter Mensch». Erwachen bedeutet, sich des Sinns seiner Existenz bewußt zu werden.

Nachdenklich betrachte ich das Tor und weiß, daß es mir jetzt nachgeben wird.

Sanft, wie ein ewiges Echo, dringen die Worte des Torhüters wieder in mein Bewußtsein: «Wer diese Tür öffnet, lädt eine ungeheure Verantwortung auf sich. Tu es nicht, wenn du nicht bereit bist, diese Verantwortung zu akzeptieren.»

Schließlich hatte ich das Tor schon geöffnet, obwohl ich die Schwelle noch nicht betreten hatte.

Ich akzeptierte die Verantwortung.

«Wenn du über die Schwelle trittst, wird die ganze Kraft der

Natur sich um die Achse deiner Existenz drehen», fährt der Torhüter fort. »Kannst du diese ungeheure Verantwortung tragen?»

Die ganze Kraft der Natur wird sich um die Achse meiner Existenz drehen. Ein großes Wort! Ich denke reiflich darüber nach. Ich bin die Natur. Die Natur wohnt in dem Bewußtsein, das ich bin. Ich habe mich gewandelt; ich bin eine Achse der Wandlung. Und ich akzeptiere es!

«Wenn du sie nicht richtig einsetzt . . ., wird sie dich zerstören.»

Ich bin zwar ein sterbliches menschliches Wesen, aber in Wirklichkeit bin ich noch viel, viel mehr. Ich bin Bewußtsein. Ich umfasse die ganze Erde, das ganze Universum. Und so wie ich ist jeder Mensch, aber ich weiß das jetzt *tief innerlich,* nicht nur mit dem Verstand. Ich kann die Kraft der Natur nicht falsch einsetzen. Ich bin ja dieses Bewußtsein.

«Damit wären die Vorbereitungen erledigt. Jetzt können wir die Sache angehen.» Pans Worte sind ein Hauch des Lichts, des niemals versiegenden Humors.

«Ich bin auch bereit.» Mit diesen Worten steht Treenie an meiner Seite und greift nach meiner Hand.

Für ein paar lange Sekunden bin ich sprachlos. Dann lache ich. Ich stelle keine Fragen – dieser Engel überwindet alle Hürden auf seine eigene Weise! Gemeinsam gehen Pan, Treenie und ich durch das Tor in das wartende Geheimnis jenseits der Schwelle hinein.

# Epilog

Einige Zeit, nachdem ich dieses Buch über meine Erfahrungen mit der Natur geschrieben hatte, fragte ich Pan, ob es noch irgend etwas gebe, was ich Ihnen, meinen Lesern, mitteilen könnte und was Ihnen vielleicht Kraft geben oder Ihnen dabei helfen könnte, die Wahrheit über sich selbst zu entdecken. Er lächelte über meinen Ernst und meinen Eifer. «In deinem Buch stehen viele Wahrheiten, die für alle Menschen gelten. Ich bin sicher, daß deine Leser sie erkennen werden.»

«Ja, das weiß ich. Aber ich möchte ihnen darüber hinaus auch noch etwas bieten, was ihnen tagtäglich nützt – etwas von greifbarem Wert.»

«Dann schlage ich vor, daß du all deine Erinnerungen im Geist noch einmal durchgehst und dich auf deine eigenen Erfahrungen stützt. Du solltest eigentlich viel besser als ich in der Lage sein, aus diesen Erkenntnissen, die du gewonnen hast, den Extrakt zu ziehen und anderen Menschen zugänglich zu machen.»

Allein wanderte ich unter den hohen Bäumen umher und lauschte auf das Flüstern der Brise in den Blättern über mir. Ja! Hier lag eine Realität, mit der sich wirklich etwas anfangen ließ – ein Teil des Lebens, der den meisten Menschen entging und anfangs auch mir entgangen war: die Kunst des *Lauschens,* des Im-Augenblick-Lebens. Wenn wir uns ganz aufs Lauschen konzentrieren, können wir gar nicht nachdenken. Das Denken lenkt uns vom Augenblick, vom Hier und Jetzt ab. Wir können zwar gleichzeitig denken und hören; aber *Lauschen* ist etwas ganz anderes. Das Lauschen verschafft uns Eingang in den Augenblick, den einzigen Ort, an dem Leben ist, an dem Gott ist.

Üben Sie, den Klängen der Natur um Sie herum zu lauschen – oder wenn Sie in einer Großstadt leben, spielen Sie Ihre Lieblingsmusik so leise ab, daß Sie wirklich genau hinhören müssen. Wenn sich in dieses Lauschen Gedanken hineindrängen, akzeptieren Sie das einfach und lassen Sie sie vorüberziehen, ohne sich dagegen zu sträuben. Das Lauschen läßt sich nicht erzwingen; Sie können nur Ihre inneren Widerstände dagegen abbauen!

Als ich in das Laub der Bäume blickte, das über mir rauschte, fiel mir wieder ein, daß Pan mich damals gefragt hatte, ob ich das gleiche sähe wie er, wenn ich zum selben Baum emporschaute. Und ich hatte umsonst danach gesucht. Dieses Erlebnis hatte mich gelehrt, daß wir zwar große Erfahrung im «Anschauen» haben, aber nicht im Schauen. Wir betrachten die Natur und die Menschen durch die Augen von gestern, ebenso wie wir mit den Ohren von gestern hören. Wir haben verlernt, die Dinge mit neuen Augen zu sehen, wie Kinder es tun, für die jedes Erlebnis eine aufregende neue Entdekkung ist. Wir haben alles etikettiert und in Kategorien eingeteilt – neue Entdeckungen gibt es für uns gar nicht mehr. Üben Sie, Ihre Angehörigen, Ihre Familie, Ihren Lebenspartner und Ihre engsten Freunde jeden Tag als völlig neue Menschen zu schauen. Schieben Sie die Vorstellungen beiseite, die Sie sich gestern über ihre Identität gemacht haben, und erleben Sie sie jeden Tag neu. Nur so können Sie im Augenblick, im Ist, im Jetzt leben. Betrachten Sie jede vertraute Blume, jeden Baum, jede Pflanze so, als sähen Sie sie zum erstenmal. Schauen Sie wirklich. Dann werden Sie bald merken, wie Ihre Beziehung zu Ihrem Partner, Ihren Eltern, Kindern und Freunden und zur Natur sich verändert. Sie wird kreativer und offener werden, und es wird viel mehr Platz für die Liebe sein. Und was noch wichtiger ist: Sie werden auch eine andere Beziehung zu sich selbst entwickeln, denn wenn Sie die anderen Menschen mit neuen Augen sehen, wird Ihnen auch das Neue an Ihnen selbst zum Bewußtsein kommen. Und in diesem Neuen liegt die Möglichkeit zu erfahren, wer Sie sind.

Ich setzte mich nieder und lehnte mich mit dem Rücken an den glatten, bequemen Stamm eines kleinen Eukalyptusbaums. Was fällt mir noch ein? Was gibt es noch für einfache Wahrheiten, die in der Hektik des täglichen Lebens meistens untergehen? Das meiste nehmen wir durch unsere Augen und Ohren wahr; aber was für andere Aspekte des Lebens liegen unter Trennung, Gewohnheit und Illusion noch verborgen?

Ich versuchte mich wieder daran zu erinnern, was ich von Ping gelernt hatte. Ach ja! Er hatte mir beigebracht, wie man mit dem Leben in Verbindung tritt, indem man sich ganz bewußt gegen die Illusion des Getrenntseins zur Wehr setzt. Üben Sie, alles Lebende um sich herum als Verkleidungen Ihrer selbst zu betrachten. Sehen Sie *sich* in Ihren Freunden, Ihrer Familie, den Menschen, die Sie lieben, ja sogar denen, die Sie nicht mögen, allen Bäumen und Tieren – kurzum, in allen Aspekten der Natur. Wenn Sie sich wirklich darin üben, so zu tun, als sei alles in Ihrer Umgebung nur eine Verkleidung Ihres eigenen Ich, dann werden Sie irgendwann *wissen,* daß Sie nicht nur so tun, sondern daß es wirklich so ist. Und das wird ein überwältigendes Glücksgefühl für Sie sein. Ihre Beziehung zum Leben wird sich grundlegend verändern, und zwar zum Positiven.

Ich legte mich ins Gras zurück und blickte zu den wenigen blaßgrauen Wolken empor, die vor dem riesigen Hintergrund des Weltraums vorbeijagen.

Das ist zwar nicht viel, dachte ich, und es kommt mir auch

alles viel zu einfach vor; aber wenigstens kann man es im Alltag üben. So einfach es auch sein mag – leicht ist es ganz bestimmt nicht! Aber ich weiß: Wenn Sie sich in diesen wenigen grundlegenden Wahrheiten üben und sich dabei darauf konzentrieren, innerlich zu erwachen und Ihr Bewußtsein zu erweitern, dann werden diese Wahrheiten Ihnen genau zum richtigen Zeitpunkt dabei helfen, die Illusionen zu überwinden, in denen Sie befangen sind. Wenn Sie daran glauben, daß es möglich ist, zu erfahren, «wer Sie sind», und wenn Sie den Mut haben, sich dieser inneren Reise anzuvertrauen, wird nichts Sie aufhalten können.

# Über den Autor

Michael J. Roads kam im Jahr 1937 in Trumptington in Cambridge (England) zur Welt. 1964 wanderte er mit seiner Frau Treenie und zwei Kindern nach Tasmanien in Australien aus. Dort arbeitete er zwölf Jahre lang als Farmer, züchtete Rinder und betrieb Milchwirtschaft. In dieser Zeit löste er sich von den konventionellen Methoden des Ackerbaus und der Viehzucht und wandte sich der biodynamischen Landwirtschaft zu. Gleichzeitig machte er eine tiefgreifende innere Wandlung durch und entwickelte wieder eine enge Beziehung zur Natur, wie er sie in seiner Kindheit gehabt hatte. In dieser Zeit schrieb er das Buch *A Guide to Organic Gardening in Australia* – das erste Buch über biologische Gärtnerei, das in Australien erschien. Es wurde 1976 veröffentlicht.

Dann verkauften Michael und Treenie ihre Farm und begaben sich im Jahr 1976 mit ihren vier Kindern auf eine Reise durch ganz Australien, die fast ein Jahr dauerte, und Michael schrieb sein zweites Buch, *A Guide to Organic Living in Australia,* das 1977 erschien. Beide Bücher wurden in Australien Bestseller.

Im Jahr 1977 gründete Michael die Homeland-Foundation-Kommune im Bellingen Valley – ein Experiment ganzheitlichen Lebens, bei dem er sich an das Vorbild der Findhorn-Gemeinschaft in Schottland anlehnte. Vier Jahre später verließ er die Gemeinschaft wieder und zog in ein Haus im Bellingen Valley. In den nächsten zwei Jahren war er als Berater für biodynamische Landwirtschaft tätig.

Schließlich wandte er sich, einem inneren Drang folgend, ganz seiner schriftstellerischen Tätigkeit zu. Aus seinen eigenen Erfahrungen entstand das Buch *Mit der Natur reden,* die Beschreibung einer außergewöhnlichen Reise ins Innere der Natur, das 1987 in den USA vom Verlag H. J. Kramer Inc. veröffentlicht wurde. Seitdem ist dieses Buch auch in deutscher, französischer, spanischer und holländischer Sprache erschienen.

Ein weiteres Buch über Biogärtnerei, *The Natural Magic of Mulch,* erschien 1989 in Australien. Dieses Buch wurde weithin als einfühlsames, informatives und leicht verständliches Werk über dieses Thema anerkannt.

Neben seiner Tätigkeit als Autor veranstaltet Michael auch Seminare und hält Vorträge über den «Geist der Natur». Gemeinsam mit Treenie hält er ein Seminar zu dem Thema ab, «Wie man sich innerlich befreit».

Michael freut sich sehr über Zuschriften von seinen Lesern. Seine Adresse lautet:

*Michael J. Roads*
P.O. Box 778
Nambour, Queensland 4560
Australia

*Was die Natur über sich und uns zu sagen hat!*

**Michael J. Roads**
**MIT DER NATUR REDEN**
**Bäume, Pflanzen, Tiere, Steine, Wasser und Wind offenbaren das verborgene Wissen der Schöpfung**
188 Seiten, mit schönen Illustrationen
ISBN 3-7787-7114-0

Das Buch erzählt die Geschichte eines Mannes, der seine Verbindung zur Natur wiederentdeckt hat und mit der innersten Essenz von Pflanzen und Tieren, ja sogar Steinen und Flüssen auf tatsächlich erfahrbare Weise kommunizieren kann. Anfangs war Michael Roads über seine seltsame, an die Kindheitszeit erinnernde Fähigkeit bestürzt und hinterfragte sie ständig analysierend. Als er seine wunderbaren Erfahrungen nicht mehr vor sich selbst leugnen konnte, ließ er sich von ihnen leiten und heilen.

Die Natur erzählt vom Erwachen der Erde und des Menschen an der Schwelle zur Geburt in ein erweitertes Bewußtsein, in das Wissen um die Einheit allen Lebens. Sie erzählt aber auch von ihrer tiefen Besorgnis über die bestimmende Rolle, die der Mensch für das weitere Schicksal des Planeten spielt. Sie klärt ihn über das wahre Wesen des Menschen auf. Sie lädt alle, die an den Wunden der Entfremdung ihr und sich gegenüber leiden, zu ihrer ewigen Quelle der Kraft, der Gesundheit und des Wissens ein.

Die Botschaft dieses Buches an uns ist: Die Kraft der Natur, die den Autor an Körper, Seele und Geist geheilt hat, ist uns allen zugänglich. Sie wird auch uns mit einer freudigen Versöhnung beschenken. Die Natur muß nicht unser Gegenspieler, sie kann unser Freund sein und uns dazu verhelfen, wieder auf den rechten Weg zu kommen. Die Vögel, Pflanzen, Flüsse und Winde beten für uns. Werden wir auf sie hören, bevor es zu spät ist? Können wir rechtzeitig hinhören lernen?

*Der spannende Bericht einer Ausbildung zum spirituellen Krieger unserer Zeit*

**Tom Brown**
**DAS VERMÄCHTNIS DER WILDNIS**
**Visionen und Prophezeiungen zur Rettung unserer gefährdeten Welt**

268 Seiten, broschiert
ISBN 3-7787-7017-9

Schon als Junge von acht Jahren begegnete Tom Brown seinem geistigen Lehrer Stalking Wolf, einem alten Schamanen vom Stamm der Apache, den er mit liebevollem Respekt «Großvater» nennt. Mit den offenen Augen und dem empfänglichen Geist eines Kindes läßt er sich einführen in die ahnungsvolle Welt der Visionen. Er wird eins mit der reinen Welt der Wildnis, in der die Natur ihn lehrt, durch ein Leben in beispielhafter Verantwortung für die Schöpfung seine eigene Zukunft und die der gesamten Menschheit zu bestimmen.

Tom Brown durchläuft eine harte und abenteuerliche Ausbildung zum spirituellen Krieger unserer Zeit – zur Rettung einer gefährdeten Welt. Denn die Erde ist in großer Gefahr und mit ihr alles Leben, wie wir es kennen. Vier große Prophezeiungen sind es, die der alte Weise seinem jungen Schüler mit auf den Weg gibt als Warnung und Unterweisung für alle, geschildert in der einfachen und würdevollen Sprache der Indianer. In diesen erschütternden Prophezeiungen, bereits vor Jahrzehnten ausgesprochen, erkennt jeder, der Augen hat, die großen Gefahren unserer modernen Zivilisation.

Gewaltig ist die Autorität, mit der ein alter Schamane diese Warnungen ausspricht. Und groß ist auch der Mut und die Kraft eines Jungen, der auf seine eigene Visionssuche geht und während langer Wanderungen in der Wildnis nicht nur lernt zu überleben, sondern auch seinen Urängsten begegnet und schließlich in einer überwältigenden Schau seine Bestimmung erfährt: einen ganz konkreten Weg zu zeigen, wie jeder bewußte Mensch die Zerstörung der Erde aufhalten kann.

Sein spannender und ergreifender Bericht wird viele Menschen dazu bewegen, vom Zug der Verderbnis abzuspringen!

*Einweihung in das Wissen und Weltverständnis der Indianer: Die Lehrjahre eines spirituellen Kriegers*

**Tom Brown**
**DAS WISSEN DER WILDNIS**
**Botschaften der Hoffnung und Harmonie für eine lebenswerte Zukunft**

308 Seiten, broschiert
ISBN 3-7787-7018-7

Ausgreifend über die abenteuerlichen Erlebnisse und Visionen, die in *Das Vermächtnis der Wildnis* geschildert worden sind, begegnen wir in seinem neuen Buch einem älteren Tom Brown, der, herangereift auf seinem Weg, zurückblickt auf seine Lehrzeit bei «Großvater», dem alten Schamanen.

Tom Brown hat eine Lebensgeschichte, die man sonst nur aus Romanen kennt. Sieben Jahre war er alt, als er dem Mann begegnete, der sein Leben prägte: Stalking Wolf. Der alte Indianer erfüllte dem Jungen einen Traum, den wohl alle Kinder haben: Er nahm ihn mit in die Wildnis und zeigte ihm zehn Jahre alles, was er wußte.

Für den jungen Tom Brown begann eine Lehrzeit der ganz anderen Art: «Lernen durch Tun»! Die Wildnis wurde seine Welt. Jede freie Minute verbrachte er in den Wäldern der Pine Barrens, dem Paradies vor der Haustür. Das Leben in der Natur wurde für ihn nicht mehr zum Gegenstand des Kampfes, sondern zu einem Akt der Hingabe. Er wurde unterwiesen in den Fähigkeiten des Fährtensuchens und Spurenlesens, aber auch im Wissen und Weltverständnis der Indianer: vom harmonischen Eingebundensein des Menschens in die Natur und in den Geist der Schöpfung.

Tom Browns Leben in der Wildnis wurde zu einer langen Reise zum Ich, eine Reise durch Ängste, eingebildete und echte Gefahren, durch Mangel und Überfluß. Anschaulich erläutert er, wie er lernte, Brücken zu schlagen zwischen den beiden Welten, die in Großvaters Denken und Handeln so eine wichtige Rolle spielten.

Alles kommt zum Leser in einer Lauterkeit, Lebendigkeit und Erlebnisfrische. Dies macht das Buch zum geistigen Kernstück des Lehrens und Wirkens von Tom Brown.

*Die ungewöhnliche und faszinierende Lebensgeschichte eines indianischen Schamanenheilers und Kriegers*

**Tom Brown**
**GROSSVATER – EIN LEBEN FÜR DIE WILDNIS**
**Lehr- und Wanderjahre eines indianischen Schamanenheilers und Kriegers**

280 Seiten, broschiert
ISBN 3-7787-7014-4

Als einzigartig begnadeter Indianerjunge wuchs Stalking Wolf zum großen Jäger heran und wurde frühzeitig in den Rat der Ältesten seiner Sippe aufgenommen. Er empfing die Einweihung zum Schamanen und die Berufung zum Scout – zum Kundschafter seines Volkes.

Einer großen Vision folgend, durchwanderte er den ganzen Kontinent, von West nach Ost, vom Norden Alaskas bis zu den Dschungeln Südamerikas. Sechzig Jahre dauerte seine Wanderschaft, auf der er nach den letzten Hütern des alten Wissens suchte, um von ihnen zu lernen. Er wurde unterwiesen in den Techniken des Überlebens in der Wildnis und in den vom Aussterben bedrohten traditionellen Handwerkskünsten, und er wurde eingeweiht in die uralten Geheimnisse der Kommunikation mit dem Großen Geist und mit der Natur.

Erst am Ende seines langen Weges fand der alte Schamane einen Nachfolger und Schüler, dem er sein Wissen übergeben konnte, den damals erst siebenjährigen Tom Brown, der an Großvaters liebevoller und behutsamer Hand ganz natürlich hineinwuchs in diese Welt spiritueller Überlieferungen.

Großvater selbst erzählt seinem jungen Schüler von den entscheidenden Stationen seiner lebenslangen Wanderschaft – in diesem Buch nacherzählt auf eine unmittelbar lebendige Art, die das Herz und die innere Vision des Lesers direkt ergreift.

Ein Buch, das beseelt ist von der Hoffnung, daß Großvaters Vermächtnis uns alle erreichen möge.

*DAN MILLMAN – eine kostbare und unvergeßliche Begegnung*

**Dan Millman**
**DER PFAD DES FRIEDVOLLEN KRIEGERS**
**Die wahre Geschichte einer Erleuchtung**
256 Seiten, broschiert
ISBN 3-7787-7095-0

Von diesem Buch wurden in den USA bereits über 400 000 Stück verkauft! Es hat die Anlage, zu einem der erfolgreichsten Lebenshilfebücher in unserer Zeit zu werden. Gleichzeitig beschreibt es ein spannendes und oft atemberaubendes Stück Weg der Transformation – die wahre Geschichte einer Erleuchtung.

Dan Millman war früher Weltmeister im Trampolinspringen und Internationaler im Turnen. Heute unterrichtet er fernöstliche Kampfsportarten, Yoga und spezielle Formen des Geist/Körpertrainings. Dazwischen liegt eine lange, erstaunliche, aber absolut glaubwürdige Geschichte – die seines vorliegenden Buches.

Dan Millman beschreibt seine Lehrzeit bei einem außergewöhnlichen Meister. Es ist ein moderner Sokrates, der sein geistiges Handwerk beherrscht. In seiner Schulung werden die Tiefen der menschlichen Seele ausgelotet und von lebens- und liebenshemmenden Hindernissen entrümpelt. Die endgültige Befreiung von der herzumklammernden Lebensangst wird hier ebenso gelehrt wie die von der Flucht in das andere Extrem, den träumerischen Illusionen.

Mit seinem oft befreienden Humor zeigt der Meister, daß er ein echter ist, denn in den unter seinem Scharfsinn oft schmerzreichen Seelenoperationen zwinkert manchmal ein feines Lächeln mit. Unter Aufbietung all seiner eigenen Lebenskräfte löst er Trauer und Verzweiflung auf und zwingt – mit aller Liebe und Güte – zum Leben. Er zeigt eindrücklich, daß der friedvolle Krieger sich nicht mehr als Opfer der Umstände sehen darf, sondern zum Baumeister seines eigenen Glücks werden muß, indem er frei vom Ego wird und sich nicht mehr mit jenem Wesen identifiziert, welches Erziehung und Gesellschaft aus ihm geschaffen haben. Dadurch wird er fähig, dem äußeren Leben wie auch den Welten der inneren Wirklichkeit mit Mut, Entschlossenheit und heiterer Gelassenheit zu begegnen.

Für den Leser kann seine Begegnung mit Dan Millmans Buch zu einem kostbaren Moment in seinem Leben werden – unvergeßlich! Es endet mit der minutiösen Schilderung der Ganzwerdung, wo er «sehend wurde für das Glück, das ihn schon immer begleitet hatte». Dieses befreiende Erkennen, dieses allesintegrierende Annehmen, diese einmalige Erleuchtung, hoch in den Bergen, ist ein ergreifendes Zeugnis einer wirklichen Menschwerdung.